문예신서
276

# 金剛經講話

金月雲 講述

東文選

金剛經講話

# 금강경강화 개정판을 내면서

금강경은 부처님의 일대시교 중 핵심이 되는 경이다. 설하신 시기로 봐도 중간쯤에 해당되고, 설하신 내용으로 봐도 치우침이 없는 중도 제일의제를 역설하셨다.

부처님 성도하신 초기에는 제자들의 근기가 익지 않아 깊은 속내를 내보이지 않으시다가 반야회상에 이르러서야 "모든 부처님이 이 경에서 나오셨다"고 외치시리만큼 중요한 경을 설하셨다.

특히 20년 동안 16회나 법회를 여시어 도합 600권의 대반야경을 설하셨는데, 그 가운데 금강경은 제577권에 해당하는 것으로서 전체 반야부의 정점에 해당한다.

금강의 특징은 마치 잘 드는 칼로 썩은 풀을 치듯, 중생들의 분별심이나 짐작이 범접할 만한 곳에는 가차없이 그 칼을 내리치셨으니, 분별심이란 무엇이며 집착이란 무엇인가?

중생들과 더불어 복되게 살려는 마음을 내지 않는 것이 분별이며 집착이요, 그러한 마음을 냈더라도 오래 지속하지 않거나 꾀를 부리는 것이 집착이요, 설사 법다이 좋은 일을 했더라도 남에게 과시하거나 스스로 흐뭇해하면 모두가 집착이요 분별이다.

그렇다고 집착이 무서워서 손놓고 있으면 더더욱 집착이요, 용기를 내어 그것을 끊겠다고 객기를 부려도 또한 지붕에다 덧집을 짓는 격이요, 설사 집착 아닌 자리를 찾았다 해도 한낮의 도깨비 장난에 불과하다.

그렇다면 어찌하여야 집착을 여의는가? 스스로가 놓아 버리는 길 밖에 없다. 그것이 이 경의 주장이다. 스스로가 놓아 버리지 못하면 설사 놓아 버렸다 하더라도 짐 하나가 더 생길 뿐이다. 놓아 버린 자와 놓여진 것이 따로 노니, 그것이 바로 짐덩이요 사상(四相)이요 집착이다.

그런데 그 사상을 놓아 버린다는 일이 쉽지 않으므로 굽이굽이 사례에 따라 설명하시고 권장하시다 보니 말씀이 길어진 것이지, 실은 한 생각 돌려먹기만을 권장하셨으니, 그러기에 묘행무주분 제4에서는 이렇게 가르쳐 준 대로만 머물라 하셨다.

그러므로 아무리 많은 물질로 보시하거나 이 목숨까지, 아니 여러 생을 태어나면서 무수한 목숨으로 보시하더라도 이 경의 사구게만 듣고 지니거나, 심지어는 마음에 거슬리지 않기만 하여도 보시로 얻는 공덕보다 훨씬 수승하다는 말씀이 공연한 과장은 아니다.

왜 그런가? 이 경의 가르침이 이러함을 믿고, 따라 기뻐하는 마음[隨喜心]을 내면 마치 천 년 묵은 동굴의 어두움이 깜빡하는 부싯불에 깨지듯이, 묵은 집착과 결별하는 동기가 되기 때문이다.

이러한 사상을 바탕으로 하여 다시 법화·열반에 이르러 모두에게 수기를 주시고 후일의 일을 당부하시니, 이는 이 경의 도리를 확대 부연하신 것뿐이라 할 수 있을 것이다. 그러니 이 경은 부처님의 안목이며, 모든 부처님이 태어나시는 원천이라 하신 것이다.

이렇게 소중한 경을 나같이 우둔한 사람이 진작 1977년도에 '모두가 편한 마음으로 이 경을 읽게 하리라'는 생각 하나로 강화를 냈으나, 요즘의 추세로는 너무나 소략되어 아쉬움이 많았다.

근자에 학림 학인들을 지도하는 여가에 다시 보면서 군말은 빼고 미흡한 점은 보완하되, 종전에 세친의 27단의설(斷疑說)을 토대로 하여 과목 해설, 원문 소개, 원문 번역, 강화의 체계는 그대로 살렸고, 그 위에 무착의 18주설을 곁들이되 그 과목은 32분의 제호 밑이나 그밖에 적의한 자리에 작은 궁서체로 넣어 과목만으로도 내용을 짐작케 하고, 필요에 따라 강화 중에도 언급하였고, 필요에 따라서는 미륵게를 가끔 예시하여 이해를 돕고자 도모하기도 했다.

또 불신관(佛身觀)을 도입하여 27단의(斷疑) 항목 곁에 그 관명(觀名)을 작은 태명조체로 표시하여 참고케 하고, 강화 중에 필요에 따라 언급해서 경 이해를 돕고자 했으니, 여기서 말한 불신관이란 내가 적의하게 붙인 이름인데, 그 근원은 사기(私記)에서 경 대목마다 고로(古老)들이 "이 대목은 화신불을 설명한 것이다" 혹은 "법신불을 소개한 것이다" 등등 토론이 첨예한데, 일리가 있다고 생각되어 인용을 시도했다.

한 예로 인악기(仁嶽記)를 보아도 호로(虎老; 虎岩) · 용로(龍老; 龍坡) · 설로(雪老; 雪坡) 등 누군지 잘 모를 분들의 이름과 주장을 많이 소개하였고, 인악 자신도 일정한 주장을 하고 있음을 볼 수 있다.

그렇다면 어찌하여 금강경에서만 유독 불신관이 발달했으며, 그것이 왜 필요했을까?

짐작컨대 금강경은 어떤 의미에서 불신의 정의를 규명하는 경전이라 할 수도 있을 것이다. 그 이유로는 경초에 부처님이 공양을 마치시고 아무 말씀도 없이 자리를 펴고 앉으신다. 그러한 부처님을 뵈온 수보리 존자가 "희유하십니다" 하고는 질문을 시작하였으니, 이것이 부처님의 정의를 물은 것이요, 마지막 위의적정분(威儀寂靜分) 제32에서 "여여하여 움직이지 않아야 하느니라" 하셨으니, 이는 불신에 관한 물음에 마지막 대답이라고 보는 것이다.

그렇다면 그 중간에 나오는 허다한 부처님은 어떤 부처님이신가?

"모두가 똑같은 불신이다." 혹은 "법신, 보신, 화신의 순서다." 혹은 그밖에 갖가지로 볼 수 있고, 그 주장에 따라 경구(經句)를 들어 입증(立證)시키고 있어, 부처님의 정의, 즉 불신관설이 복잡할 수밖에 없게 되었다고 본다.

내가 여기에 소개하는 불신관은 인악 스님의 주장을 바탕으로 하고, 사이사이에 다른 분들의 좋은 의견이나 내 생각을 붙여 일부의 경문을 세 구분으로 나누었으니, 경초부터 구경무아분(究竟無我分) 제17까지는 삼신무취(三身無取) 즉 삼신은 취할 수 없음이니, 회색귀공관(會色歸空觀) 또는 색즉시공(色卽是空)이요, 다음 일체동관분(一切同觀分) 제18부터 위의적정분(威儀寂靜分) 제29까지는 건립삼신(建立三身), 즉 삼신은 실체가 없지 않음이니 명공즉색관(明空卽色觀) 또는 공즉시색(空卽是色)이요, 일합리상분(一合理相分) 제30부터 응화비진분(應化非眞分) 제32까지는 삼신비일비이(三身非一非異), 즉 삼신은 있음도 없음도 아님이니, 공색무애관(空色無礙觀) 또는 색즉시공 공즉시색(色卽是空 空卽是色)이라 보았기 때문이다.

이런 주장이 턱도 없는 소리일 것이 분명하지만, 일단 간경동지(看經同志)들에게 널리 알려, 이를 보고 분개한 어떤 명안(明眼)이 있어 보다 나은 불신관을 창출해 내는 계기가 될 수 있다면 도리어 다행이라 생각한다.

아쉬운 대로 원고가 마무리된 어느 날, 유명 출판사 동문선과 관계 있는 분이 "이 원고를 그 회사에서 출판토록 함이 어떻겠느냐?"고 하기에 "고소원이라" 했는데, 그 말이 씨가 되어 이 변변치 않은 강화가 동문선을 통해 널리널리 퍼지게 되었으니 대단히 기쁜 일이다. 그러나 한쪽으로 생각하면 나의 단견단문이 보다 널리 퍼지게 되었으니 이 자초지얼(自招之孼)을 어이하랴? 그러나 "비방한 인연도 헛되지 않다" 하였으니, 내 어떠한 꾸중이라도 모두 감수하여 후일에 보다 큰 선연이 될 수 있다면 질책이 소나기 같고, 우박 같다 한들 내 어찌 이 일을 사양하랴?

끝으로 이 일에 간여한 현진 사주(玄津師主), 지당 이인혜(智幢 李仁惠) 양의 수고가 많았고, 출판을 맡아 주신 동문선 신성대 사장님 이외 이 일에 애쓰신 여러분께 다시 심심한 감사의 말씀을 드린다.

佛紀 2548(2004)年 甲申 5月 26日

奉先寺 茶經室에서

月雲學人 삼가 씀.

解　題

　이 경(經)의 본래 이름은 금강반야바라밀경(金剛般若波羅密經)이며 범어(梵語)로는 Vajra-Prajna-paramita-sutra인데, 금강(金剛)같이 굳은 지혜로 생사의 강물을 건너 평화로운 저 언덕에 이르는 법을 말씀한 경이란 뜻이다.

　이 경의 주요 사상은 '공(空)'으로, 모든 집착의 굴레를 벗어나서 아공(我空)·법공(法空)을 얻게 하려는 데 있다. 우리들이 모든 고통에서 헤어나지 못하는 까닭은 지나치게 '나'에 집착하기 때문이다. '나'가 실제로 있다고 집착함으로써 모든 욕심을 부리게 되고, 욕심을 부림으로써 온갖 분노가 수반되어 윤회와 생사의 씨앗은 끝이 없다.

　보살이 상구보리(上求菩提) 하화중생(下化衆生)의 서원(誓願)을 달성하려면 먼저 '나'를 비우는 일이 필요하다. 나를 먼저 위한 뒤에 남을 위한다는 것은 있을 수 없다. 그러므로 이 반야사상(般若思想)은 대승(大乘)의 입문(入門)이며 성불(成佛)의 시초(始初)라 하여 대승시교(大乘始敎)로 판(判)하기도 한다.

　부처님께서 전법도생(傳法度生)하신 생애 중 가장 많은 시간을 소비하여 이 반야부를 말씀하신 것도 이와 같이 '나'를 비우는 일이 너무나 어렵고 중요하기 때문이니, 반야부 경전은 모두가 '공(空)'의 이치를 풀이하신 것으로 일관되어 있다.

　반야부의 모든 경전을 말씀하신 기간은 21년, 장소는 네 곳, 법회를 연 횟수는 16회이다. 첫째 왕사성(王舍城) 취봉산(鷲峰山)에서 7

회, 둘째 급고독원(給孤獨園)에서 7회, 셋째 타화자재천(他化自在天) 마니보장전(摩尼寶藏殿)에서 1회, 넷째 왕사성 죽림원(竹林園) 백로 지측(白路池側)에서 1회이며, 말씀하신 부피는 600권이라 한다. 이를 모두 총망라한 것이《대반야경(大般若經)》인데, 이《금강반야(金剛般若)》는 제2처 제9회 제577권에 해당한다.

그 많은 반야대부(般若大部) 중에서 유독 금강반야회만이 널리 유포되는 데는 이유가 있는데, 문장이 짧고 간결하며 말세 수행자에게 보다 핍진한 교시가 있기 때문으로 안다. 이 경을 역출(譯出)한 이는 구마라집(鳩摩羅什, 343-413)·보리유지(菩提流支, 508頃)·진제(眞諦, 499-569)·급다(笈多, 590頃)·현장(玄奘, 622-664)·의정(義淨, 635-713) 등 6명이나 된다. 그 중 라집의 역본이 가장 널리 유포되고 있으니, 이는 후진(後秦) 홍시(弘始) 47(402) 장안(長安) 초당사(草堂寺)에서 번역한 것이라고 전한다.

주석가로는 우선 천축의 무착(無着, Asanga)을 들 수 있다. 그는 불멸후 천년경 북인도 건타라국(犍陀羅國)에 태어나 대승불교를 크게 선양하였는데, 일광정(日光定)에 들어 도솔천에 올라 미륵보살(彌勒菩薩)을 뵙고 금강경의 대요(大要) 80게(偈)를 받아와서 그의 동생인 세친(世親 또는 天親, Vasubandhu)에게 주었다. 세친은 이에 준하여 《반야론(般若論三卷)》을 지었는데 단혹(斷惑), 즉 미혹(迷惑)을 끊으면 성불한다는 입장에서 27단(段)의 의혹을 끊어 나가는 순서로 서술하였다. 한편 무착 자신도 《반야론(般若論二卷)》을 지었는데 성덕(成德), 즉 공덕을 이루면 미혹은 저절로 끊어진다는 입장에서 18주(住)의 논리를 폈다.

본경(本經)과 이들 양론(兩論)이 중국에 들어오자 많은 분들이 이 경론을 근거로 소(疏, 註釋書)를 지었는데, 이른바 동첩백천(動輒百千),

움죽하면 백가지 천가지라 하여 금강경 소(疏)가 헤아릴 수 없이 많아졌다.

그 중에도 당(唐)의 규봉종밀(圭峰宗密, 740-841)이 세친론(世親論)을 중심으로 서술한 소와 송(宋)의 장수자선(長水子璿, 964-1038)이 규봉의 소를 풀이한 간정기(刊定記)가 가장 많이 애용되었고, 우리나라에서도 이를 강원 교재로 쓸 정도로 금강경 이해의 지침서로 삼았으니, 아마도 억견(臆見)을 배제하고 경론에 충실했기 때문으로 이해된다.

이 경의 한글 번역도 그 수를 헤아리기 어려울 정도로 부단히 이루어져 반가운 현상이 아닐 수 없었고, 강화본(講話本)도 많이 나왔다. 그러나 거의가 선지법문(禪旨法門) 중심이 아니면 억설에 가까워서 《금강경》이 가지고 있는 논리 체계가 무시되는 아쉬움이 있었다.

내가 역경위원으로 추천된 것이 1967년도의 일인데, 역경현장에 들어와 느낀 것은 한문 냄새를 벗어나 경의 본뜻을 우리 언어 정서에 맞게 번역하는 일이 너무도 어렵다는 점이었다. 그 중에도 나의 사부님이신 운허(耘虛) 노사(老師)께서 번역하신 《금강경》이 가장 무난하다고 생각하기에 이르렀다.

거기서 다시 '고래로 역경을 하고는 주석서가 나와 이해를 도왔는데, 나도 사부님의 한글 금강경에 강화를 붙여 청소년들에게 읽을거리로 제공하면 조금이나마 불법홍포에 도움이 될 것도 같고, 또 한글 경전에 주석서를 붙이는 시도도 되리라' 는 엉뚱한 생각에서 이 일을 시작하여 1977년도에 초판을 발행하게 되었다.

그러나 내용이 너무 빈약하다는 지적도 있었고, 교계 내외의 독자층도 경전에 대한 이해력이 많이 향상되었다고 생각되기에 이제 다시 잘못된 곳은 바로잡고 미비한 것은 보완하여 재판을 시도하게 되었다.

이 강화본은 초판의 경우와 같이 천친(天親)의 27단의(段疑)에 준하여 대목마다 과목해설(科目解說)-본문(本文)-강화(講話)의 순으로 하되, 필요에 따라 양(梁) 소명태자(昭明太子, ?-531)의 32분설(分說)과 무착(無着)의 18주설(住說)과 고래로 전하는 불신관(佛身觀)과 미륵게(彌勒偈) 등을 삽입하는 방식으로 구성하였다.

이 경의 줄거리를 추리하건대, 첫째 경초(經初)에 부처님이 걸식을 마치고 돌아와 진지를 잡수시고 자리를 펴고 앉으신 법회인유분(法會因由分第一)은 이 경이 생긴 동기를 밝힌 대목으로 3분과설(三分科說)로는 서분(序分)에 해당한다. 둘째 수보리(須菩提, subuti)가 부처님의 이런 위의(威儀)를 뵙자 "희유하십니다. 세존이시여" 하고는 마음 닦는 법을 물으신 선현기청분(善現起請分第二)은 선현(善現, 수보리)이 수행하는 법을 물은 대목이고, 셋째 부처님께서 "네 가지 마음에 머물라" 하신 대승정종분(大乘正宗分第三)은 부처님이 마음 머무는 법을 보여 주신 대목이고, 넷째 부처님께서 "법에 머무르지 않고 보시하라" 하신 묘행무주분(妙行無住分第四)은 부처님이 마음 닦는 법을 보이신 대목이고, 다섯째 부처님께서 "몸매로써 여래를 볼 수 있겠느냐" 하신 여리실견분(如理實見分第五)부터 "온갖 유위(有爲)의 법은 꿈 같고 허깨비 같으니 이렇게 관할지니라" 하신 응화비진분(應化非眞分第三十二) 전반까지 총 26분(分) 반(半)은 그래도 남는 27겹의 의문을 풀어 주신 대목이니, 이상 둘째에서 다섯째까지는 3분과설로 보아 정종분(正宗分)에 해당하고, 여섯째 부처님께서 설법을 마치시자 모두가 기뻐한 대목〔應化非眞分第三十二後半〕은 유통분(流通分)에 해당한다.

정종분 네 대목 가운데 앞의 셋을 근본정종(根本正宗)이라 하는데,

이 경의 문답이 사실상 여기서 끝났기 때문이다. 묘행무주분(妙行無住分) 마지막에 "이렇게 가르쳐 준 대로만 머물지니라" 하셨으니, 이 대로만 하면 된다는 단정이며, 그러므로 여기까지를 근본적인 정종분이라 한다.

다음, 다섯째 그래도 남는 27겹의 의문을 풀어 주신 대목은 지말정종분(枝未正宗分)인데, 위 근본정종분에서 말한 대로 받들어 행하자니 의문이 또 생기고 풀어 주면 또 생겨 27겹이 된다. 이 27겹 의문의 내용과 의문의 뿌리를 챙기는 일이 쉽지 않으므로 '넝쿨반야'란 말이 전해 내려온다.

다음으로 불신관(佛身觀)은 특히 우리나라 스님네들만 힘쓰시던 간경방법(看經方法)이다. 경문(經文) 도처에서 언급하신 부처님, 예컨대 "여래를 보지 못하리라" "여래는 오고감이 없다" 등에서 부처님의 칭호가 나오는데 그 부처님이 화신(化身)을 가리키는지, 아니면 보신(報身)을 뜻하는지, 혹은 법신(法身)의 경지를 말한 것인지를 가리는 논리다. 이 문제가 가려지지 않으면 그저 봉사 파밭매기 식으로 넘어갈 뿐인데, 조금 맛을 음미하고 싶은 이는 그 부처라는 낱말의 낙처(落處)가 어딘지를 생각하게 된다. 그런 요구에 부응하기 위해 고래의 제설 가운데 타당성이 있고 간편한 설을 추려 27단마다에 배대했다.

다음으로 무착(無着)의 18주(住)와 소명태자(昭明太子)의 32분(分)과 그 지위행상(地位行相)을 대비하여 그 분제(分齊)를 살펴본다. 18주란 무착이 원래 《금강경》 전체를 7구의(句義)로 나눈 가운데 셋째 것을 이르는 말이다.

7구의(句義)는 다음과 같다.

첫째, 불종자가 끊기지 않게 한다는 뜻〔種性不斷〕인데, 선현기청분

(善現起請分第一)의 전반에 해당한다. 여기서 "잘 염려하여 보호해 주시고 보살들을 잘 당부하여 위촉해 주십니다" 한 말이 바로 불법의 종자가 끊기지 않게 하신 내용이란 것이다.

둘째, 이론이 시작되는 대목〔發起行相〕인데, 선현기청분 후반에 수보리가 묻고 부처님께서 말씀해 주시겠다고 허락하신 대목이다. 여기서 행상(行相)이란 수행해 나가는 모습이란 뜻이니, 결국 불교 이론의 전부라 하겠다. 즉 제자분이 청하고 스승님이 허락하셨다는 것은 위에서 말한 불법의 종자가 끊이지 않게 하는 이론의 시작이라는 것이다.

셋째, 반야행을 닦아 지위를 이루는 내용〔行所住處〕인데, 정종분(正宗分)이 끝나기까지를 18주(住)로 나누어 그 주마다에서 이루어지는 공덕을 표한 것이다. 따라서 무착의 18주라는 말은 여기에서 연유한 것이다.

다음 네 가지는 일정한 경문 없이 경 전체에 함유된 대의(大義)를 네 가지로 판정한 것이다. 넷째는 사행(邪行)을 대치하는 내용〔對治〕이며, 다섯째는 모두가 중도에 머무르게 한 것〔不失中道〕이며, 여섯째는 중도를 잃지 않음으로써 3현(三賢)과 10지(十地) 등의 지위가 이루어진다는 것〔地位〕이며, 일곱째는 이상과 같이 이론이 완벽하므로 '금강(金剛)'이라 부르게 되었다는 것〔立名〕이다.

18주(住)는 다음과 같다.

첫째, 발심이 완성되는 지위〔發心住〕로서 대승정종분(大乘正宗分第三)에서 "보살은 네 가지 마음〔四心〕에 머물러야 한다"고 가르치신 대목이며, 이 지위는 10신(信)과 10주(住) 모두에 해당한다.

둘째, 바라밀에 부합되는 수행 지위〔波羅密相應行住〕로서 묘행무주분(妙行無住分第四)에서 "보살은 온갖 법에 머무르지 않고 보시하

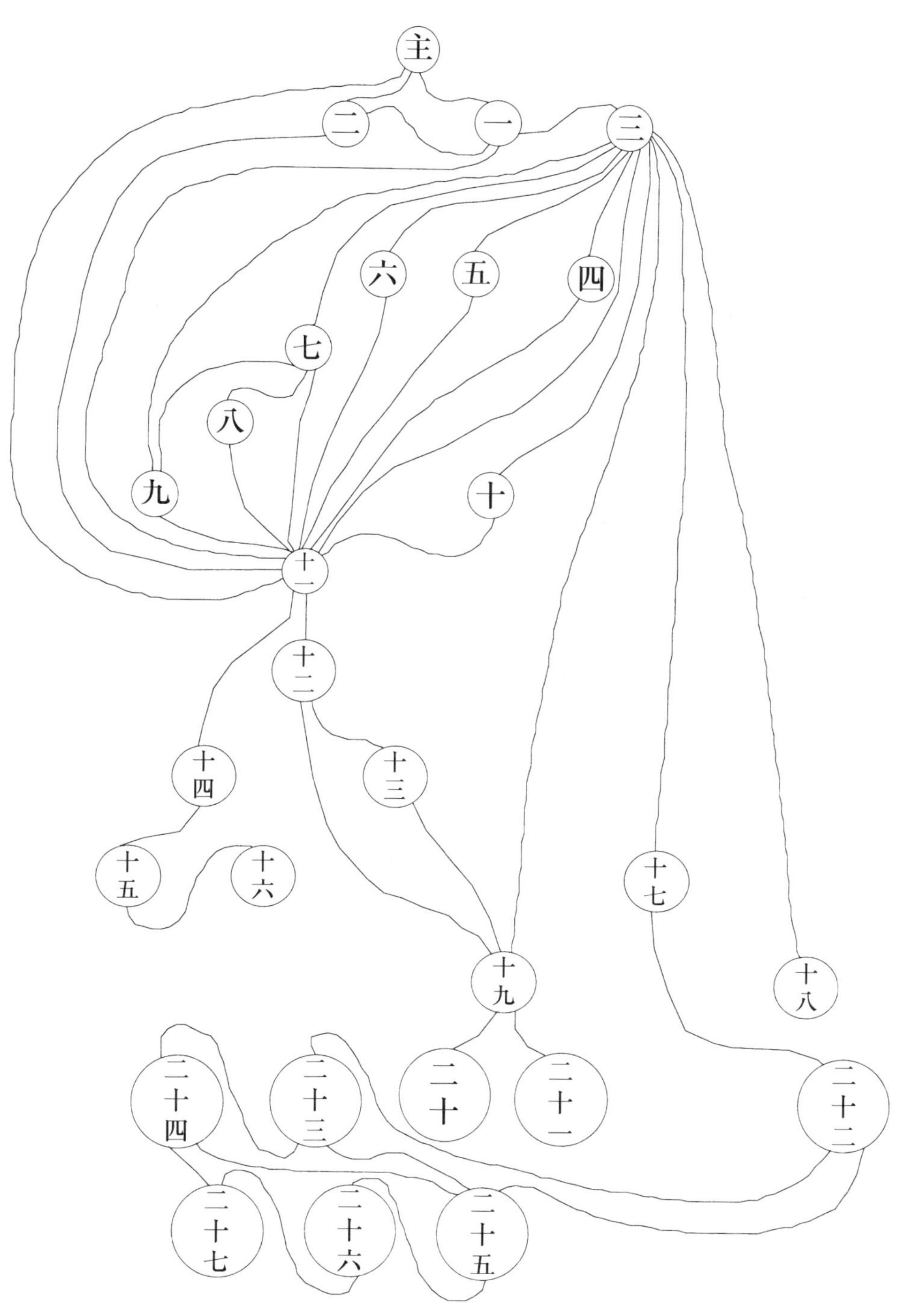


刊定記一卷序四丈上所載

라"고 가르치신 대목이다. 이 지위는 10행(行) 중 초(初) 6행(歡喜行, 饒益行, 無違逆行, 無掘搖行, 離痴亂行, 善現行)에 해당하는데, 이들이 6바라밀을 차례로 설명했기 때문이다.

셋째, 여래의 색신을 만나는 지위〔欲得色身住〕로서 여리실견분(如理實見分第五)에서 첫번째 4구게를 설하신 대목에서 색신을 정의하신 대목이다. 이 지위는 10행(行) 중 7번째 무착행(無着行)에 해당한다.

넷째는 여래의 법신을 만나는 지위〔欲得法身住〕다. 정신희유분(正信希有分第六)에서 언설장구(言說章句)를 말씀하신 대목부터는 언설 속의 법신〔言說法身〕이니 법신의 장구(章句)를 뜻한다. 무득무설분(無得無說分第七)에서 "아뇩보리는 얻을 수도 없고 말할 수도 없다" 하신 대목부터는 깨달음으로 얻는 법신〔證得法身〕인데, 여기에 다시 두 종류가 있다. 먼저는 지혜의 모습인 법신〔智相法身〕으로서 법신이 곧 지혜라는 뜻이며, 의법출생분(依法出生分第八)에서 불(佛)과 보리(菩提)가 모두 이 경에서 나왔다고 하신 대목은 복스러움 속의 법신〔福相法身〕으로서 법신의 복량(福量)을 뜻한다. 따라서 이 넷째 주(住) 전체는 10행 중 8·9·10행(難得行, 善法行·眞實行)에 해당한다.

다섯째는 도를 닦아 수승함을 얻을 때 교만함이 없어지는 지위〔於修道得勝中無慢住〕다. 일상무상분(一相無相分第九)에서 4과(果)의 성인이 각자 얻은 바가 없음을 밝힌 대목으로서 10회향(廻向) 중 첫번째 구호일체중생리중생상회향(救護一切衆生離衆生相回向)에 해당한다.

여섯째는 부처가 세상에 나오는 때를 여의지 않는 지위〔不離佛出世時住〕다. 장엄정토분(莊嚴淨土分第十) 첫머리에서 "연등불께 얻은 바가 없다"고 밝히신 대목으로서 두번째 불괴회향(不壞回向)에 해당한다.

일곱째는 불국토 맑히기를 서원하는 지위〔願淨佛土住〕다. 역시 장엄정토분에서 "보살이 불국토를 장엄하느냐"고 물으신 대목으로서 세번째 등일체제불회향(等一切諸佛回向)에 해당한다.

여덟째는 중생을 성숙시켜 주는 지위〔成熟衆生住〕이다. 역시 장엄정토분에서 몸이 수미산 같은 사람을 제시하신 대목으로서 네번째 지일체처회향(至一切處回向)에 해당한다.

아홉째는 외도(外道)의 논서를 따르다가 마음이 산란해지는 허물을 여의는 지위〔遠離隨順外論散亂住〕다. 무위복승분(無爲福勝分第十一) 첫머리 "항하(恒河)에 있는 모래처럼……"에서 시작하여 존중정교분(尊重正敎分第十二)과 여법수지분(如法受持分第十三) 첫머리, "곧 반야바라밀이 아니다"까지다. 항하의 모래알같이 많은 보시를 한 것이 4구게 하나 지니는 것만 못하거늘 어느 겨를에 외도의 논서를 읽어 마음이 산란하게 하겠느냐는 것이니, 다섯째 무진공덕장회향(無盡功德藏回向)에 해당한다.

열째는 물질과 중생들의 몸을 끝까지 관찰해서 진리와 부합되는 지위〔色及衆生搏取中觀破相應行住〕다. 여법수지분 중간에 "삼천대천세계에 있는 미진이 많지 않겠느냐" 하신 대목에서 세말방편(細末方便)과 불념방편(不念方便)으로 거친 것을 미세〔細〕하게, 미세한 것을 공(空)하게 관찰해 들어감으로써 3공(空)의 진리에 부합되는 내용이니, 10회향 중 여섯째 입일체평등선근회향(入一切平等善根回向)에 해당한다.

열한번째는 여래께 구족하게 공양하고 급시하는 지위〔供養給侍如來住〕다. 여법수지분 중간에 "32상(相)으로 여래를 볼 수 있겠느냐" 하신 대목부터인데, 형상을 따르지 않고 항상 법신을 뵙는 것이 여래께 급시(給侍)하는 일이며 복이 끝없는 것이니 10회향 중 일곱째

등수순일체중생회향(等隨順一切衆生回向)에 해당한다.

열두번째는 이양(利養)이 풍족하거나 궁핍해서 번뇌가 생길 때 정진에 힘쓰지 않거나 물러나는 허물을 멀리 여의는 지위〔遠離利養及疲乏熱惱故不起精進及退失住〕다. 여법수지분 중간에 "항하의 모래알만큼 많은 몸으로 보시하더라도 4구게를 수지(受持)한 공덕이 더 수승하다"한 대목에서 이상적멸분(離相寂滅分第十四) 중 "이를 제일 바라밀이라 한다〔是名第一波羅密〕"까지로, 항하사 같은 몸으로 보시하여도 한 구절 받아지닌 것만 못하거늘 하물며 이 한 몸을 위하여 이양(利養)을 탐내다가 정진을 게을리 하겠느냐는 뜻이니, 10회향 중 여덟째 입진여상회향(入眞如相迴向)에 해당한다.

열세번째는 괴로움을 참아내는 지위〔忍苦住〕다. 역시 이상적멸분 중 부처님께서 인욕바라밀을 행하실 때 가리왕에게 몸을 갈기갈기 찢기신 대목으로부터 "햇빛이 밝게 비추면 갖가지 색을 보거니와〔日光明照見種種色〕……"까지로서 아상(我相)이 없으므로 어떤 고생도 참아냈다는 내용이니, 10회향 중 아홉째 무박무탈회향(無縛無脫迴向)에 해당한다.

열네번째는 고요함에 맛들이는 허물을 여읜 지위〔離寂靜味住〕다. 이상적멸분 마지막 대목에 "當來之世……"로부터 지경공덕분(持經功德分第十五)과 능정업장분(能淨業障分第十六)으로서 10회향 중 열번째 입법계무량공덕회향(入法界無量功德迴向)에 해당한다.

열다섯번째는 도를 증득할 때 기뻐 날뛰는 허물을 멀리 여읜 지위〔於證道時遠離喜動住〕다. 구경무아분(究竟無我分第十七) 처음에 "云何應住 云何降伏……"으로 시작하여 문답한 대목이다. 내가 머무르고 내가 항복시킨다는 생각이 있으면 희동(喜動)이며 산심(散心)인데, 그런 생각을 막아 주시어 희동과 산심을 여읜다. 그러므로 지위

(地位)로는 4가행(加行) 중 난위(援位)와 정위(頂位)에 해당하니, 난위와 정위는 정신을 집중시키는 가행 공부이다.

열여섯번째는 부처님의 가르침을 구하는 지위〔求佛敎授住〕다. 역시 구경무아분 중간에 "내가 연등불께 아뇩보리를 얻은 바가 있느냐"를 문답하신 대목으로서, 부처님을 만나 얻은 바 없는 얻음〔無所得之得〕을 얻음으로써 모든 장애를 뚫고 바야흐로 10지(地)에 들어갈 준비가 끝나니, 지위로는 인위(忍位)와 세제일위(世第一位)에 해당한다.

열일곱번째는 도를 증득하는 지위〔證道住〕다. 역시 구경무아분 중간에 "譬如人身長大……" 이하의 대목으로서 종성지(種性智)를 얻고 변행진여(徧行眞如)를 증득하여 장대한 보신(報身)을 이루니, 지위로는 10지 중 첫번째 환희지(歡喜地)에 해당한다.

열여덟번째는 위로 불지를 구해 들어가는 지위〔上求佛地住〕다. 역시 구경무아분 끝부분에 "我當莊嚴佛土 是不名菩薩……" 이하 정종분 끝까지의 법문으로서, 다음과 같이 여섯 단계로 나누어 불지를 향해 들어간다.

첫째는 위없는 국토의 청정이 구족한 단계〔無上國土淨具足〕이다. 역시 구경무아분 끝부분 "須菩提 若菩薩 作是言 我當莊嚴佛土"에서 "如來說名 眞是菩薩"까지의 법문으로서 보살이 불위(佛位)를 향해 출발하기 위해서는 청정국토가 필수적이기 때문이다.

둘째는 위없는 견과 지의 청정함이 구족한 단계〔無上見智淨具足〕이다. 일체동관분(一體同觀分第十八)의 법문으로서 부처님에게만 있는 공덕이므로 위없다〔無上〕 하였고, 눈으로 보시고 지혜로 아시기 때문에 견지정〔見智淨〕이라 했는데, 이들이 모두 구족하다는 것이다.

셋째는 위없는 복과 자재함이 구족한 단계〔無上福自在具足〕이다.

법계통화분(法界通化分第十九)에 "若人滿三千大千世界七寶布施
……"라 하신 법문으로서, 지혜로운 보시로 무량한 복을 얻는데 그
복에 구애받지 않고 자재하게 누리는 공덕이 구족하다는 것이다.

넷째는 위없는 몸이 구족한 단계〔無上身具足〕이다. 이색이상분(離
色離相分第二十)에 "구족한 색신으로 부처를 볼 수 있겠느냐" 하신
문답이니 불(佛)은 색신(色身, 32相)과 제상(諸相, 80種好)이 구족하
시다는 것이다.

다섯째는 위없는 말씀이 구족한 단계〔無上語具足〕이다. 비설소설
분(非說所說分第二十一)에 "汝勿謂如來作是念我當有所說法……"이
라 하신 법문으로서, 설하는 바 없는 설〔無說之說〕이 불조(佛祖)의
언어인데 이것이 구족하다는 것이다.

여섯째는 위없는 마음이 구족한 단계〔無上心具足〕이다. 무법가득
분(無法可得分第二十二)에 "佛得阿耨菩提　爲無所得耶……"으로부터
응화비진분(應化非眞分第三十二)에 '應作如是說'까지의 법문으로서
모두가 11분(分)의 경문이 여기에 속하나 한마디로 부처님의 마음씨
를 풀이한 것이라 이해하면 될 것이다.

이상 여섯 단계의 구족(具足)을 합하여 위로 불지를 구하는 지위〔上
求佛地住〕라 하거니와, 이를 수행 지위에 배속하면 10지 중 두번째
이구지(離垢地)부터 묘각(妙覺)까지에 해당한다. 이상의 제설이 여러
분의 이해를 돕고자 중언부언 나열되었는데, 도리어 어지럽힐 흠이
없지 않다. [표 1,2,3,4]를 말미에 붙인다.

이상으로써 금강경의 개요와 초판·재판의 출판 경위와 본 강화에
따른 제설을 열거했다. 이로써 금강경은 어떤 근기(根機)가 어떤 번
뇌〔惑〕를 끊고 어떤 계위(階位)에 올라 어떤 공덕〔住〕을 이루고 어떤
과위를 뵙게 되는가를 어설프게나마 언급하였다. 바라건대 이 소품

(小品)이 독자제위(讀者諸位)의 간경(看經)에 조금이나마 도움이 되었
으면 한다.

佛紀 二五四六 壬午 八月

奉先寺 茶經室에서

雲嶽學人 月雲沙門 謹記

# 금강반야바라밀경강화
## 金剛般若波羅密經講話

# 一. 이 경이 생긴 동기
## 序分


【과목 해설】 한 편의 문장을 이루는 데 서론(序論)과 본론(本論)과 결론(結論)이 있듯이, 한 부(部)의 경전에도 으레 그 경이 생긴 동기〔序分〕와 본론〔正宗分〕과 맺는말〔流通分〕이 있는데, 이를 삼분과법(三分科法)이라 한다. 이 법은 동진(東晋)의 도안법사(道安法師; 314~385)가 평소 '세속의 경은 〈무슨 장〉 〈무슨 편〉이 있어서 보기에 편리한데 불경에는 어찌하여 그런 것이 없을까?' 하고 생각하다가 창안한 것인데, 당시에는 잘 믿어 주지 않았다. 훗날 당(唐) 현장(玄奘; 622~684)이 친광보살(親光菩薩)이 지은 《불지론(佛地論)》을 번역했는데, 이 논은 《불지경(佛地經)》을 해석한 것이다. 그런데 거기에 1. 교기인연분(敎起因緣分; 序分), 2. 성교소설분(聖敎所說分; 正宗分), 3. 의교봉행분(依敎奉行分; 流通分)이라 과(科)를 나누었다. 이를 계기로 도안법사의 높은 경안(經眼)이 널리 알려짐과 동시에 이 법칙이 통용되기 시작했다고 한다.

이 경의 동기는 부처님께서 기원정사에서 걸식을 해다가 평상시와 같이 공양을 마치고 의젓하게 앉으신 부분이 된다. 이 평상시 생활의 한 단면이 수보리 존자의 눈에 띄어 허다한 진리의 파도를 일으켰으니, 모두가 후세의 중생들을 일깨워 주기 위한 자비방편(慈悲方便)이리라.


## 法會因由分 第一

如是我聞하사오니 一時에 佛이 在舍衛國祇樹給孤獨園하사 與大比丘衆 千二百五十人과 俱러시니 爾時에 世尊이 食時에 着衣持鉢하시고 入 舍衛大城하사 乞食하실새 於其城中에 次第乞已하시고 還至本處하사 飯食訖하시고 收衣鉢하시고 洗足已하시고 敷座而坐러시다.


이와 같이 내가 들었다.

어느 때 부처님께서 사위국(舍衛國) 기수급고독원(祇樹給孤獨園)에서 큰 비구(比丘)들 1250사람과 함께 계셨다.

그때 세존(世尊)께서 밥때〔食時〕가 되자 가사(袈裟)를 수하시고 바리때를 드시고 사위성(舍衛城)으로 들어가, 그 성 안에서 밥을 비셨다. 차례로 다 빌고는 계시던 곳으로 돌아와 진지를 잡수시고 나서 가사와 바리때를 거두시고 발을 씻고는 자리를 펴고 앉으셨다.


【강화】 이 대목은 부처님의 제자인 아난 존자가 부처님께서 이 경을 말씀하시게 된 동기를 회상하면서 한 말이다. 부처님께서 멸도하시자 여러 제자들이 부처님의 말씀을 자기 나름대로 해석하려는 경

향이 생겼으므로 이 폐단을 막기 위해 많은 제자들이 한곳에 모여, 부처님의 설법을 가장 잘 기억하는 아난 존자에게 부처님 말씀을 외우게 하고 대중은 듣고서 틀림없음을 재확인하는 사업을 벌였다. 이를 결집(結集)이라 하는데, 결집이란 글자도 종이도 없는 그때 일종의 편집·출판의 수단이었다.

"이와 같이"는 틀림없다는 뜻이요, "내가 들었다"는 아난 자신은 들었을 뿐이지 결코 자기의 견해가 아니라는 것을 밝힌 말이다. "어느 때"는 부처님이 말씀하시고 청중이 듣던 그 시각을 가리키는 말이니, 여러 국토와 중생에 따라 시간의 단위가 다르므로 그저 "어느 때"라 하였다.

"사위국(舍衛國)"은 Sravasti의 음역인데, 풍성한 문명〔豊物〕이라 번역한다. "사위"는 그때 부처님이 계시던 코살라(Kosala) 나라의 서울이었다. 그러므로 코살라국이라 해야 옳겠지만, 그때 인도 남쪽에 또 코살라라는 나라가 있었으므로 두 나라를 구분하기 위해 이 나라는 수도의 이름을 따라 사위국이라 했다.

"기수급고독원(祇樹給孤獨園)"은 절 이름인데 "기수(祇樹)"는 기타(祇陀; Jeta) 태자가 시주한 숲이란 뜻이며, "급고독원(給孤獨園)"은 급고독이란 장자가 시주한 절이란 뜻이다. "급고독"은 수달다(須達多; Sudatta)를 번역한 말인데, 부처님 당시에 생존했던 장자로서 불쌍한 이에게 보시를 많이 했다 하여 붙여진 이름이다. "원(園)"이란 중원(衆園)의 약자로서 절을 뜻하니, 중원은 승가람(僧伽藍; Sangharama)을 번역한 말이다. 수달다 장자가 부처님께 절을 지어 드리려는데, 그 후보지가 기타 태자의 소유였으므로 그것을 팔라고 청했다. 그러나 태자는 팔 의사가 없어서 엄청난 값을 불러 그를 놀라게 했다. 그러나 장자는 거침없이 그 많은 값을 내고서라도 사겠다 하기에 그

이유를 물으니, 전 인류의 스승이신 부처님께 절을 헌납하기 위해서
라고 대답했다. 이 말에 감동한 태자는 땅은 시가대로 팔되, 그 지상
물인 숲은 팔지 않고 자기 이름으로 헌납하기로 했다. 그래서 '기타
태자의 숲'과 '급고독 장자가 세운 절'이란 뜻을 합해서 "기수급고
독원"이란 긴 이름이 붙여졌다고 한다.

"큰 비구(比丘)"는 덕 높고 점잖은 비구란 뜻이다. 비구는 범어
'Bhiksu'의 음역으로서, 포마(怖魔)·정계(淨戒)·걸사(乞士)의 세 가
지 뜻이 있다. 포마는 악마를 겁나게 한다는 뜻이며, 정계는 계행을
깨끗이 지닌다는 뜻이며, 걸사는 걸식으로 삶을 이어간다는 뜻이니,
부처님의 제자 중 성문(聲聞)을 가리키는 말이다.

"1250사람"이라 함은 이 경을 말씀하실 당시에 있던 제자들은 다
모였다는 뜻이다. 처음에 교진여(憍陳如) 등 다섯 사람이 제도되었
고, 다음에 가섭파(迦葉波) 등 삼형제와 그 도제(徒弟)를 합친 1000
명이 제도되었고, 세번째로 사리불(舍利弗) 등 200명이 제도되었고,
마지막으로 야사(耶舍)등 50명이 제도되어, 정확히 말하면 1255명이
지만 큰 수효만을 든 것이다.

이상을 요약하면 '언제, 누가, 어디서, 누구와, 무엇을, 어떻게 했
다'는 것이니, 극히 조직적이면서도 이론적인 면이 있다. 이 형식을
어느 경에나 첫머리에 두어 '부처님의 말씀을 들은 대로 옮기노라'
한 아난 존자의 뜻을 밝혀서, 보는 이에게 믿음을 내게 하였으므로
이 부분을 증신서(證信序; 믿음을 인증하는 부분) 또는 통서(通序; 모
든 경에 공통된 부분)라 한다. 따라서 이 증신서에는 대체로 여섯 구
분이 있어 육성취(六成就)의 법이라 하는데, 육성취란 여섯 가지 조
건이 구비됨으로써 부처님의 말씀에 대한 믿음이 구체적으로 이루
어진다는 것이다. 그러면 그 여섯 가지란 무엇인가? 첫째, "이와 같

이”는 틀림없다는 뜻〔信成就〕이며, 둘째, “내가 들었다”는 들었을 뿐이지 부처님이 살아났거나 딴 부처님이 오셨거나 내가 깨달은 것이 아니라는 뜻〔聞成就〕이며, 셋째, “어느 때”는 시간〔時成就〕을, 넷째, “부처님”은 말씀의 주인〔主成就〕을, 다섯째, “사위국 기수급고독원”은 장소〔處成就〕를, 여섯째 “1250사람”은 대중〔衆成就〕을 뜻하니, 이 여섯 가지는 마치 현대 논리학의 육하(六何) 원칙과 같다 하겠다.

“그때 세존께서” 이하는 위의 증신서(證信序)에 대비하여 발기서(發起序)라 하고, 통서(通序)에 대비하여 별서(別序)라 하는데, 이 경만의 동기로 특징지을 수 있는 부분이다. 위에서 말한 바와 같이 증신서는 모든 경에 공통되지만, 별서는 경마다 부처님이 그 경을 말씀하시게 된 동기가 다르다. 그러므로 이 부분이야말로 이 경의 동기라 해야 할 것이니, 그 동기란 부처님이 탁발을 해다가 진지를 드신 뒤 자리를 펴고 앉으신 일일 뿐이다.

“그때”는 부처님과 대중이 다 한자리에 모였던 때를 말한다. “세존”은 부처님의 십호(十號) 중 하나로서 세상에서 가장 높은 분이란 뜻이다. “밥 때”는 진지를 잡수실 시각이니 사시(巳時), 즉 9시~11시 사이다. “가사(袈裟)”는 부처님이나 제자들이 입는 법복이다. 법복에는 안타회(安陀會)와 울다라승(鬱多羅僧)과 승가리(僧伽梨)의 세 종류가 있는데, 설법·걸식·외출하실 때 입는 옷은 승가리이다. “바루”라 함은 발다라(鉢多羅; Patra)의 우리말인데, 한자로는 응량기(應量器)라 번역한다. 분량과 색깔이 모두 법도에 맞는 그릇이라는 뜻으로서 부처님이나 스님들의 밥그릇이다. “수하시고”는 ‘입는다’의 특별어니 가사의 경우에 한한다.

“사위성”은 위에서 말한 코살라 나라의 서울을 가리킨다. “밥을 빈다” 함은 부처님과 승단의 생활이 걸식(乞食)으로 유지하게 되어 있었기 때문인데, 밥을 빌어먹다 보면 우선 많은 사람을 상대하게 되고, 그렇게 해서 보다 많은 사람을 교화하게 되며, 또 자기 자신의 교만한 마음을 제거한다 하였으니, 이 일을 몸소 실천하신 것이다. "차례로 빈다" 함은 한 번 걸식하러 나가면 일곱 집 이상을 넘지 못하게 되어 있었는데, 그 사이에 가난한 집을 빼거나 부잣집만 찾거나 하면 평등치 못한 행위가 되기 때문이다. 이는 계율을 준수하는 준엄한 자세를 보여 주신 것이다. "빌기를 마쳤다" 함은 일곱 집이 다 찼다는 뜻이지 밥의 분량을 두고 한 말이 아니다. "계시던 곳으로 돌아오시다" 함은 많은 제자들과 함께 생활하기 위해서 본래의 자리로 되돌아오셨다는 말이다. "가사와 바루를 거두시고 발을 씻으셨다" 함은 이제까지의 활동을 정지하고 곧이어 선정에 드실 준비를 하기 위해서인데, 부처님은 더러움이 다해서 발을 씻을 필요가 없지만 세속의 법에 따라 몸을 깨끗이 간직하는 규범을 보이신 것이다. "자리를 펴고 앉으셨다" 함은 길상초(吉祥草) 자리 위에 가부좌를 틀고 앉아 삼매에 드셨다는 말인데, 이는 부처님의 일상 생활의 한 부분인 동시에 이 경의 주제이기도 하다.

부처님께서 자리에 앉으신 것이 어째서 이 경의 주제가 되는가? 이 경은 지혜(智慧), 즉 반야지(般若智)를 개발하여 부처가 되게 하는 것이 목적이다. 위에서 법도에 맞추어 걸식을 하신 것은 계(戒)이며, 자리를 펴고 앉으신 것은 정(定)인데, 계에 의해 정이 생기고 계와 정이 구족하면 지혜가 생기게 마련이기 때문이다. 그러므로 부처님께서 모든 경을 말씀하시려 할 때는 반드시 먼저 선정에 드셨다. 예컨대 《화엄경》을 말씀하실 때는 해인삼매(海印三昧)에 드셨고, 《법화경》을 말씀하실 때는 무량의처삼매(無量義處三昧), 《열반경》을 말씀하실 때는 부동삼매(不動三昧), 《무량수경》을 말씀하실 때는 대적

정미타삼매(大寂靜彌陀三昧) 등 무수한 삼매에 드셨다. 여기 《반야경》에서 드신 선정은 등지왕삼매(等持王三昧)라 부르니, 정과 혜를 균등하게 지닌다는 뜻이다.

이렇듯 선정에 드신 모습을 뵙는 즉시 부처님의 참모습을 알아본다면 더할 나위가 없겠지만, 그렇지 못한 우리에겐 선망의 대상이자 논란의 원천이 된다. 그러므로 다음 대목부터는 논란이 일다가 경 끝에 가서야 "항상 여여(如如)하여 움직이지 않아야 하느니라"(應化非眞分第三十二) 하여, 가부좌를 틀고 앉으신 이 대목의 부처님으로 되돌아가기를 권고하셨다.

# 二. 선현(善現)이 수행하는 법을 물었다<sup></sup>(以下 正宗分)

【과목 해설】 선현(善現)은 수보리(須菩提)를 번역한 말이니 '잘 나타났다'는 뜻이다. 부처님의 많은 제자 가운데 지혜나 행덕(行德)이 가장 훌륭한 열 분을 뽑아서 10대 제자라 한다. 만행(萬行)을 가장 잘 하시는 두타제일(頭陀第一) 마하가섭(摩訶迦葉) 존자, 지혜(智慧)제일 사리불(舍利弗) 존자, 신통(神通)제일 목건련(目犍連) 존자, 지계(持戒)제일 우바리(優婆離) 존자, 설법(說法)제일 부루나(富樓那) 존자, 해공(解空)제일 수보리(須菩提) 존자, 천안(天眼)제일 아나율(阿那律) 존자, 다문(多聞)제일 아난(阿難) 존자, 밀행(密行)제일 라후라(羅睺羅) 존자, 논의(論議)제일 가전연(迦旃延) 존자 등 열 분이다. 그 가운데 특히 수보리 존자는 '공'의 이치를 가장 잘 아는 분이므로 해공(解空)제일이라 하였다.

이 경의 주안점이 반야지(般若智)를 개발하는 데 있다는 것은 이미 말한 바 있거니와, 이 반야지를 개발하기 위해서는 공의 원리를 알아야 한다. 반야지란 분별하는 의식이 끊어진 절대적인 지혜를 이르는 말이다. 즉 너와 나, 크고 작음, 밝고 어두움 등 말이나 생각으로 따져서 아는 상대적인 사변적(思辨的) 지혜가 다한 곳에 나타나는 지혜이다. 그러므로 이 지혜를 개발하기 위하여는 먼저 모든 것이 공하다는 원리를 알아야 하므로, 이 경에서 시종 모든 것이 공하다고 되풀이하여 아무데도 집착하지 못하게 하셨다. 이런 법문을 이끌어 내야 하겠기에 특히 수보리 존자께서 나서서 질문을 던져 부처님과 대화자〔對機〕가 된 것이다.


## 善現起請分 第二

時에 長老 須菩提가 在 大衆中하시다가 卽從座起하사 偏袒右肩하시고 右膝着地하시고 合掌恭敬하사 而白佛言하사대 希有世尊하 如來 善護念諸菩薩하시며 善付囑諸菩薩하시나이다 世尊하 善男子 善女人이 發阿耨多羅三藐三菩提心하나는 應云何住며 云何降伏其心하리이까.

이때 점잖은 수보리(須菩提)가 대중 가운데 있다가 일어나서 오른 어깨를 벗어 메고 오른 무릎을 땅에 꿇고 합장(合掌)하고 공경히 부처님께 사뢰었다.

"희유(希有)하십니다. 세존(世尊)이시여, 여래(如來)께서는 보살(菩薩)들을 잘 염려하여 보호해 주시고〔善護念〕, 보살들에게 잘 당부하여 위촉해 주십니다〔善付囑〕. 세존이시여, 선남자(善男子)·선녀인(善女人)들이 아뇩다라삼먁삼보리(阿耨多羅三藐三菩提)의 마음을 내고는 어떻게 머물러야 되며, 어떻게 그 마음을 항복시키시오리까?"

【과목 해설】"이때"는 부처님이 자리를 펴고 앉으신 때이다. "점잖다" 함은 나이 많고 덕 높은 우두머리, 즉 어른〔長老〕이란 뜻인데, 여기서는 수보리 존자를 높이는 칭호이다. "자리에서 일어났다" 함은 제자로서 스승께 법을 묻는 예법의 하나이다. 첫째, 자리에서 일어나고, 둘째, 오른 어깨를 드러내고, 셋째, 오른 무릎을 꿇고, 넷째, 합장하고, 다섯째, 공경히 여쭙는데, 이 다섯 가지를 묶어서 제자오례(弟子五禮)라 한다. "합장"은 두 손을 가슴에 모아 경의를 표하는 기본적인 불교 의식이다.

"희유"는 처음 보는 일, 또는 '장하십니다' 등의 뜻으로서 찬탄하는 말이다. 이와 같이 몸과 마음을 모아 공경의 뜻을 표시하고는 "희유하십니다" 하였다. 부처님은 걸식에서 돌아와 진지를 드시고 자리에 앉았을 뿐 아무런 말씀도 하지 않으셨는데, 수보리는 무엇을 보았기에 그토록 최상의 탄사를 표했을까? 진리는 언어나 문자 이전에 있기 때문이리라. 기어이 구색을 찾아 풀이한다면, 법대로 걸식을 하고 다시 자리를 펴고 앉으신 일 그대로가 말없는 설법이자 사자후이기 때문이다. 이 심오한 이치를 간파한 수보리가 기회를 놓치지 않고 "희유하십니다" 하였으니, 부처님으로서는 뜻밖의 추적자를 만났다고나 할까? 어쨌든 이 한마디가 말세에 태어난 우리들에게 무한한 법열(法悅)을 얻게 해주신 점에 대하여 감사하지 않을 수 없다.

"여래"는 부처님의 열 가지 명호 중 하나로서 범어 다타아가도(多陀阿伽度; Tathagata)의 번역인데, 진여의 모습 그대로 우리에게 오셨다는 뜻이다. 우리들은 진여와 멀리 떨어진 채 살고 있다. 그러나 부처님은 진여의 모습을 되찾아 진여의 모습 그대로 우리 앞에 나타나셨다. 무엇을 하러 우리들 앞에 나타나셨는가? 우리들을 교화해 주시기 위해서이다. 그러므로 수보리께서도 "보살들을 잘 염려하여 보호해 주시고 보살들에게 잘 당부하여 위촉해 주신다”고 했다. “보살”이란 보리살타(菩提薩陀; Bodhisattva)의 준말로서 각유정(覺有情)이라 번역했다. 각(覺)이란 깨달음이며, 유정(有情)이란 중생이니, 이 두 가지 낱말이 복합된 명사(名詞)이다. 이를 다시 세밀히 나누면 첫째, ‘깨달은 중생,’ 둘째, ‘중생을 깨우쳐 주는 자,’ 셋째, ‘깨달을 중생’이 된다. 보살은 어느 정도 수행이 완성되었으므로 ‘깨달은 중생’이라 하며, 아직 캄캄한 중생들을 위하여는 헌신적인 봉사로 구제하려 하므로 ‘중생을 깨우쳐 주는 자’라 하며, 다시 자기의 수행을 완성하려는 욕망도 멈추지 않으므로 ‘깨달을 중생’이라 한다. 그러므로 보살을, 위로는 보리를 구하고 아래로는 중생을 교화하는 분〔上求菩堤下化衆生〕이라고 정의한다.

  보살의 서원이 이러하므로, 부처님께서 공부가 다 이루어진 보살들에게는 지혜의 힘을 더 보태 주어 자기 수행이 더욱 깊어지게 하시고, 교화하는 방편의 힘을 더 보태 주어 중생들을 교화하도록 해주시므로 “잘 염려하여 보호해 주신다” 하였다. 한편 공부가 아직 익숙하지 못한 보살들은 지혜 있는 보살들에게 인권(引勸)하여 도중에서 후퇴하여 소승에 빠지지 않도록 해주시므로 “잘 당부하여 위촉하신다” 하였다. 그러므로 미륵게(彌勒偈) 제1송에서는 이 대목을 다음과 같이 읊었다.

| | |
|---|---|
| 巧護義應知 | 잘 보호한다는 말을 잘 알아두라. |
| 加被身同行 | 그의 몸에 가피하여 함께 행해서 |
| 不退得未得 | 물러나지 않게 하고 얻지 못한 것을 얻게 하시니 |
| 是名善咐囑 | 이를 일러 잘 당부하여 위촉한다 하니라. |

부처님의 이러한 선권방편(善權方便)을 잘 알고 있는 수보리였으므로 "이때"를 당하여 찬탄하는 말씀을 드리고는 이어, 현재나 미래의 수행자가 수행하는 데 도움이 될 일을 여쭈었다. "선남자" "선녀인"은 대승의 법을 배우려고 결심한 대장부적 기상이 있는 남녀를 통칭한 말이니 보살이란 말과도 같다. "아뇩다라삼먁삼보리(Anuttara-samyak-sambodhi)"는 범어의 소리 번역으로, 무상(無上; 위없음)·정변(正偏; 바르고 두루함)·정각(正覺)이라 번역하며, 다른 말로 하면 최고의 진리가 된다. 이러한 최고의 진리를 배우고 닦으려는 마음을 낸 보살이 있다면 그들은 어떻게 마음을 머물러야 하며, 마음을 제자리에 머물러도 망상이 자꾸 솟아나서 공부가 뜻대로 되지 않을 때는 어떻게 그 마음을 항복시켜야 하겠는가 하는 물음이다. 보살이 불법을 배우는 목적은 결국 아뇩다라삼먁삼보리를 깨달아 얻으려는 것이다. 이 목적을 달성키 위해서는 항상 마음이 한 곳에 머물러야 하고, 마음을 한 곳에 모으기 위해서는 부단한 수행이 있어야 한다. 그러므로 마음 머무르기와 수행은 서로 불가분의 관계에 있으니, 이 두 가지 일이 뜻대로 되지 않는 폐단을 막기 위해서는 마음을 항복시키는 법을 알아야 한다. 그러므로 수보리의 물음은 두 가지이지만 사실은 세 가지를 물은 것이라고 보아야겠다. 그러기에 위(魏)의 보리류지(菩提流支) 삼장이 번역한 《금강경》에는 이 대목에서 "어떻게 머무르며 어떻게 수행하며 어떻게 그 마음을 항복시키리까?" 하였다. 이 머묾과 수행과 항복의 관계를 도식으로 표시하면 다음과 같으니, 이 도식에 준하면 위역(魏譯)은 별문(別問)과 총문(總問)을 다 소개하였고, 구마라집은 별문은 만들고 총문은 생략하였음을 알 수 있다.

<table>
<tr><td>

**別問**

어떻게 머무르리까?

어떻게 수행하오리까?

</td><td>

**別答**

네 가지 마음에 머물라.

6바라밀을 닦으라.

</td></tr>
<tr><td>

**總問**

이 두 가지 공부가 잘 안 될 때는

각기 어떻게 항복시키오리까?

</td><td>

**總答**

4상(四相)에 집착되지 말라.

</td></tr>
</table>

佛言하사대 善哉善哉라 須菩提야 如汝所說하야 如來 善護念諸
菩薩하시며 善付囑諸菩薩하시나니 汝今諦聽하라 當爲汝說하리라
善男子 善女人이 發阿耨多羅三藐三菩提心하나는 應如是住하
며 如是降伏其心이니라 唯然世尊하 願樂欲聞하노이다.

부처님께서 말씀하셨다.

"좋은 말이다. 참으로 좋은 말이다. 수보리야, 네 말과 같
이 여래는 보살들을 잘 염려하여 보호하시고 보살들을 잘
당부하여 위촉해 주시나니 자세히 들으라. 말해 주리라. 선
남자·선녀인이 아뇩다라삼먁삼보리의 마음을 내고는 이렇
게 머물러야 하며, 이렇게 그 마음을 항복시켜야 되느니라."

"네, 세존이시여, 더 자세히 듣고자 소원하옵니다."

【강화】 수보리의 물음에 "좋은 말이다" 하신 것은, 그것이 당시와
미래의 많은 사람들에게 이익을 줄 수 있는 쾌적한 질문이기 때문이
다. "이렇게 머무르고 이렇게 항복시키라" 하신 것은 수보리의 물음

에 "이렇게"라는 말로 묶어서 답을 예시하신 것이니, 즉 "다음과 같이"라는 정도로 알면 될 것이다. 그런데 수보리는 만고에 눈 밝은 장로이므로 이 기회를 놓칠세라 "네, 세존이시여, 어서 자세히 듣고자 소원하옵니다" 하여 말없는 법의 바다에서 끝없는 파도를 불러 일으키고 있다.

이는 마치 《대집경(大集經)》의 한 장면을 연상시킨다. 영산회상에서 어느 날 부처님이 백만 대중에게 설법하시기 위해 법상에 오르셨는데, 때마침 문수사리(文殊舍利)가 대중에 있다가 얼른 일어나서 "법왕의 법을 자세히 살피건대, 법왕의 법이란 이러이러하십니다(法王法如是)" 하자, 부처님이 이내 자리에서 내려오셨다는 것과 비슷한 바가 있다. 이때 문수사리는 무엇을 보았기에 그런 찬사를 보냈으며, 부처님은 무슨 뜻에서 잠자코 자리에서 내려오셨을까? 오늘의 수보리는 무엇을 보았기에 "희유하십니다" 하였으며, 부처님께서는 무슨 뜻으로 "이렇게 머물고 이렇게 항복시키라" 하셨을까? 어쨌든 두 분이 찬탄한 점은 같으나 부처님의 대응은 달랐으니, 대집경(大集經)에서는 조용히 법상에서 내려왔고, 여기서는 "좋은 말이다" 하시어 마치 기다렸다는 듯이 언어의 바다로 뛰어드셨는데, 이는 또 어떻게 이해해야 하는가? 전자는 침묵으로 대답했고, 후자는 언어로 대답했다고 할까? 아니면 전자는 선(禪)의 도리요, 후자는 교(敎)의 도리라 할 것인가?

선문종장(禪門宗匠)의 한 분인 천동정각(天童正覺)은 《종용록(從容錄)》 제1칙(則)에다 이 세존승좌화(世尊陞座話)를 넣었고, 설두중현(雪竇重顯)은 《벽암록(碧巖錄)》 제92칙에다가 이 화두를 넣었다. 그런데 두 분 모두 "언어 이전의 도리는 문수가 종을 치기 이전의 경지라야 한다"고 송(頌)했으니, 천동은 입문(入門)의 궤칙(軌則)으로 삼았고, 설두는 마지막 점검으로 삼은 것이 다르다고나 할까? 어쨌든 "이렇게"라는 한 구절은 선(禪)과 교(教)에 통한 일대화두(一大話頭)라 할 것이다. 그러므로 말씀 없는 말씀〔無說說〕은 들음 없는 들음〔無聞聞〕을 통해 들어간다고 하였던가?

# 三. 부처님이 마음 머무는 법을 보여 주시다

【과목 해설】 위에서 수보리가 물은 두 마디 가운데서 "어떻게 머무르리까?" 한 것은 다시 세분하여 '어떻게 마음을 머물러야 하는가?'와 '어떤 수행을 쌓아야 되는가?'로 나누어야 하고, "어떻게 마음을 항복시키리까?" 한 물음은 위 두 가지에 공통하는 일이라 하였다. 이제 이 대목은 '어떻게 머물러야 하는가?' 하는 물음에 대하여 부처님께서 네 가지 마음〔四心〕에 머무르되 네 모양다리〔四相〕를 항복시키라 하신 내용으로 되어 있다.

## 大乘正宗分 第三 一. 發心住

佛告須菩提하사대 諸菩薩摩訶薩이 應如是降伏其心이니 所有一切衆生之類 若卵生 若胎生 若濕生 若化生 若有色 若無色 若有想 若無想 若非有想 非無想을 我皆令入無餘涅槃하야 而滅度之하리니 如是滅度 無量無數無邊衆生하되 實無衆生이 得滅

度者니 何以故오 須菩提야 若菩薩이 有我相 人相 衆生相 壽者
相하면 則非菩薩이니라.

부처님이 수보리에게 말씀하셨다.
"보살마하살(菩薩摩訶薩)은 응당 이렇게 그 마음을 항복시
켜야 된다. 이른바 세상에 있는 온갖 중생으로서, 난생(卵
生)·태생(胎生)·습생(濕生)·화생(化生)과 유색(有色)·무
색(無色)·유상(有想)·무상(無想)·비유상(非有想)·비무상
(非無想)의 온갖 중생을 내가 모두 제도하여 무여열반(無餘
涅槃)에 들도록 하리라 하라. 이렇게 한량없고 끝없는 중생
을 제도하되 실제로는 한 중생도 제도를 받은 이가 없다.
무슨 까닭이겠는가? 수보리야, 만일 어떤 보살에게 아상(我
相)·인상(人相)·중생상(衆生相)·수자상(壽者相)이 있으면
보살이 아니기 때문이니라."

【강화】이미 말한 바와 같이 "보살은 어떻게 마음을 머무르리까?"
"어떻게 그 마음을 항복시키리까?" 한두 가지 물음에서, 첫째 물음
에는 '마음을 어디에 머무르리까?' 하는 뜻과 '어떻게 수행을 하리
까?' 하는 두 부분의 뜻이 있어 별(別)이 되고, "어떻게 그 마음을 항
복시키리까?" 한 말은 위의 두 부분에 공통된 방법으로서 총(總)이
된다. 그 이유는 마음을 어느 한 곳에 머물러 안정하려 해도 마음에
집착이 있으면 참된 머묾이 아니며, 마음을 닦으려 해도 마음에 집착
이 있으면 참된 수행이 아니기 때문이다. 그러므로 "보살은 이렇게
그 마음을 항복시키라"고 전제하여 구체적인 보살행을 말씀하실 차
비를 하신 것이다. "마하살"은 큰 보살이란 뜻으로, 보살을 높여 부

르는 말이다.

　그러면 "이렇게"라 한 그 내용은 무엇인가? 네 가지 마음에 머물라는 것이다. 네 가지 마음이란 광대한 마음〔廣大心〕, 으뜸가는 마음〔第一心〕, 항상한 마음〔常心〕, 뒤바뀌지 않는 마음〔不顚倒心〕이니, 보살은 이러한 네 가지에 마음을 머물러 두어야 한다. 그러므로 이 대목을 '마음 머무는 법이라' 했고, 무착(無着)은 발심주(發心住; 발심이 완성되는 지위)라 했고, 32분(三十二分)으로는 대승정종분(大乘正宗分; 대승의 참모습)이라 했다.

　첫째 광대한 마음이란 "온갖 중생"을 몽땅 제도할 대상으로 삼으려는 마음인데, 온갖 중생을 12류(類)로 분류하기도 한다. 중생이란 범어 살타(薩陀; sattra)를 번역한 말로서, 유정(有情)이라고도 한다. 중생은 뭇 인연에 의하여 살아가는 존재란 뜻이며, 유정은 마음이 있는 생명체라는 뜻이다. 유정이건 중생이건 모두가 생명체를 통칭하는 말로서, 범부와 성인에 공통되지만 대체로 깨닫지 못한 범부 무리를 가리키는 말로 사용되고 있다.

　12류 중생을 세 부류로 나누어 풀이하니, 결국 온갖 중생이란 말을 세 종류로 나누는 방식이다. 첫째는 태어나는 형태에 의한 분류〔受生差別; 欲界〕이며, 둘째는 태어난 몸의 형태에 따른 분류〔依止差別; 色界〕이며, 셋째는 경계에 따르는 분류〔境界差別; 無色界〕이다.

　첫째 태어나는 형태로 분류한 중에 '난생'은 알로 낳는 것, '태생'은 태(胎)로 낳는 것, '습생'은 습기로 낳는 것, '화생'은 마치 매미나 나방처럼 딴 몸으로 훌쩍 바뀌 태어나는 것이다. 이를 4생(四生)이라 하는데, 이들 사생이 6도(六道)를 형성한다. 《구사론(俱舍論)》에 이런 게송(偈頌)이 있다.

| 天獄化生 | 하늘과 지옥은 화생이요, |
| 鬼通胎化 | 귀신(아귀·아수라)은 태생과 화생에 통하고, |
| 人畜各四 | 인간과 축생은 네 가지가 다 있고, |
| 諸餘微細 | 그밖의 자세한 것은 |
| 不可具分品類 | 다 분류할 수 없다. |

둘째, 몸의 형태에 따른 분류라 함은 '유색(有色)'과 '무색(無色)'을 말한다. 유색은 빛깔이 있는 무리로서 색계(色界) 4선천(四禪天)에 태어나고, 무색은 빛깔이 없는 무리로서 무색계(無色界)에 태어난다.

셋째, 경계에 따른 분류에는 '유상(有想)'과 '무상(無想)'과 비유상(非有想)과 비무상(非無想) 등 네 가지가 있다. 유상은 몸은 없으나 생각은 있는 무리로서 공처천(空處天)과 식처천(識處天)을 경계로 삼는다. 무상은 몸도 없고 생각도 없는 무리로서 무소유처천(無所有處天)을 경계로 삼는다. 비유상과 비무상 등은 유정천(有頂天), 즉 비상비비상처천(非想非非想處天)으로 경계를 삼는다. 여기서 말한 비유상이란 구족히 말하면 비유상유상(非有想有想)이니, 본래는 생각이 있지 않았는데 생각이 있게 된 것이다. 마치 나나니(벌의 종류)가 벌레를 물어다 놓고 '날 닮아라, 날 닮아라' 하면 나나니가 되는 것과 같이, 본래는 벌의 생각이 있지 않았는데 벌의 생각으로 바뀌는 경우와 같다. 다음 비무상은 구족히 말하면 비무상무상(非無想無想)이니, 본래는 생각이 없지 않았는데 지금은 없어진 무리이다. 앞의 나나니와 풀벌레의 경우, 본래 풀벌레의 생각이 없지 않았는데 지금은 풀벌레의 생각이 없어지고 벌의 생각만으로 살아가는 형태이다.

그러나 벽두에 12류 중생이라 해놓고, 지금 거론된 것은 난생(卵生)·태생(胎生)·습생(濕生)·화생(化生)·유색(有色)·무색(無色)·

유상(有想)·무상(無想)·비유상(非有想)·비무상(非無想) 등 10가지 뿐이다. 그렇다면 나머지 두 가지는 무엇인데 어찌하여 제외됐을까? 나머지 둘은 비유색(非有色)과 비무색(非無色)으로서 나무나 돌에 잠시 붙어 중생 노릇을 하는 정령(精靈)의 무리이니, 전설에 나오는 느티나무대신이나 빗자루도깨비 같은 것들이다. 비유색을 구족히 말하면 비유색유색(非有色有色)이니, 빗자루에는 본래 도깨비의 색(色)이 있지 않았는데 도깨비의 색이 있게 되었다는 뜻이요, 비무색을 구족히 말하면 비무색무색(非無色無色)이니, 빗자루에는 본래 빗자루의 색이 없지 않았는데 빗자루의 색이 없어지고 도깨비가 되었다는 뜻이다. 이들의 공통적인 특징은 모두 실체가 없이 존재한다는 것으로서 역시 색계에 속한다.

고래로 이 대목을 설명하는 데 '진장화의 묘목〔晋張華之墓木〕'이란 이야기를 예로 들고 있다. 서진(西晉, 265-316) 때 장화(張華)라는 박물군자(博物君子; 科學知識人)가 있었는데, 그 집 근처에는 천년 묵은 묘의 묘목(墓木)과 천년 묵은 여우가 있었다.

이 천년 묵은 여우는 묘목과 다정하게 지내는 한편, 소년으로 변신하여 장화(張華) 선생께도 자주 놀러다녔다. 이때 소년은 "인간은 불과 백 살밖에 못 사는데 장화 선생은 어찌 내가 보고들은 천년 이래의 일을 저렇게도 잘 알까?" 하고 생각하였다. 그러고는 묘목에게 가서 이런 말을 하니, 묘목이 "그 집에 자주 드나들지 마라. 인간에게는 글이라는 것이 있어 경험을 전달하는 재주가 있으니, 행여 그가 너를 의심하면 그 화가 내게도 미칠까 염려된다" 하였다.

이때 장화도 "그 아이가 불과 10여 세인데 어찌 그리 총명하게 천년 전 역사를 잘 알까? 더구나 그 애가 '비가 오겠으니 가렵니다' 하고 떠난 뒤에는 꼭 비가 오니, 그는 분명 무슨 정령(精靈)일 것이다.

천년 묵은 뽕나무를 태운 불에 비추면 정령의 정체를 알 수 있다는 말이 있고, 마침 뒷산의 묘목이 천년을 넘었다 하니 이를 뽑아 시험하리라” 하고 생각하였다.

그후 어느 날 평소와 같이 저물녘에 소년이 왔다. 장화는 그 소년을 묶어두었다가 어두운 뒤에 묘목을 뽑아다가 불을 붙여 들고 살펴보니 천년 묵은 여우만 보였다고 한다.

대체로 이런 것이 비유색유색(非有色有色) 비무색무색(非無色無色)의 종류이다. 궤(軌)를 벗어난 말이지만, 이로 인해 몸조심하라는 말로 ‘신상호(愼桑狐)’라는 경구(警句)가 있다. 즉 뽕나무와 여우의 재앙을 조심하라는 말이니, 어느 한쪽의 부주의로 다른 한쪽이 날벼락을 맞게 되는 경우를 조심하라는 것이다. 어쨌든 이런 것들〔비유색, 비무색〕을 묶어서 토목공산(土木空散)이라 한다. 즉 흙이나 나무나 허공에 흩어져서 잠시 중생의 역할을 할 뿐 본래 자기의 체성(體性)을 가지고 있는 것이 아니므로 이 대목에서는 거론치 않았다. 이렇듯 극히 많은 수효이겠는데, 이들을 모두 제도하리라 서원하라니 그 아니 광대한가?

둘째, 으뜸가는 마음〔第一心〕이란 “내가 모두 제도하여 무여열반에 들도록 하리라” 한 대목을 가리킨다. 중생을 모두 제도하되 임시 적당히 끝내는 것이 아니고, “모두 제도하여 끝까지 무여열반에 들도록 하리라”는 것이다. “무여열반”은 더 닦아야 할 일이 조금도 남지 않은 마지막 경지이니, 불교 수행의 궁극적인 목표로서 모든 번뇌가 다한 부처님의 경계이다. “열반”은 범어 ‘니르바나’의 음역인데, 멸도(滅度) 또는 원적(圓寂)이라 번역한다. 모든 번뇌가 다 사라진 경지를 말하는데, 이러한 경지에 한두 사람이 아니라 12류 중생이 몽땅 이르게 하리라 하므로 으뜸가는 마음이라 한다.

셋째, 항상한 마음〔常心〕이란 "이렇게 한량없고 …… 제도를 받은 이가 없다" 한 대목이니 중단 없는 마음이다. 광대한 마음, 으뜸가는 마음이 어느 시각까지 존재하다가 중간에 멈추면 보살의 마음이 아니다. 그러므로 "이와 같이 많은 중생을 제도하되 실제로는 한 중생도 제도를 받은 이가 없다" 하셨다. 아무리 많은 중생을 제도하여 무여열반에 들게 하였더라도 그 많은 중생들 가운데 한 중생이라도 제도하였노라는 생각을 내면 벌써 너와 나의 차별에 걸린 생각이다. 너와 나의 차별을 느낄 때 그의 수행은 멈추게 된다. 그러나 항상한 마음에 머무른 보살은 내가 제도한 중생들이 있다는 사실을 의식하지 않으므로 항상 피로할 줄을 모르고 전진하게 된다.

넷째, 뒤바뀌지 않는 마음〔不顚倒心〕이란 "무슨 까닭인가? …… 보살이 아니기 때문이다" 한 경문으로서, 네 가지 모양다리〔四相〕에 걸리지 않아야 한다고 강조한다. "무슨 까닭인가?" 하고 스스로 물으신 뜻은, 무슨 까닭에 자신이 제도한 중생이 아무리 많아도 그들의 존재를 보지 말아야 영원히 물러나지 않는다는 말인가 함이다. 그 이유는 보살이 네 가지 모양다리에 집착되면 벌써 보살이 아니기 때문이라 하셨다. 그러므로 미륵게 제2송에서는 이 대목을 다음과 같이 읊었다.

| | |
|---|---|
| 廣大第一常 | 광대심과 제일심과 상심으로 |
| 其心不顚倒 | 그 마음 뒤바뀌지 않으면 |
| 利益深心住 | 이익 줌이 깊은 마음에 머무르니 |
| 此乘功德滿 | 이 수행자의 공덕 원만하리. |

그러면 네 가지 모양다리란 무엇인가? 아상 · 인상 · 중생상 · 수자상인데, 이는 모두가 '나' 라는 고집의 현상들이다.

첫째, 아상(我相)이란 '나'가 있다는 고집이다. 우리들의 몸과 마음은 다섯 가지 쌓임〔五蘊〕의 임시 집합체일 뿐 실체가 없는데, 실제로 있다고 생각하는 것이 우리 인간들의 공통된 병폐이다.

둘째, 인상(人相)이란 '나는 사람이지 축생이나 귀신이 아니다' '나는 지금의 몸으로 장차 인연 따라 6취에 왕래하거나 성불하게 될 것이다' 하는 막연한 믿음이다.

셋째, 중생상(衆生相)이란 '나는 5온 등의 뭇 인연에 의하여 살아가는 존재'라는 고집이니, '나에게는 괴로움이나 즐거움 따위가 끊임없이 닥쳐온다'고 생각하는 상태이다.

넷째, 수자상(壽者相)이란 '나는 일정한 기간 동안을 살다가 사후에는 천당이나 극락 세계로 갈 것이라'는 막연한 고집이니, 속담에 하루 죽을 줄 모르고 천년 살 줄만 안다는 예와 같다.

이상의 4상(四相)이 비록 넷이 있으나, 결국 '나'가 있다는 생각 하나로 공통된다. '나'가 있다고 생각할 때 너를 의식하게 되고, 나와 너가 갈릴 때 참이치는 보지 못하고 뒤바뀐 생각에 빠지게 된다. 이와 같이 뒤바뀐 생각에 빠진 이를 어찌 보살이라 하겠는가? 그러므로 이 경의 굽이굽이에서 이 네 가지 모양다리를 여의라고 하셨고, 옛 어른〔荷澤〕은 "'나'를 비우지 않고는 만행을 두루 다 닦아도 모두가 악마의 짓이 된다" 하셨다.

그런데 이 경에는 "여래는 중생을 제도하되 제도한 바가 없다" 한 말이 도합 네 번 나온다. 첫째, 부처님이 마음 머무는 법을 보여 주신 이 단원〔正答所問; 大乘正宗分第三〕에서는 아상을 여의어야 중생을 제도할 수 있다는 뜻으로, 둘째, 11번째 의문 구경무아분(究竟無我分第十七)에서는 "내가 제도하노라 하면 그것이 바로 아상"이라는 뜻으로, 셋째, 14번째 의문(同上)에서는 "'나'가 실제로 없다면 누가 제도하겠는가 하는 것이 허물"이란 뜻으로, 넷째, 21번째 의문 화무소화분(化無所化分第二十五)에서는 "평등한 참법계에는 중생을 제도한다는 말이 합당치 않다"는 뜻으로 말씀하셨다.

# 四. 부처님이 마음 닦는 법을 보이시다

【과목 해설】 위의 선현기청분(善現起請分第二)에서 첫째 "어떻게 마음을 머물러야 하는가?"와 둘째 "어떤 수행을 해야 하는가?" 하는 수보리의 두 가지 질문 중에 첫째 물음은 위 대승정종분(大乘正宗分第三)에서 대답했고, 이 대목은 둘째 어떤 수행을 해야 하는가에 대한 대답이다. 이 대목에서 "보살은 여섯 가지 바라밀〔六度〕을 수행해야 하며, 이것을 완성하기 위해서는 역시 네 가지 모양다리〔四相〕에 집착되지 말라" 하신다.


## 妙行無住分 第四 　二. 波羅密相應行住

復次 須菩提야 菩薩이 於法에 應無所住하야 行於布施니 所謂 不住色布施하며 不住聲香味觸法布施니라 須菩提야 菩薩이 應如 是布施하야 不住於相이니 何以故오 若菩薩이 不住相布施하면 其 福德을 不可思量이니라 須菩提야 於意云何오 東方虛空을 可思量 不아 不也니이다 世尊하 須菩提야 南西北方四維上下虛空을 可思

量不아 不也니이다 世尊하 須菩提야 菩薩이 無住相布施하는 福德
도 亦復如是하야 不可思量이니라 須菩提야 菩薩은 但應如所敎住
니라.


"또 수보리야, 보살은 온갖 법(法)에 대하여 머물러 있는
생각 없이 보시(布施)를 해야 하나니, 이른바 색(色)에 머물
지 않고 보시하며, 성(聲)·향(香)·미(味)·촉(觸)·법(法)에
도 머무르지 않고 보시해야 하느니라. 수보리야, 보살은 이
렇게 보시를 행하여 모양다리〔相〕에 머물지 않아야 되느니
라. 무슨 까닭이겠는가? 보살이 모양다리에 머물지 않고 보
시하면 그 복덕(福德)을 헤아릴 수 없기 때문이니라. 수보리
야, 네 생각에 어떠하냐? 동쪽에 있는 허공을 생각하여 헤
아릴 수 있겠느냐?"
"못하옵니다. 세존이시여."
"수보리야, 남쪽·서쪽·북쪽과 네 간방과 위아래에 있는
허공을 생각하여 헤아릴 수 있겠느냐."
"못하옵니다. 세존이시여."
"수보리야, 보살이 모양다리에 머물지 않고 보시하는 공
덕도 그와 같아서 생각하여 헤아릴 수 없느니라. 수보리야,
보살마하살은 이렇게 가르쳐 준 대로만 머물지니라."


【강화】"온갖 법"이란 물질과 정신을 통틀어서 이르는 말인데, 일
정한 기능을 가지고 있으면서〔任持自性〕 그를 대하는 이로 하여금
어느 일정한 견해를 내게〔軌生物解〕 하므로 '법'이라 한다. "머무른
다" 함은 걸린다는 뜻이며, "모양다리"는 상(相)의 번역이니, 겉모양

또는 4상(四相)으로서 마음이 집착되는 대상의 총칭이다. 따라서 이 "모양다리"의 창창자(創唱者)는 나의 사부님이신 운허(耘虛) 스님이심을 밝힌다. 이밖에도 신상(身相)을 '몸매'로 한 등이 있다.

"보시"는 범어 단나(檀那; dana)의 번역인데, 6바라밀의 하나로서 인자한 마음으로 남에게 모든 것을 주어 기쁘게 하는 일이다. 이 보시는 내용으로 보아서 재시(財施)·법시(法施)·무외시(無畏施)로 나눈다. 재시(財施)는 물질을 주는 보시이며, 법시(法施)는 진리를 일러 주는 보시이며, 무외시(無畏施)는 두려움을 없애고 안도감을 주는 보시이다. 그리고 보시의 형태로 보아서 유주상보시(有住相布施)와 무주상보시(無住相布施)로 나누는데, 유주상보시는 마음에 보시한다는 자취가 있는 보시이며, 무주상보시는 아무런 자취도 없고 머묾도 없는 보시로서 여기서 권장하는 보시이다. 그러므로 "보살은 온갖 법에 대하여 머물러 있는 생각 없이 보시를 해야 한다" 하셨다.

그런데 보살이 닦아야 할 덕목이 한량이 없는데 어째서 보시만을 말씀하셨을까? 더구나 '어떤 수행을 하리까?' 한 물음에 대하여 여섯 가지 바라밀을 닦으라 하셨는데, 어찌하여 다섯 가지 바라밀은 간데없고 보시만 이야기하는가? 그렇다면 이 보시와 여섯 가지 바라밀은 어떤 관계에 있는가? 한마디로 말해서 보시 하나에 여섯 가지 바라밀이 포함되었다고 보는 것이다.

여섯 가지 바라밀이란 보시(布施)·지계(持戒)·인욕(忍辱)·정진(精進)·선정(禪定)·지혜(智慧)이다. 보시는 남에게 주는 일, 지계는 계율을 잘 지키는 일, 인욕은 괴로움을 참는 일, 정진은 꾸준히 노력하는 일, 선정은 마음을 안정시키는 일, 지혜는 진리를 바로 보는 슬기로움인데, 위의 세 가지 보시에 이 여섯 가지 바라밀이 포함된다는 것이다. 다시 말해 보시는 남에게 물질을 주어 살아가게 하기 때문에 물질 보시에 속하며, 지계와 인욕은 계율을 지키고 인욕을 행함으로써 남에게 두려움을 주지 않기 때문에 무외보시에 속하며, 정진과 선정과 지혜는 그것들을 통하여 바른 법을 만나게 하기 때문에 법보시에 속한다. 다시 말해 정진이 없으면 자주 피로를 느껴 설법을 지속하지 못하고, 선정이 없으면 이익이나 인기에 끄달려 진정한 설법을 못하고, 지혜가 없으면 정(正)과 사(邪)를 분간치 못해 바른 설법을 못한다. 그러므로 보시 한 가지로 6바라밀을 거두고, 6바라밀은 다시 보살의 온갖 수행[萬行]을 거둔다. 그러므로 온갖 법에 대하여 머물러 있는 생각 없이 보시를 하라 하셨다. 이것이 보살 수행의 전부이다. 그러므로 미륵게 제3송에는 이 대목을 다음과 같이 읊었다.

| 檀義攝於六 | 보시의 이치가 여섯 가지 바라밀[六度]을 포섭하니 |
| 資生無畏法 | 자생(資生)과 무위와 법보시이다. |
| 此中一二三 | 여기에서 하나와 둘과 셋으로 나누면* |
| 名爲修行住 | 이를 수행이 제자리에 머묾[修行住]이라 한다. |

그러면 '온갖 법'이란 어떤 것들인가? 구체적으로 색·성·향·미·촉·법 등 육진(六塵)이다. 색은 빛 또는 물질, 성은 소리, 향은 냄새, 미는 맛, 촉은 촉감의 대상[觸塵], 법은 생각의 대상[法塵]으로서, 우리가 일상 생활에서 매양 육근(六根)으로 접촉하는 대상들이

---

* 여기서 자생(資生)이라 함은 살아가는 데 필요한 것이란 뜻이므로 물질을 말한다. 하나와 둘과 셋으로 나눈다 함은 자생보시에는 보시를, 무외보시에는 지계와 인욕을, 법보시에는 정진과 선정 및 지혜를 배속시키라는 뜻이다.

다. 이들은 항상 우리 삶의 터전인 동시에 우리들로 하여금 본심을 빼앗기고 참된 진리를 보지 못하게 하는 도적들이기도 하다. 그러므로 "온갖 법에 머물지 않는" 실제 방법으로서 이들 여섯 가지 경계에 머물지 말라고 당부하셨다.

그러면 이런 모양다리들에 머물면 어찌 되는가? 첫째, 자기의 소유라는 생각이 나고, 둘째, 지난 일에 대한 대가를 기다리고, 셋째, 미래에 있을 보답을 기다리게 되어 올바른 보시를 할 수 없게 되니, 모두가 '나' 라는 생각이 남아 있기 때문이다. '나' 라는 생각은 구체적으로 네 가지 모양다리이므로, 모양다리에 머무르지 않고 보시를 하라는 것이다.

"무슨 까닭이겠는가?" 함은, 어째서 모양다리에 머무르지 않고 보시하라 하느냐는 물음인데, 그렇게만 하면 복덕이 한량없기 때문이다. "복덕"이란 수행에 의해 얻어지는 결과이니 머묾 없는 보시를 하여 너와 나를 따지는 한계를 떠나 허공보다 넓은 반야지(般若智)의 복덕을 얻게 된다. 그러므로 모양다리에 머무르지 않는 보시의 공덕은 시방의 허공보다 크다 하셨으니, 어찌 지당하신 말씀이 아니겠는가? 그러므로 무착(無着)은 이 대목을, 6바라밀의 법도에 부합되는 수행의 지위를 설명한 것〔波羅密相應行住〕으로 보았다.

# 五. 그래도 의문은 스물일곱 겹

【과목 해설】 이 경의 구성 요령은 수보리가 속으로 의심하고 부처님이 겉으로 설명하시는 형식을 취하는 것이 특징인데, 그 의문의 구비가 무려 27종이다. 이 스물일곱 겹의 의문이 모두가 앞의 말씀과 연관되어 복잡한 관계를 형성하고 있음은 해제(解題)에서 언급했거니와, 옛 어른들이 '넝쿨반야'라 표현한 것 또한 실로 적절하다 하겠다.

이 스물일곱 겹의 의문을 이십칠단의(二十七段疑)라고 하는데, 옛부터 《금강경》을 공부하는 데 아주 중요한 과제로 여겨져 왔다. 불멸(佛滅) 후 천년쯤에 북인도 건타라국(건타라; Gandhara)에 무착보살(無著菩薩; Asanga)이 출현하여 이 금강경의 깊은 뜻을 뒷세상의 중생들에게 쉽게 일러 주기 위해서 일광정(日光定)이라는 삼매(三昧)에 드시어 도솔천(兜率天)에 올라 미륵(彌勒)보살님을 친견(親見)하고 80수의 게송(偈頌)을 받아 왔다. 무착보살은 이 게송에 준하여 《금강반야론(金剛般若論)》 2권을 짓고, 이것을 그의 아우 세친보살(世親菩薩, 天親; vasubandhu)에게 전해 주었고, 세친 역시 이 80송에 의해 《금강반야바라밀경론(金剛般若波羅密經論)》 3권을 지었다. 같은 경을 같은 80게송에 준하여 해석하는데, 왜 형제분이 각기 다른 논서(論書)를 냈을까? 형인 무착은 성덕(成德)의 측면을 기준하여 금강경을 18주(十八住)로 나누었고, 동생인 세친은 단혹(斷惑)의 측면을 기준하여 금강경을 27단원의 의혹을 끊어 나가는 논리로 보았기 때문이다. 그렇다면 성덕과 단혹이란 무슨 뜻인가? 예컨대 '건강해졌다'와 '병이 다 떨어졌다'와의 차이와 같다 할 것이다. 따라서 이미 해제에서 언급한 바와 같이, 본 강화는 27단의 의혹을 끊어 나가는 세친의 논리를 두고 중국 당나라 때 규봉선사(圭峰禪師; 780~841)가 저술한 소(疏)를 토대로 하여 강술한다. 다음은 그 첫 단의 의혹을 끊는 법문이다.

# 1. 부처가 되려고 보시하는 것도 모양다리에 걸리는 것 아닌가?

求佛行施住相疑　三身無取之義本

【과목 해설】 첫번째 의문은 부처가 되기 위해서 보시를 한다는 것도 모양다리에 걸리는 것이 아닐까 하는 것이다. 위 묘행무주분(妙行無住分)에서 "보살은 이렇게 보시를 행하여 모양다리에 머물지 않아야 되느니라" 하신 말씀에 대하여 다음과 같은 생각을 낼 수 있다. "보시 등 6바라밀을 행하는 목적은 장차 아뇩다라삼먁삼보리를 얻어 부처가 되려는 데 있는데, 그 목적을 위하여 아무데도 머무는 바가 없는 보시를 하라는 말씀은 이해할 수 없다. 왜냐하면 부처가 되겠다는 생각만은 여전히 머묾이며 집착이기 때문이다. 또 설사 모양다리에 머무르지 않는 보시가 이루어졌다 하여도 부처는 분명 32상을 갖춘 인간이시다. 어찌 머묾 없는 수행을 쌓아 모양 있는 부처를 얻을 수 있었겠는가? 원인과 결과가 다를 수가 있겠는가? 그러므로 위의 말씀은 상당한 모순이 있다"라고. 따라서 무착(無着)은 이 대목을 제3 색신여래를 얻고자 하는 지위〔欲得色身住〕라 하고, 불신관(佛身觀)으로는 삼신무취지의본(三身無取之義本)이라 하였다.

須菩提야 於意云何오 可以身相으로 見如來不아 不也니이다 世尊이시여 不可以身相으로 得見如來니 何以故오 如來所說身相은 卽非身相이니이다 佛告須菩提하사대 凡所有相이 皆是虛妄이니 若見諸相이 非相하면 則見如來니라.


"수보리야, 네 생각에 어떠하냐? 몸매로써 여래를 볼 수 있 겠느냐?"
"못하옵니다. 세존이시여, 몸매로써 여래를 볼 수는 없습 니다. 무슨 까닭인가 하오면, 여래께서 몸매라고 말씀하시 는 것은 몸매가 아니기 때문입니다."
부처님께서 수보리에게 말씀하셨다.
"온갖 겉모양은
모두가 허망하니
모든 모양이 모양 아닌 줄 알면
바로 여래를 보리라."


【강화】 이런 의문을 풀어 주시기 위하여 부처님은 다정하게 "수보 리야" 하고 부르신 다음 "몸매로써 여래를 볼 수 있겠느냐?" 하셔서 이야기의 실마리를 여셨다. 이런 형식을 무문자설(無問自說)이라 한 다. 무문자설이란 묻지 않아도 자진해서 말씀해 주신다는 뜻이며, 묵문현답(默問顯答)이라고도 하여 부처님의 자상하심을 상정하는 대 목이다. 여기서 "몸매로써 여래를 볼 수 있겠느냐?" 하신 것은 수보

리의 의문을 앞질러 물으신 형식이나 실은 '그럴 수는 없다' 는 의지를 강력히 보여서 대답에 대신하는 대화법인데, 이 경의 전후에는 이런 형식이 많이 나온다. 그래서 《금강경》을 묵문현답의 경이라고도 한다.

"몸매"란 원문의 '신상(身相)'을 번역한 말로서, 몸의 안팎에 갖추어진 32가지 뛰어난 모습을 뜻한다. 32가지 모습이라 함은 정상육계상(頂上肉髻相; 정수리 위의 살상투)으로부터 족하평면상(足下平面相; 발바닥이 평평함)에 이르는 32종의 특이한 상호들로서, 부처님이나 전륜성왕에게만 갖추어져 있다고 한다. 그러므로 이 경 뒷부분 법신비상분(法身非相分第二十六)에서는 "32상으로 여래를 볼 수 있겠느냐?" 하시어 몸매와 32상을 동격으로 보고 있다.

부처님의 이러한 내심을 깨달은 수보리는 지체없이 "못하옵니다" 하고는, 이어 "무슨 까닭인가 하오면" 하는 전제하에 스스로가 의문을 풀이하되 "여래께서 몸매라고 말씀하시는 것은 몸매가 아니기 때문입니다" 하였다. 부처님의 몸매가 있을 것이라 했던 것은 사실 수보리 자신이었다. 그런데 부처님의 다그침을 받자 얼른 깨닫고 보니 그것이 아니었기에 말꼬리를 돌려 "몸매로써 여래를 볼 수는 없습니다" 하였으니, 이를 일러 우문현답(愚問賢答), 즉 어리석게 물었는데 현명하게 대답했다 할 것이다. 이어 수보리는 "부처님께서 '몸매' 라 하신 것은 분명 '몸매' 그 체를 이르시는 말이나 제일의제(第一義諦)의 입장에서 보면 실은 '몸매' 라는 말도 맞지 않습니다" 하여 분명하게 깨달았음을 진술했다.

그런데 여기서 "여래께서 몸매라고 말씀하시는 것은 몸매가 아니기 때문입니다" 한 것은 '여래께서 몸매라 말씀하신 것은 몸매가 아니기 때문에(몸매라 하옵니다)' 의 형식이다. 이런 형식을 불적(拂跡;

자취를 쓸어 버림)이라 하는데, 이 대목에서는 끝부분, 즉 ( ) 안이 생략된 형식이다. 불적이란 무엇인가 주제를 설명하고는, 다시 거기에 집착될까봐 제일의제의 자리에는 그런 명칭조차 없으나, 세속적인 관습에 따라 임시 붙인 이름이라는 점을 밝히는 논리이다.

이 경 전후에는 이러한 불적이 여러 차례 나오는데, 미리 이해해 두면 좋을 것 같아 열거한다. 이 대목에는 몸매〔身相〕를 주제로 삼았는데, ① 몸매라 함은 ② 몸매가 아니기 때문에 (③ 몸매라 한다)는 형식을 가지고 있다.

둘째, 의법출생분(依法出生分第八)에는 복덕과 불법이 주제이며,

셋째, 장엄정토분(莊嚴淨土分第十)에는 장엄불토(莊嚴佛土)와 큰 몸〔大身〕이 주제이며,

넷째, 여법수지분(如法受持分第十三)에는 반야바라밀과 세계(世界)와 32상(相)이 주제이며,

다섯째, 이상적멸분(離相寂滅分第十四)에는 실상(實相)과 제1바라밀(波羅密)과 인욕바라밀(忍辱波羅密)과 일체제상(一切諸相)과 일체중생(一切衆生)이 주제이며,

여섯째, 구경무아분(究竟無我分第十七)에는 일체법(一切法)과 인신장대(人身長大)와 장엄불토(莊嚴佛土)가 주제이며,

일곱째, 일체동관분(一切同觀分第十八)에는 여래설제심(如來說諸心)이 주제이며,

여덟째, 이색이상분(離色離相分第二十)에는 여래설구족색신(如來說具足色身)과 여래설제상구족(如來說諸相具足)이 주제이며,

아홉째, 비설소설분(非說所說分第二十一)에는 중생(衆生)이 주제이며,

열째, 정심행선분(淨心行善分第二十三)에는 선법(善法)이 주제이며,

열한째, 화무소화분(化無所化分第二十五)에는 범부(凡夫)가 주제이며,

열둘째, 지견불생분(知見不生分第三十一)에는 법상(法相)이 주제이다.

이들 여러 단계에서 때로는 수보리 존자가, 때로는 부처님이 말씀하셔서 자취를 털어내되 간혹 이 대목과 같이 끝 구절이 생략된 경우도 있다. 따라서 "부처님을 형상으로 볼 수 없다〔不以相見如來〕"한 대목도 도합 네 차례가 나온다. 첫째, 이 대목에서는 부처는 모습이 있으리란 의문을 파하였고, 둘째, 7번째 의문〔第七疑〕 여법수지분(如法受持分第十三)에서는 진정한 부처님의 과위는 32상의 형상과는 다르리라는 의문을 파하였고, 셋째, 17번째 의문〔第十七疑〕 이색이상분(離色離相分第二十)에서는 진신(眞身)에 의해서 가신(假身)을 볼 수 있으리라는 의문을 파하였고, 넷째, 22번째 의문〔第二十二疑〕 법신비상분(法身非相分第二十六)에서는 가신(假身)에 의해 법신을 볼 수 있으리라는 의문을 파하였다. 좀 복잡한 것 같으나 음미해 보면 염불도 뭇뭇이라는 말과 같이 다 까닭이 있음을 알 수 있을 것이다.

다시 본론으로 돌아가서 수보리의 이 말씀은 부처님이 진작 하고 싶었던 내용이다. 그러므로 부처님은 묵언으로 수보리의 말씀을 인가하시고, 또 강조하는 뜻에서 게송(偈頌) 하나를 말씀하시어 그간의 논지를 정리해 주셨다. 게(偈)는 범어 가타(伽陀; gatha)의 음성 번역이며, 송(頌)은 게의 뜻 번역인데, 운문체의 문장이란 뜻이다. 이렇게 동일한 내용을 중화(中華)의 말과 범어(梵語)를 합쳐서 하나의 명사를 이루는 경우를 화범쌍창(華梵雙唱)이라 하는데, 게(偈)는 범어, 송(頌)은 중국말이기 때문이다.

게송은 경전을 구성하는 하나의 구성 요소로서 교리나 부처님의 공덕을 찬양하는 데 쓰인 운문체이다. 여기에는 본문에 있던 것을 정리해서 운문으로 거듭 바꾸어 놓은 경우도 있고, 본문에는 없던 사실을 게송만으로 서술하는 두 가지 사례가 있는데, 전자를 응송(應頌)

이라 하고 후자를 고기송(孤起頌)이라 한다.

그런데 경 하나에는 여러 게송이 나오는 것이 상례이나, 그 중에서 가장 그 경을 대표할 만한 것 하나를 골라 그 경의 4구게(四句偈) 또는 제일사구게(第一四句偈)라 한다. 예컨대《화엄경》의 제일사구게는 "若人欲了知 三世一切佛 應觀法界性 一切惟心造"이며,《법화경》의 제일사구게는 "諸法從本來 常自寂滅相 佛子行道已 來世得作佛"이며,《열반경》의 제일사구게는 "諸行無常 是生滅法 生滅滅已 寂滅爲樂"이며, 이《금강경》의 제일사구게는 이 대목의 "凡所有相 皆是虛妄 若見諸相非相 卽見如來"이니 옛부터 많이 읽혀지는 대목들이다.

이 4구게의 줄거리는 첫째와 둘째 구절은 상(相)을 부정한 것이요, 셋째 구절은 무상(無相)을 부정한 것이요, 마지막 구절은 상과 무상에 걸리지 않으면 법신여래를 본다는 내용이다.

여기서 수보리의 의문인 모양 있는 부처라야 되겠다는 생각은 첫째와 둘째 구절로 끝났는데, 셋째 구절의 모양 없는 모양〔無相之相〕은 어디서 튕겨나온 것일까? 이는 상을 부정하면 으레 무상에 걸리기 때문에 곁들여 설파하셨으니, 이런 형식을 차구(遮救)라 한다. 차(遮)는 차단한다는 뜻이요, 구(救)는 구제 또는 변명 정도의 뜻이니, 첫 구절에서 상이 아니다 하시므로 그렇다면 무상이 정답이 아닐까 하여 첫 구절의 패배를 변명하거나 구제할 수 있는 요로를 미연에 방지하는 방법이다. 이렇게 함으로써 논리를 밀도 있게 압축하고, 그 진행을 압축하는 효과를 도모한 것이 이 방법이다.

다시 이 4구게의 줄거리를 정리해 본다면, 첫 구절의 "온갖 겉모양"은 주제니, 수보리의 생각에 '모양 있는 부처라야 되겠다' 했기 때문에 그런 생각을 깨기 위하여 주제로 내거시고는 둘째 구절에서 '모두가 허망하니'라고 부정하였다.

셋째 구절 "모양이 모양 아닌 줄 알면"은 무상을 부정한 것이라 했는데, 그렇게 단정하는 이유는 첫째와 둘째 구절에서 모양, 즉 상을 부정하니 다시 생각하기를 '그렇다면 모양 아닌 것, 즉 무상이 참부처님인가?' 하게 된다. 그러므로 "모양이 모양 아닌 줄 알면"이라 하셨으니, 여기서 말하는 '모양'은 모양 아닌 모양, 즉 무상이라는 상이니 '그 모양 또한 참부처의 모양 아닌 줄 알라' 하신다.

이렇듯 모든 겉모양에도, 모양 아님에도 집착되지 않으면 그 자리가 바로 본각(本覺)의 실체니, 이것을 두고 '바로 여래를 본다'고 하였다. 이러한 결론에 이르면 부처님은 몸매가 있는 색상(色相)뿐이라고 생각하던 수보리의 의문이 풀린다.

그런데 꼭 네 구절로 된 것만이 4구가 아니라, 4구(四句)를 초월하여 제일의제(第一義諦)를 제시하면 모두가 4구게(四句偈)이다. 다시 말해 4구의 희론(戱論)을 떠난 게송이란 뜻인데, 4구란 말장난에 불과한 희론이므로 그것을 뛰어넘어야 한다. 4구의 논리에는 사물 자체를 논하는 유무사구(有無四句)와 사물의 형태를 논하는 일이사구(一異四句), 두 가지가 있다. 유무사구란 첫째, 있다[有], 둘째, 없다[無], 셋째, 있기도 하고 없기도 하다[亦有亦無], 넷째, 있지도 않고 없지도 않다[非有非無]이다. 다음 일이사구도 이런 식으로 같다[一], 다르다[異], 같기도 하고 다르기도 하다[亦一亦異], 같지도 않고 다르지도 않다[非一非異]로 짜여 있다.

이 4구게를 유무사구의 논리로 풀이하면

'온갖 겉모양[凡所有相]'은 유구(有句)이며,

'모두가 허망하니[皆是虛妄]'는 무구(無句)이며,

'모든 모양[諸相]이'는 역유역무구(亦有亦無句)와 비유비무구(非有非無句)이며,

'모양 아닌 줄 알면 바로 여래를 보리라〔若見諸相非相卽見如來〕'
는 4구의 희론을 여읜 제일의제구(第一義諦句)이다.

이 해석을 다시 정돈하면, 첫째, "온갖 겉모양은"이란 부처님의 몸
매뿐 아니라 생주이멸(生住異滅)에 속하는 온갖 유위(有爲)의 법을 총
망라한 것으로서, 실체가 없는데 있다고 하므로 외도의 유구(有句)
이다. 둘째, "모두가 허망하니"는 모두가 허망하게 사라질 것이나 실
체는 없어지는 것이 아닌데 실체까지도 없어진다고 하니 외도의 무
구(無句)이다. 셋째, "모든 모양이"는 첫째와 둘째 구절에서 유(有)와
무(無)가 모두 아니라면, 있기도 하고 없기도 하다〔亦有亦無〕고 다시
계교하는 것이다. 다시 있지도 않고 없지도 않다〔非有非無〕고 계교
하는 것이 넷째이다. 다시 말해 게송 셋째 구절의 '모든 모양〔諸相〕'
은 이렇듯 유무사구(有無四句)의 셋째와 넷째 구절이 된다. 이상은
모두 희론이며 집착이어서 잘못된 공부의 사례이다.

다음 "모양 아닌 줄 알면 바로 여래를 보리라〔若見諸相非相卽見如
來〕"에서 "모양 아닌 줄"은 '이들 유무사구(有無四句)가 참법신의 모
양이 아닌 줄 분명히 보아 알면'이라는 뜻이며, "바로 여래를 보리라"
는 4구의 희론을 벗어나는 순간 바로 제일의제구(第一義諦句), 즉 참
부처님을 본다는 것이다. 이 참부처님의 개념을 화신(化身)이라고 주
장하는 쪽과 법신이라고 주장하는 쪽이 있어 불신관(佛身觀)의 이론
이 있게 된다. 마치 거울 속의 그림자 그 자체(自体)가 거울의 본체
(本体)인가, 아니면 그림자를 제외한 자리에 거울의 본체가 따로 있
는가 하는 의문과 같이 말이다.

그러나 어찌 겉모양이 모양 아닌 줄 알아야만 진리를 보랴? 진리
란 일정한 궤도가 있을 수 없다. 그러므로 옛 어른〔黃龍死心〕은 이
대목에 대하여 "온갖 겉모양이 모양 아닌 줄 알면 여래를 보지 못한

다"고 해야 된다 하여, 겉모양이 모양 아니라는 말에도 집착되면 도리어 폐단이 생길 것을 막으려 하였으니 깊이 생각해 볼 일이다.

이상으로써 부처님의 32상을 포함한 모든 겉모양은 허망하고, 그 겉모양들이 허망한 줄을 바로 이해할 때 진리를 발견하고 참부처를 얻는다 하였다. 그러므로 '무주상보시로 어떻게 형상 있는 부처를 구할 수 있으랴?' 하는 이 대목의 의문〔第一疑〕이 풀리는 것이다. 즉 우리가 구해야 할 부처는 모양으로 거론할 바가 아니라 모양을 초월한 자리에서 찾아야 된다는 것이다. 그러므로 미륵게 제6송에서는 이 대목을 이렇게 읊었다.

| | |
|---|---|
| 分別有爲体 | 유위법(有爲法)의 본체를 분별하는 까닭은 |
| 防彼相成就 | 몸매로 이루어졌다는 생각을 막기 위함이니 |
| 三相異體故 | 세 모습은 본체와 다르기 때문에 |
| 離彼是如來 | 그것을 여의면 바로 여래니라. |

이 가운데 처음 두 구절은 장항(長行)을 풀이한 것으로서, 유위법인 몸매〔부처님의 32상〕가 곧 여래라는 생각을 막기 위함이다. 뒤의 두 구절은 4구게를 풀이한 것으로서, 생(生)·주(住)·이(異)·멸(滅)의 네 과정에서 주와 이는 모두 현재에 속하기 때문에 주(住)에 귀속시켜 생·주·멸만으로 세 모습〔三相〕이라 하였다. 이 세 모습에 속하는 몸매는 부처의 본체와 다르므로 그것을 여의어야 진정한 여래를 본다는 것이다. 따라서 이 경 도처에 부처님의 실체를 설명하는 대목이 있는데, 이 대목은 법신(法身)·보신(報身)·화신(化身) 모두를 모양다리로 취할 수 없는 원칙이라 하였다.

# 2. 그토록 깊은 법을 누가 믿으랴?

## 因果俱深無信疑 三身無取之章句

【과목 해설】 묘행무주분(妙行無住分第四)에서는 "모양다리에 머무르지 말고 보시를 행하라" 하셨고, 바로 위 여리실견분(如理實見分第五)에서는 "모든 모양이 모양 아닌 줄 알면 바로 여래를 본다" 하셨다. 이것으로 미루어 보건대 '머묾 없는 수행을 원인으로 하여 모양다리 없는 부처를 이루어야 된다'는 결론이 나온다. 이 얼마나 어려운 말씀인가. 그러므로 이 대목의 이름을 '그토록 깊은 법을 누가 믿으랴?' 하였으니, 이는 없음으로써 없음을 얻는 일이 매우 어려운 일이겠다는 뜻이다.

이런 의문은 주로 오는 세상의 중생들에게 문제가 된다. 즉 부처님 당시에서 보아 미래인 오늘날의 우리들 말이다. 요즘같이 약삭빠르고 야박한 세상에 이 법문을 믿고 그 말씀이 진실이라고 여길 이가 과연 몇이나 있을까 하여 질문의 발단을 열어 나간다.


## 正信希有分 第六 欲得法身住二 一. 言說法身

須菩提 白佛言하사대 世尊하 頗有衆生이 得聞如是言說章句하

옵고 生實信不잇가 佛告須菩提하사대 莫作是說하라 如來 滅後 後
五百歲에 有持戒修福者는 於此章句에 能生信心하야 以此爲實
하리니 當知하라 是人은 不於一佛二佛三四五佛에 而種善根이라
已於無量千萬佛所에 種諸善根하야 聞是章句하고 乃至一念이라도
生淨信者니라 須菩提야 如來 悉知悉見하나니 是諸衆生이 得如是
無量福德이니라 何以故오 是諸衆生이 無復我相人相衆生相壽者
相하며 無法相하며 亦無非法相이니 何以故오 是諸衆生이 若心取
相하면 即爲着我人衆生壽者니 何以故오 若取法相이라도 即着我
人衆生壽者며 若取非法相이라도 即着我人衆生壽者니라 是故로
不應取法이며 不應取非法이니 以是義故로 如來 常說하대 汝等比
丘는 知我說法을 如筏喻者라하노니 法尙應捨어든 何況非法이야따녀.


수보리가 부처님께 사뢰었다.

"세존이시여, 이러한 말씀〔章句〕을 듣고서 진실이란 믿음
을 낼 중생이 혹여라도 있겠습니까?"

부처님께서 말씀하셨다.

"수보리야, 그런 말을 말라. 여래가 멸도(滅度)한 뒤 나중
오백 년〔後五百年〕에도 계(戒)를 지키고 복(福)을 닦는 이는
이 말씀에 믿음을 내어 진실이라 여기리니, 이런 사람은 한
부처님이나 두 부처님이나 셋, 넷, 다섯 부처님께만 선근(善
根)을 심은 것이 아니라 이미 한량없는 백, 천, 만 부처님께
온갖 선근을 심었으므로 이 말씀을 듣고는 잠깐 동안이라도
깨끗한 믿음을 내는 것이니라.

수보리야, 여래는 다 알고 다 보나니, 이 중생들은 이렇게
한량없는 복덕을 받느니라. 무슨 까닭인가 하면 이 중생들

은 아상·인상·중생상·수자상이 전혀 없으며, 법상(法相)도 없고 비법상(非法相)도 없기 때문이니라.

　무슨 까닭인가 하면, 이 중생들의 마음이 모양다리에 걸리면 이는 곧 아상·인상·중생상·수자상에 집착되는 것이기 때문이니라. 무슨 까닭인가 하면, 법상에 걸리더라도 아상·인상·중생상·수자상에 집착되고, 비법상에 걸리더라도 아상·인상·중생상·수자상에 집착되기 때문이니라. 그러므로 법상에도 걸리지 말아야 하고, 비법상에도 걸리지 말아야 하느니라. 그러기에 여래가 항상 '너희 비구들은 나의 설법을 뗏목같이 여기라' 하였나니, 법상도 버려야 하거늘 하물며 비법상이겠는가."

【강화】 부처님은 "그런 말을 말라"고 답하시어 수보리의 물음을 일축하시고, 오는 세상에도 믿는 이가 있을 터인데, 그들은 분명 여러 부처님께 선근을 심었을 것이라 하셨다.

　"말씀〔章句〕"이라 함은 위의 4구게 등을 말한다. "멸도(滅度)"는 세상을 뜨신다는 말이다. "나중 오백 년〔後五百年〕"에 대해서는 《지도론(智度論)》에서 다음과 같이 말한다.

　"부처님께서 열반에 드신 지 첫째 5백 년은 '해탈뇌고(解脫牢固)'라 하는데, 도를 얻는 이가 많이 나온다. 둘째 5백 년은 '선정뇌고(禪定牢固)'라 하는데, 도를 얻는 이는 적어도 선정을 닦는 이는 많다. 셋째 5백 년은 '다문뇌고(多聞牢固)'라 하는데, 지식에 의한 이론만 많다. 넷째 5백 년은 '탑사뇌고(塔寺牢固)'라 하는데, 절이나 탑을 세우는 일만 성한다. 다섯째 5백 년은 '투쟁뇌고(鬪爭牢固)'라 하는데, 싸움이 성할 것이다." 여기서 "나중 오백 년〔後五百年〕"은 곧 다섯째

5백 년으로서, 요즘에 해당한다. 그래서 그런지 요즘은 명분이야 어쨌든 크고 작은 싸움에 끄달려 세상을 떠들썩하게 하고 있다. 그러나 이런 북새통에서도 이 경의 말씀을 진실이라고 믿고 수도에 전념하는 이가 있다면, 그는 부처님께 칭찬을 받아야 할 보살이라는 것이다.

이렇게 온 세상이 흐렸는데 나 혼자 연꽃같이 '나중 오백 년'에 계를 지키고 복을 닦는 이는 이 말씀에 믿음을 내리라 하셨다. "계"는 악을 멈추고 선을 기르는 작용이 있고, 윤회를 벗어나게 하는 공덕이 있다. 계의 종류로서는 3귀계·5계·10계·250계 등 여러 가지가 있으나, 한마디로 말하면 악을 그치고 해탈을 얻는 방법이며 3업을 잘 간직하는 사업이다. "복을 닦는다" 함은 선정을 익히는 일을 말한다. 계를 지키고 선정을 닦으면 자연 지혜가 생겨서 이 경의 참뜻에 귀를 기울이게 될 것은 당연한 추세라 하겠다. 그러므로 보리류지(菩提流支) 삼장이 번역한 위 경에는 "계를 지니고 복을 닦아 지혜가 이루어진 이는 이 경을 진실이라고 믿으리라" 하였다.

그러면 그토록 어려운 때에 태어나서 이 경의 참뜻을 믿는 이는 어떤 공덕을 쌓은 사람인가? 많은 선근(善根)을 심은 사람이라 했다. 3업으로 착한 업을 지어 착한 결과를 부르는 것이 마치 뿌리를 심으면 열매를 얻는 것과 같기 때문에 "선근"이라 한다. 법상종(法相宗)의 말에 따르면 "믿음〔信〕·부끄러워함〔慚〕·탐욕없음〔無貪〕 등 셋을 착한 일〔善〕이라 하는데, 이 세 가지가 차츰 자라나므로 선근이라 한다" 하였다.

그러면 이러한 선근을 얼마 동안이나 닦으면 그토록 험악한 말세에 태어나서도 진리의 말씀에 귀를 기울이게 되는가. 한 해 두 해도 아니요, 한 생 두 생도 아니다. 여러 부처님이 번갈아 태어나시는 동안 쉬지 않고 닦아야 한다. 한 부처님과 다음 부처님의 사이는 얼마인가 하면, 석가부처님과 미륵부처님의 사이가 56억7천만 년이라 하니, 그 지루한 세월을 짐작할 수 있을 것이다. 이토록 많은 세월 동안 선근을 닦았으므로 세상이 아무리 시비의 소용돌이에 빠졌더라도 개의치 않고 조용히 이 경에 귀를 기울인다는 것이다. 설사 오랫동안 닦지 않았어도 잠깐이라도 선근을 심은 적이 있는 이는 모두 이 경에 대하여 진실한 믿음을 낸다는 것이다.

"여래는 다 알고 다 본다" 함은 위에서 하신 부처님의 말씀을 더욱 믿게 하려는 계산에서 한 말씀이다. 선근을 심은 중생은 나중 5백 세에도 이 경을 그대로 믿으리란 말이 너무 추상적이고 방편의 말씀인 것만 같다는 생각을 할까 하여 "다 본다" 하심으로써 그저 막연한 짐작이 아니라는 것을 밝히고, "다 안다" 하심으로써 눈앞에 보이는 것뿐만이 아님을 밝히셨다. 부처님은 거짓이 없다. 진실의 상징인 여래의 명예를 걸고 이 사실을 보증한다. 그러니 마음놓고 꽉 믿으라는 뜻이다.

따라서 "모두 알고 모두 본다〔悉知悉見〕"는 구절은 이 대목 외에도 이상적멸분(離相寂滅分第十四; 第十疑)과 지경공덕분(持經功德分第十五)과 일체동관분(一體同觀分第十八; 第十五疑)에도 있는데, 그때그때의 상황은 다르지만 쓰이는 목적은 여기와 같다.

불교에서는 세상 사물을 관찰하는 데 네 가지 기준을 들고 있다. 이를 사량(四量)이라 하는데, 현량(現量)·비량(比量)·사량(似量)·성언량(聖言量)이다. 현량(現量)은 눈에 보이는 것과 들리는 것들을 있는 그대로 아는 것으로서 소를 보고 소인 줄 아는 것이다. 비량(比量)은 조그마한 단서에 의해 추측하여 아는 것으로서, 담 너머 뿔을 보고 그 밑에 소가 있는 줄 아는 것이다. 사량(似量)은 잘못된 추측으로서, 현량과 비량에 공통된다. 현량의 경우 소를 보고서 말인 줄 알았을 때는 사현량(似現量)이라 하고, 비량의 경우 담 너머 뿔을 보고서도 죽순인 줄 알았을 때 사비량(似比量)이라 한다. 이들은 모두가 현상계를 관찰할 때의 일이다. 한편 부처님의 말씀이나 그밖에 다른 성인들의 말씀을 그대로 믿는 경우가 있는데, 이를 성언량(聖言量)이라 한다. 성언량이란 자기가 믿는 성인의 말씀을 그대로 믿는 것이니, 예컨대 극락 세계에 연꽃이 있다든가 지옥의 고통이 어떠어떠하다든가는 현량이나 비량으로 알 바가 아니라 성언량에 의해서 믿어야 한다. 지금 여기에서의 경우, '오늘날 같은 말세에 이 경의 말씀을 듣고 진실이라고 믿는 자는 과거에 많은 선근을 심은 사람이다'는 말씀이 상식으로는 믿기 어려우나 성언량(聖言量)이기 때문에 믿어야 하고, 또 믿음이 가는 것이다.

"무슨 까닭인가 하면"은 위 말씀의 이유를 다시 규명하자는 것이다. 즉 말세에 태어난 중생이 이 경의 말씀을 진실이라 믿으면 한량없는 복덕을 받으리라는 확답을 받게 된 까닭이 무엇인가 함이니, 이에 대해, 첫째, 아집(我執)이 없기 때문이며, 둘째, 법집(法執)이 없기 때문이라고 대답하였다. 아집은 4상(四相)을 가리키는데, 위에서 설명한 바 있다. '나'라는 존재가 있다는 집착이 아집인데, 여기서는 이것이 없다는 말이다. 법집은 여기서 '법상'이라고 표현하였다. 법집이란 '나'를 구성하는 제반 여건이나 법칙이 존재하고 있다는 집착인데 그것 또한 없다는 말이다. "비법상도 없다"한 데서, 비법상은 법상이 없어진 자리를 말한다. 위에서 법상이 없다는 말을 듣고 다시 '그렇다면 법상이 아닌 비법상은 진실이겠다'고 생각하게 되는데, 그렇다면 '비법상'이 다시 집착이 되므로 '비법상도 없다'하였다.

두번째 나오는 "무슨 까닭인가 하면"은 다시 위의 말씀을 규명하자는 뜻이니, 즉 어째서 아상과 법상과 비법상이 모두 없어지면 한량없는 복덕을 받느냐는 뜻이다. 이 물음에 대하여, 모양다리〔相〕에 걸렸더라면 4상(四相)에 집착되었을 것이며, 법집에 걸렸더라도 역시 4상에 집착되어 자유롭지 못할 것이나 이 수행자에게는 그런 병이 없기 때문에 어디에도 걸림 없이 한량없는 복을 받는다고 대답하신 것이다.

세번째 나오는 "무슨 까닭인가 하면"은 위에서 하신 말씀의 이유를 다시 규명하자는 뜻이다. 위에서 '법상에 걸리더라도 아상·인상·중생상·수자상에 집착된다' 한 말씀에 대하여, '법상에 걸렸는데 어째서 또 아상·인상 등 사상에 집착된다 했을까? 법상은 아상 등 4상을 끊은 뒤에 나타나는 현상인데, 마치 고등학교 졸업에 낙제하면 국민학교 졸업장도 무효가 된다는 이론과 비슷하다'고 생각한다. 이 물음에 대하여, 법상에 걸렸을 경우뿐 아니라 비법상에 걸렸을 경우에도 마찬가지인데, 하물며 법상에 걸리고서도 아상 등에 집착되지 않으랴 하였다. 여기서 유의해야 할 일은, 이 행상이 소승과 아라한의 경우가 아니라 대승의 2집(二執; 我執과 法執)을 기준으로 삼았다는 점이다. 소승에서는 이미 아집을 다 끊으면 법집이 남았더라도 아집은 되살아나지 않는다고 보았다. 그러나 대승의 경우는 지금 강술한 바와 같이 법집이 다한 뒤 법집이 다했다는 생각을 하면 도리어 비법상에 걸리고, 비법상에 걸리면 아집의 바탕인 아상 등이 여축없이 되솟아난다고 본다. 마치 모랫둑을 쌓아 강을 막는데, 위쪽의 한 곳이 터지면 기초까지 터져서 흙탕물이 내리쏟는 것과도 같다.

"그러므로……"는 위의 말씀들을 결론짓고, 다음 말씀을 하시려는 서두이다. 법상이건 비법상이건 모두가 바른 수행은 되지 못하니,

오로지 치우침 없는 중도(中道)라야 한다. 중도란 무엇인가? 마치 "뗏목"을 강에 띄웠을 때, 그 뗏목이 강 어느 한쪽에 닿아서 걸리면 부서진다. 이와 같이 부처님께서는 당신의 평소 설법도 항상 뗏목같이 여겨 중도를 택하라 하셨다. 이렇게 중도의 법을 바로 알아 행하는 이에게는 바른 법이라는 '법상'도 군 것이거늘 하물며 법상이 아니라는 '상'을 버리지 못해서야 되겠는가?

이 단원〔第二疑〕의 '그토록 깊은 법을 누가 믿으랴?'는 의문에서 출발했는데, 숙세에 선근을 깊이 심은 이는 4상이 없어져서 분명 믿음을 내어 법상·비법상 모두에 걸리지 않고 중도의 법을 닦으리라는 것이 대답의 줄거리이다.

# 3. 모양다리가 없다면 어떻게 설법했나?
### 無相云何得說疑 　正明化身無取

【과목 해설】위 첫번째 의문〔第一疑〕여리실견분(如理實見分第五)에서 "모양다리〔相〕로써 여래를 보지 말라" 하셨는데, 이에 대해 이런 의심을 낼 수 있다. "그렇다면 부처는 눈으로 보거나 손으로 잡을 수 있는 유위(有爲)의 존재가 아니다. 그런데 석가여래께서는 어찌하여 제자들에게 '나는 도를 깨쳤다. 나의 생사는 끝났다. 나는 부처이다. 나를 따르라'고 외치셨는가? 모양다리가 없는 부처님이 어떻게 모양다리 있는 설법을 했을까? 그렇다면 부처님의 말씀에는 상당한 모순이 없지 않다"라고.

## 無得無說分　第七　　二. 證得法身二　一. 智相法身

須菩提야 於意云何오 如來 得阿耨多羅三藐三菩提耶아 如來 有所說法耶아 須菩提言하사대 如我解佛所說義컨댄 無有定法名阿耨多羅三藐三菩提며 亦無有定法名如來可說이니 何以故오 如來 所說法은 皆不可取며 不可說이며 非法이며 非非法이니 所以者何오 一切賢聖이 皆以無爲法으로 而有差別이니이다.

"수보리야, 네 생각에 어떠하냐? 여래가 아뇩다라삼먁삼보리를 얻었다고 여기느냐? 여래가 설법한 것이 있다고 여기느냐?"

수보리가 대답하였다.

"제가 부처님이 말씀하신 뜻을 알기로는 아뇩다라삼먁삼보리(阿耨多羅三藐三菩提)라고 이름할 만한 일정한 법이 없으며, 여래께서 말씀하셨다고 할 만한 일정한 법도 없습니다. 무슨 까닭인가 하오면, 여래께서 말씀하신 법은 모두가 잡을 수도 없고 말할 수도 없으며, 법(法)도 아니고 비법(非法)도 아니기 때문입니다. 어째서 그러냐 하면, 온갖 현인(賢人)이나 성인(聖人)들이 모두가 무위(無爲)의 법에서 여러 가지 차별을 이루기 때문입니다."

【강화】 수보리의 이 의문을 풀어 주시기 위한 첫 토막으로서, 다정한 말씨로 "수보리야, 네 생각에 어떠하냐?" 하시고, 이어 "여래가 아뇩다라삼먁삼보리를 얻었다고 여기느냐? 여래가 설법한 것이 있다고 여기느냐?" 하셨으니, 이는 수보리가 의심하고 있는 내용을 되짚어 물어서 그렇지 않다는 것을 보여 주시려는 것이다.

부처님의 이런 내심(內心)을 잘 아는 수보리는 "아뇩다라삼먁삼보리(阿耨多羅三藐三菩提)라고 이름할 만한 일정한 법이 없다" 하였다. 아뇩다라삼먁삼보리라 할 만한 일정한 법도 없으며, 말씀하셨다 할 만한 일정한 법도 없다니, 참으로 옳은 말씀이다. 왜 그런가? 이는 일정한 법만을 보리(菩提)라 하거나 설법이라 한다면, 그밖의 법은 보리나 진리가 아니어야 한다. 그러나 진리나 참설법은 상대적인 것이 아니라 보편적인 것이기 때문에 수보리의 대구는 맞는 말씀이 된다.

“무슨 까닭인가 하오면”은 방금 자신이 “그렇다 할 만한 일정한 법이 없다” 한 말의 이유를 다시 밝히려는 것인데, 이에 대해 “여래께서 말씀하신 법은 잡을 수도 없고 말할 수도 없기 때문”이라고 대답하였다. 여래의 말씀은 진리인데, 진리는 있는 듯하되 찾으면 없고, 없는 듯하되 사물의 일마다에 나타난다. 그러므로 “잡을 수도 없고 말할 수도 없다” 하였다. “잡는다” 함은 얻거나 소유한다는 뜻이며, “말한다” 함은 설명한다는 뜻인데, 진리는 이렇듯 말로 설명하거나 나의 소유로 차지할 수도 없다는 것이다. “법도 아니다” 함은 온갖 법이 일정한 개체나 형상이 없기 때문이다. “비법도 아니다” 함은 법이 없다고 부정한 자리를 비법이라 하는데, 진리는 비법상에 묶여 있는 것도 아니기 때문이다. 그러므로 여래가 얻었다 할 만한 일정한 법도 없고, 여래가 말했다 할 만한 일정한 법도 없다는 것이다.

“어째서 그러냐 하오면〔所以者何〕”은 “여래께서 말씀하신 법은 잡을 수도 없고 말할 수도 없고 법도 아니고 비법도 아니다” 한 자기 말의 이유를 다시 규명하기 위한 서두인데, 이에 대해 “무위(無爲)의 법”이기 때문이라 하였다. 무위는 유위(有爲)와 조작(造作)이 없는 법이란 뜻으로서 허공·열반·진여 등이 이에 해당한다.

이와 같이 “무위의 법”은 평등한 진리이거늘, 이에 이른 성인이나, 이르는 도중인 현인이나, 이르지 못한 범부들의 정도에 따라 성인(聖人)·현인(賢人)·범부(凡夫)의 차별이 생겼다는 것이다. 마치 둥근 달은 하나인데 보는 이에 따라 울기도 하고 웃기도 하는 것같이, 무위의 법은 하나인데 성인이나 현인들 자신의 지혜의 수준에 따라 차별이 생겼을 뿐이지, 결코 진리 자체가 누구에게는 잡힐 수 있다거나 누구에게는 잡힐 수 없다거나에 속하는 문제는 결코 아니다. “현인”은 범부의 지위를 지나 곧 성인의 지위에 오를 보살로서 삼현(三

賢)의 지위를 말하며, "성인"은 대승에서는 10지에 오른 지상(地上) 보살을, 소승에서는 수다원(須陀洹)으로부터 아라한(阿羅漢)에 이르기까지의 성문(聲聞)을 말한다. 부처님은 대성이시어서 이 성현의 지위를 초월해 계신다. 그런데 이렇듯 성인과 현인의 차별이 생긴 이유는 제각기 지혜의 열림에 차별이 있기 때문이다. 그러므로 이상적멸분(離相寂滅分第十四)에서는 "눈 맑은 사람이 햇빛 아래서 여러 가지 물건을 보는 것 같다" 하셨다. 그러니 부처님이 연등불께 얻은 바가 있는 것이 아니라 아무것도 얻은 것이 없을 때 지혜가 열려 부처가 되셨을 뿐이라는 것이다.

그런데 이 대목의 첫머리에서 부처님이 "내가 얻은 법이 있느냐? 말한 법이 있느냐?"고 물으셨는데, 수보리의 답변 속에는 말할 수 있느냐 없느냐에 관한 것이 주로 거론되었다. 무슨 까닭일까? 얻음과 말함은 선후의 차이일 뿐이기 때문이라고 옛 어른은 말한다. 즉 말할 수 있는 이는 반드시 깨달아 얻은 이라야 되기 때문이란 말이다.

이상과 같이 여래는 얻은 바도 없고 말씀하신 바도 없다는 내용이 이 경에 도합 네 차례 나오는데, 첫째, 이 단원〔無得無說分第七; 第三疑〕은 '석가모니불께서도 얻은 과위가 있지 않은가' 하는 의문에 답한 것이며, 둘째, 장엄정토분〔莊嚴淨土分第十; 第五疑〕과 구경무아분〔究竟無我分第十七; 第十二疑〕은 '선혜보살도 연등불께 인행(因行)을 맺은 것이 아닌가' 하는 의문에 답한 것이며, 셋째, 구경무아분〔究竟無我分第十七; 第十三疑〕은 부처도 법도 없으리라는 의문에 답한 것이며, 넷째, 무법가설분〔無法可說分第二十二; 第十九疑〕은 '그렇다면 닦을 것도 있고, 증득할 것도 있으리라' 는 의문에 답한 것임을 미리 밝혀둔다.

# 依法出生分 第八 <sub>二. 福相法身</sub>

須菩提야 於意云何오 若人이 滿三千大千世界七寶로 以用布施하면 是人의 所得福德이 寧爲多不아 須菩提言하사대 甚多니이다 世尊하 何以故오 是福德이 卽非福德性일새 是故로 如來說福德多니이다 若復有人이 於此經中에 受持乃至四句偈等하야 爲他人說하면 其福이 勝彼하리니 何以故오 須菩提야 一切諸佛과 及諸佛阿耨多羅三藐三菩提法이 皆從此經出이니라 須菩提야 所謂佛法者는 卽非佛法이니라.


"수보리야, 네 생각에 어떠하냐? 어떤 사람이 삼천대천세계에 칠보를 가득히 쌓아두고 모두 보시에 쓴다면 그 사람이 받을 복덕이 많지 않겠느냐?"

수보리가 대답하였다.

"매우 많겠나이다. 세존이시여, 무슨 까닭인가 하오면, 이 복덕은 곧 복덕의 성품이 아니므로 여래께서 복덕이 많다고 말씀하시기 때문입니다."

"만일 다시 어떤 사람이 이 경 가운데서 4구게만이라도 받아 지니고 남에게 말해 주면 그 복덕은 저 칠보를 보시한 복덕보다 더 수승하리니, 무슨 까닭이겠는가. 수보리야, 여러 부처님들과 부처님들의 아뇩다라삼먁보리 법이 모두 이 경에서 나왔기 때문이니라. 수보리야, 불법이라고 하는 것은 곧 불법이 아니니라."

【강화】 다음 "수보리야, 네 생각에……"는 공덕을 비교하여 수승함을 드러내는〔校量顯勝〕 내용이다. 이상으로써 말할 수도 없고 붙잡을 수도 없는 것이 불법인 줄을 알았으나 그렇다고 아주 공한 것도 아니다. 그러므로 다시 "수보리야" 하고 불러서 경을 지닌 공덕이 삼천대천세계(三千大千世界)에 가득한 칠보로 보시한 것보다 더 훌륭하다고 하신다. '삼천대천세계'는 한 우주를 말하니,《구사론(俱舍論)》에 다음과 같은 게송(偈頌)이 있다.

| | |
|---|---|
| 四大洲日月 | 4대주와 해·달과 |
| 蘇迷盧欲天 | 수미산과 6욕천과 |
| 梵世各一千 | 초선천을 모두 천곱하면 |
| 名一小千界 | 소천세계라 부르고 |
| 此小千千倍 | 이 소천세계를 천곱하면 |
| 說名中千界 | 중천세계라 부르고 |
| 此千倍大千 | 중천을 천곱하면 대천세계니 |
| 皆同一成壞 | 모두가 똑같이 생겼다 사라졌다 한다. |

이는 불교에서 말하는 우주의 구조인데, 옛부터 인도에 전해 온 통설인 것 같다. 이 설(說)에 의하면 넓고넓은 공간에는 향수해(香水海)라는 바다가 있고, 그 바다에는 여러 개의 4대주(大洲)가 그룹을 지어 존재한다. 4대주라 함은 남섬부주(南贍部洲)·서구타니주(西瞿陀尼洲)·북구로주(北拘盧洲)·동불바제주(東弗婆提洲)니, 한 대륙을 동·서·남·북으로 나누어 말한 것이다. 그런데 이 4대주를 중심으로 여덟 겹의 바다가 있어 이를 8향수해(香水海)라 하고, 그 향수해 사이마다 일곱 겹의 산이 둘려 있어 이를 7금산(金山)이라 한다.

그 중 바깥쪽으로 마지막 것을 철위산(鐵圍山)이라 하는데, 해와 달보다 높이 솟아 있어 마치 형무소의 높은 담과도 같다 한다. 이와 같이 옆의 4대주도 그 구조가 같으므로 결국 철위산과 철위산이 인접해 있게 되고, 철위산 사이, 해와 달이 미치지 못하는 곳에 지옥이 있다고 한다.

그리고 한 4대주 복판에는 수미산(蘇迷盧; Sumeru-parvata)이라는 높은 산이 있는데, 그 높이는 8만 4천 유순(由旬; yojana)이다. 한 유순은 평균 80리에 해당하며, 해와 달이 그 수미산 중턱의 높이, 즉 4왕천(王天)을 오간다. 그리고 한 4대주(大洲), 즉 한 철위산이 둘러싼 공간 위를 6욕천(欲天)이 차례로 덮고 있다. 6욕천은 음욕심이 있는 중생이 사는 여섯 층의 하늘, 곧 사왕천(四王天)·도리천(忉利天)·야마천(夜摩天)·도솔천(兜率天)·화락천(化樂天)·타화자재천(他化自在天)이다.

이 6욕천 위에는 다시 색계(色界)의 열여덟 하늘이 있는데, 색계는 음욕이 없어진 이가 태어나는 하늘이다. 이 하늘 사람들은 얼굴이 예뻐서 미색이 훌륭하다 하는데, 그 열여덟 하늘은 초선천(初禪天)이 셋, 이선천(二禪天)이 셋, 삼선천(三禪天)이 셋, 사선천(四禪天)이 아홉이다. 이중 초선(初禪)의 세 하늘은 범중천(梵衆天)·범보천(梵輔天)·범왕천(梵王天; 大梵天)인데, 이 세 하늘을 묶어서 범세천(梵世天)이라 한다. 이선(二禪)의 세 하늘은 소광천(少光天)·무량광천(無量光天)·광음천(光音天)이며, 삼선(三禪)의 세 하늘은 소정천(少淨天)·무량정천(無量淨天)·변정천(遍淨天)이며, 사선(四禪)의 아홉 하늘은 복생천(福生天)·복애천(福愛天)·광과천(廣果天)·무상천(無想天)·무번천(無煩天)·무열천(無熱天)·선견천(善見天)·선현천(善現天)·색구경천(色究竟天)이다. 이상은《능엄경(楞嚴經)》의 설이다. 이

색계(色界) 열여덟 하늘[十八天]에는 다른 설도 있다. 이 가운데 초선(初禪) 세 하늘의 넓이는 한 철위산의 범위와 대등하므로 게송에서 이렇게 말하였다.

4대주와 일월과 수미산과
욕계 6천과 범세(梵世; 初禪三天)를 묶어
한 4대주의 우주권(宇宙圈)이라 한다.

이러한 4대주권이 천이 모이면 한 소천세계이며, 이 소천세계가 천이면 중천세계이며, 이 중천세계가 천이면 대천세계가 된다. 여기서 말한 삼천대천세계는 대천세계(大千世界)라고도 하는데, 4대주권을 세 차례 천곱했다 하여 삼천대천세계라 하니, 얼마나 넓은 공간인가는 짐작도 할 수 없을 것이다. 그런데 이렇게 넓은 공간에다 칠보를 가득히 채운다 했다. 칠보는 금·은·유리·호박·진주·자거·마노 등 갑진 보물들이다. 이것들을 몽땅 아낌없이 보시에 쓴다니 그 공덕이 많은 것은 자명한 일이다. 그러므로 수보리도 "매우 많겠나이다" 하고, 이어 "무슨 까닭인가 하오면……" 하여 자기 말의 이유를 풀이하였으니, 복덕이란 말은 제일의제(第一義諦)에서 보면 없는 것인데 세속제(世俗諦)에 의하기 때문에 많다고 한다 하였다.

불교에서는 이 세상의 사물을 두 가지 형태로 나누어 말하는데, 하나는 세속제(世俗諦)이고 또하나는 승의제(勝義諦; 第一義諦)이다. 세속제는 세상에서 말하는 일반적인 언어라는 뜻이며, 승의제는 현실을 초월한 진리라는 뜻이다. 여기서 "복덕의 성품이 아니라" 한 수보리의 말은, 승의제의 입장에서 보면 복덕은 그대로가 복덕일 뿐 달리 복덕이랄 것이 없지만, '복덕이 많다' 함은 세속제로 말하기 때문이란 뜻이다. 예를 들어 '허공이 크다'는 말은 허공 자체로 보면 크다는 말이 필요없지만, 세속적인 방법으로 '크다'고 하는 경우와 같다. 다시 말하면 삼천대천세계에 가득한 칠보로 보시한 복덕은 세속제로 보아서는 많다 하겠으나, 승의제로 보아서는 많다고 할 것이 없다는 뜻이다.

"만일 다시 어떤 사람이……"라 함은 부처님의 말씀이니, 칠보를 보시한 사람 이외에 다른 어떤 사람의 예를 들어서 이 경의 공덕이 얼마나 수승한가를 밝힌 대목이다. "4구게"는 이미 위에서 설명한 바 있거니와 전편을 대표할 만한 짧은 시구이다. 이 짧은 시구 하나만 읽어도 그 공덕이 그토록 위대하니, 전편을 다 읽은 공덕이야 말해서 무엇하랴. 이렇듯 무량한 재물을 보시한 공덕보다 소분(少分)의 사구게를 지닌 공덕이 수승함을 강조하는 방법을 교량공덕(校量功德) 또는 교량현승(校量顯勝)이라 한다는 것은 이미 말한 바 있다.

이 경에는 크게 세어서 도합 여덟 차례의 교량공덕이 나오는데, 첫째는 이 대목 의법출생분(依法出生分第七)에서 모양다리가 없다면 어떻게 설법하나 하는 의문〔第三疑〕 중에, 둘째는 무위복승분(無爲福勝分第十一)에서 보신(報身)을 이루신 것도 얻음이 아닌가 하는 의문〔第七疑〕 중에, 셋째는 존중정교분(尊重正敎分第十二)에서 같은 의문 중에, 넷째는 여법수지분(如法受持分第十三)에서 같은 의문 중에, 다섯째는 지경공덕분(持經功德分第十五)에서 진여가 두루했거늘 어째서 얻는 이도 있고 얻지 못하는 이도 있는가 하는 의문〔第十疑〕 중에, 여섯째는 법계통화분(法界通化分第十九)에서 복덕이 뒤바뀜이면 마음도 뒤바뀜이 아니겠는가 하는 의문〔第十六疑〕 중에, 일곱째는 복지무비분(福智無比分第二十四)에서 말씀하신 바가 무기이거늘 어떻게 성불의 원인이 되겠는가 하는 의문〔第二十疑〕 중에, 여덟째는 응화비진분(應化非眞分第三十二)에서 화신의 설법은 복이 없지 않을까 하는 의문〔第二十疑〕중에 나온다. 이들은 모두 4구게를 지송한 공덕이 수승함을 강조한 면에서는 대체로 같으나 굽이굽이 강조하는 주제는 다르다. 그러므로 그때그때 강조하시는 내용에 착안하여 따라가다 보면 똑같은 말씀이 자주 나오더라도 지루하지 않을 것이다.

다음 "받아지니고 남에게 말해 준다" 함은 5품제자(品弟子)의 한 부분이다. 5품제자라 함은 부처님께서 열반에 드신 뒤에, 말법제자(末法弟子)들의 정도에 맞추어 시설한 수행법이다. 첫째, 부처님의 법을 듣고 기꺼이 믿음을 내는 수희품(隨喜品), 둘째, 부처님의 법을 즐겨 읽는 독송품(讀誦品), 셋째, 그 법을 남에게 이야기해 주는 설법품(說法品), 넷째, 마음으로 진실한 법을 관찰하면서 6바라밀의 법을 곁들여 실천하는 겸행육도품(兼行六度品), 다섯째, 나와 남이 모두 진실의 경계에 이르도록 6바라밀의 행을 구체적으로 닦는 정행육도품(淨行六度品) 등 다섯 가지 불제자의 역할을 뜻한다. 여기서 말한 "받아지닌다" 함은 수희품에, "남에게 말해 준다" 함은 설법품에 해당한다고 말할 수 있다.

"무슨 까닭인가?" 함은 경을 지니는 공덕이 많은 보물을 보시한 공덕보다 나은 이유가 무엇인가를 스스로 밝히려는 뜻이니, 그 해답은 "이 경에서는 여러 부처님과 부처님의 법이 나오기 때문이라" 하셨다. 바꾸어 말하면, 이 경을 자신이 읽고 지니거나 남에게 이야기해 주면 자신이 남들을 부처가 되게 하기 때문이란 뜻이다.

물질인 칠보를 보시해서는 유위의 복을 받을 뿐 부처가 되는 보리를 얻지는 못하지만, 이 경을 다 지니거나 심지어 4구게(句偈)만이라도 지니면 마음이 열려 부처가 될 수 있다는 것이다. 그러므로 미륵게 제16송에서는 다음과 같이 읊었다.

| 受持法及說 | 법을 받아 지니거나 남에게 설해 주는 일 |
| 不空於福德 | 복덕이 헛되지 않나니 |
| 福不趣菩提 | 보시한 복만으로는 보리에 이르지 못하고 |
| 二能趣菩提 | 두 가지로야 보리에 나갈 수 있다. |

   다시 말해 법을 받아지니는 일과 남에게 이야기해 주는 일이 두 가지인데, 이 두 가지 방법을 갖추어야 보리에 나갈 수 있기 때문에 수승하다는 것이다. 따라서 5품제자 중 수희품과 설법품, 두 가지만 말한 까닭이 무엇인가? 이 두 가지가 5품제자행 중에 대표적인 것이기 때문이니, 이 두 가지를 토대로 해야 나머지 세 가지가 이루어지기 때문이다.

   그러나 이 경에서 나왔다는 "부처다" "법이다" 하는 것이 실체가 있어서 우리들이 더듬거나 찾을 수 있는 대상은 아니다. 다만 세속제에 의해서 말을 하자니 부처다, 법이다 할 뿐이다. 만일 진실로 불법이랄 것이 있다고 여기면 그것 또한 놀라운 집착이다. 그러므로 부처님은 "수보리야" 하시어, 정신차려 듣게 하시고는 "불법이란 것은 불법이 아니니라" 하셨다. 즉 세속제에 의하여 말을 하자면 불법이라 하겠지만, 승의제의 편으로는 불법이랄 것이 없다. 그러한 도리가 바로 진리요, 진리가 바로 부처님의 근원이다. 이 거룩한 근원을 만나는 일이야말로 수량으로 따질 수 없는 복이라는 뜻이다.

# 4. 성문이 지위를 얻는 것은 붙잡음이 아닌가?
## 聲聞得果是取疑　釋成化身無取

【과목 해설】 위 3번째 의문〔第三疑〕 무득무설분(無得無說分第七)에서 "여래가 말한 법은 모두가 붙잡을 수도 없고 말할 수도 없고 법(法)도 아니고 비법(非法)도 아니라" 하셨는데, 이에 대하여 "붙잡아 얻을 수도 없고 말할 수도 없다지만 많은 성문들은 오랜 수행 끝에 제각기 지위에 올라 그에 알맞은 설법을 하셨으니, 그것이 어찌 얻음이나 말함이 아니겠는가?" 하는 의문을 내게 된다.

　여기서 성문(聲聞)은 부처님의 제자들을 성문(聲聞)·연각(緣覺)·보살(菩薩)의 세 부류로 나누어 호칭하는 삼승(三乘)의 하나이다. 성문은 부처님의 음성을 직접 들은 제자라는 뜻이니, 부처님 생존시에 친히 뫼시던 제자들, 다시 말해 경초에 모였던 1255명의 제자들이겠으나 넓은 의미에서는 부처님 열반 후에 경전을 통해 교법을 전해듣고 따르는 요즈음의 우리들도 여기에 포함된다. 다음 연각은 이 세상에 불법이 존재할 때나 존재하지 않을 때나 부처님이 계신 곳이나 안 계신 곳에 태어나서 주위의 사물이 변천하는 현상을 보고 인연의 법칙을 깨닫는데, 그 깨달은 내용이 우연히 불교와 똑같아진 부류이다. 마지막의 보살은 태어나는 시기에 관계없이 나보다 남을 먼저 제도하려는 서원을 가지고 여섯 가지 바라밀을 수행하는 부류이니,

이는 경 첫머리에서 설명한 바 있다.

이 삼승 중 성문은 고(苦)·집(集)·멸(滅)·도(道) 등 4성제(四聖諦)를 수행의 과정으로 삼고, 연각은 무명(無明)·행(行)·식(識)·명색(名色)·육입(六入)·촉(觸)·수(受)·애(愛)·취(取)·유(有)·생(生)·노사(老死) 등 12인연(因緣)을 수행의 과정으로 삼는데, 모두가 착한 원인으로 즐거운 과보를 받으려는 자기 본위의 수행을 하므로 이 두 가지를 소승(小乘)이라 하고, 반면에 보살은 주로 6바라밀을 수행의 과정으로 삼아 나의 수행 못지않게 중생을 제도하겠다는 염원이 두터우므로 대승(大乘)이라 한다.

그런데 여기서 삼승 중 성문만을 거론한 이유는 가장 손쉬운 계층을 예로 삼았기 때문이라고 생각하면 좋을 것 같다. 옛사람은 이 대목에 대해 "화신부처님이 얻으신 바 없음을 밝히기 위하여 낮은 무리를 들어 수승한 무리를 거두었으니, 성문 같은 소승도 얻었다는 마음이 없어야 하는데, 하물며 큰 성인인 부처님이시겠는가 하는 의미가 담겼다"고 하였으니, 음미해 볼 말씀인 것 같다. 기왕 이야기가 나왔으니, 좀 지루하겠지만 성문에 관한 일을 더 이야기하려 한다.

성문(聲聞)이라 함은 범어 슈라아바카(Sravaka)의 번역으로서, 7생(生) 60겁(劫) 동안 사성제(四聖諦)의 법을 닦아서 수다원(須陀洹)·사다함(斯陀含)·아나함(阿那含)·아라한(阿羅漢) 등 4과(四果)를 얻어, 마침내 열반(涅槃; Nirvana)을 얻은 부류의 성인들이다.

처음 수다원(須陀洹)은 슈로타판나(Srotapanna)의 소리 번역으로서, 16가지 마음〔十六心〕으로 88종의 견도혹(見道惑)이란 번뇌를 끊고서 처음으로 성인의 지위에 들어간 성자라는 뜻이다. 그러므로 한문으로는 입류(入流) 또는 예류(預流; 성자의 무리에 참예하다)라 번역한다.

16종의 마음은, 욕계(欲界)·색계(色界)·무색계(無色界)를 통하여고(苦)·집(集)·멸(滅)·도(道) 등 4제(四諦)를 닦아 나아가는 마음의 수효를 말한다. 욕계에서 한 4제를 닦고 상계(上界)·색계(色界)와 무색계(無色界)를 합해서 또 다른 형태로 4제를 닦아 여덟이 되고, 이 2중의 4제마다에 다시 지(智)와 인(忍)이 있어 모두 16이 된다. 지(智)는 완전히 성취되었다는 뜻이며, 인(忍)은 내심(內心)으로 확인한다 또는 전진한다는 뜻이다. 욕계에서는 모든 제(諦)에다 법(法)자를 붙이고 상계(上界)에서는 류(類)자를 붙이는데, 류(類)는 유례한다·준한다는 뜻으로서 욕계에 유례하여 닦아나간다는 뜻이니, 몸이 욕계에 있으면서 닦기 때문이다.

이 16심(心)의 설명이 좀 지루해진 것 같아 다음과 같은 도표로 마무리하려 한다.

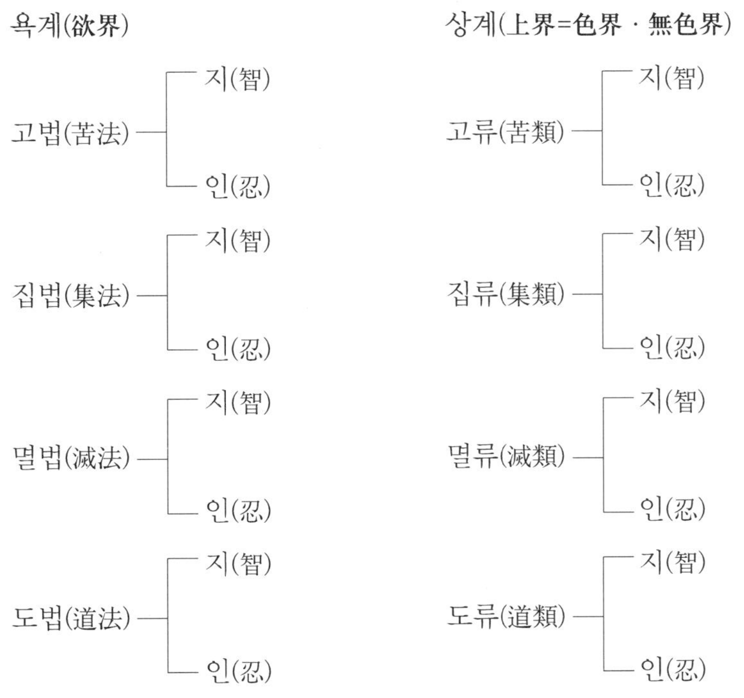

이러한 16가지 지혜〔十六心〕로 88종의 견도혹(見道惑)을 끊는데, 견도혹이란 도(道; 진리)를 보지 못하게 막고 있는 미혹, 즉 번뇌라는 뜻이다. 이의 주요 성분은 탐(貪; 탐욕)·진(瞋; 성냄)·치(痴; 어리석음)·만(慢; 교만)·의(疑; 망설임) 등 다섯 가지 무거운 번뇌〔五鈍使〕와 신견(身見; '나'가 있다는 고집)·변견(邊見; '나'가 영원하다거나 무상하다고 치우치는 고집)·사견(邪見; 인과를 무시하는 고집)·견견(見見; 잘못된 소견을 옳은 것이라 하는 고집)·계금취견(戒禁取見; 잘못된 수행 방법을 옳은 방법으로 아는 고집) 등 다섯 가지 가벼운 번뇌〔五利使〕이다. 이 5둔사(鈍使)와 5리사(利使) 두 가지를 합쳐 10사번뇌(使煩惱)라 하니, 이들 번뇌가 우리를 삼계 안에서 부려먹기 때문에 사(使)라 한다. 따라서 5둔사는 누구에게나 본능적으로 있는 번뇌이며, 5리사는 수행하는 과정에서만 나타나는 번뇌이다. 또 5둔사는 끊기가 둔하고 어렵다는 뜻이며, 5리사는 끊기가 쉽다는 뜻이다.

이 열 가지 번뇌가 삼계에 두루 퍼져서 4성제를 닦지 못하게 막고 있으니, 번뇌의 수가 도합 120종이 되어야 하겠으나 상하계의 4제마다에 속하는 번뇌의 수가 다르다. 먼저 욕계의 경우 고제(苦諦)를 닦는 데 10종 번뇌가 구족하고, 집제와 멸제에는 신견과 변견과 계금취견이 제외되어 각각 7이 되고, 도제에는 신견과 변견이 제외되어 8이 되니, 모두를 합치면 32가 된다. 즉 욕계의 견도혹은 32종이란 말이다.

그런데 집제와 멸제에서 신견·변견·계금취견을 빼는 이유는, 집제는 괴로움의 원인을 규명하는 방법인데 이미 닦은 고제에서 '이 몸은 괴로움투성이라'는 것을 확실히 알았으므로 이 몸이 있다고 생각하는 신견과, '이 몸이 죽은 뒤에 영혼이 있느냐 없느냐' 하여 어느 한쪽에 치우치는 변견과, 갖은 방법으로 '잘못된 수행'을 해서 괴로움을 면하려는 계금취견은 더 이상 제거할 필요가 없기 때문이다.

따라서 도제에서 다시 계금취견을 넣는 이유는, 도제는 도를 실천하는 과정이므로 여기서 간혹 잘못된 방법을 옳은 방법으로 착각할 수도 있겠기 때문이다.

다음 색계와 무색계의 경우는 욕계와 같으나 일괄적으로 10사(使) 중의 진(瞋), 즉 성냄이 무조건 제외된다. 왜냐? 천당에는 모두가 즐거워서 성낼 일이 없기 때문이다. 그러므로 고제에 9, 집제와 멸제에 각각 6, 도제에 7이 되어 도합 28이 되며, 색계와 무색계 두 곳을 합하면 56이 된다. 다시 말하면 상계, 즉 색계와 무색계의 견도혹은 56종이라는 것이다. 이것을 다시 위에서 말한 욕계의 32종과 합치면 88이 된다. 이것이 수다원이 끊어야 할 번뇌이다. 《구사론(俱舍論)》에서는 이들 88사(使)를 간추려 기억케 하기 위하여 다음과 같이 읊었다.

| | |
|---|---|
| 苦下具一切 | 고제(苦諦) 밑에는 일체가 갖추어 있고, |
| 集滅除三見 | 집제와 멸제에는 삼견을 제하고 |
| 道除於二見 | 도제에는 이견(二見)을 제하고* |
| 上界不行瞋 | 상계에는 진애가 존재하지 않는다. |

이렇게 복잡한 번뇌를 끊고서 얻은 지위가 수다원이니 대단히 놀라운 일이다. 그런데 수다원이 성문의 4과에서 겨우 첫자리에 불과하다는 것을 생각하면 그 마지막인 아라한이 끊는 번뇌는 얼마나 세밀하며, 얻는 진리는 얼마나 위대하리라는 것을 짐작할 수 있을 것이

---

* 일체(一切)는 10사(使) 모두를, 삼견(三見)은 신견(身見)과 변견(邊見) 및 계금취견(戒禁取見)을, 이견(二見)은 견견(見見)과 변견(邊見)을 가리킨다.

다. 그러므로 성문들이 무엇인가를 분명 얻었다고 해야 되겠는데, "불법은 얻을 수 없는 것"이라고 하신 부처님의 말씀은 분명 잘못이 아닌가 하는 것이 이 대목의 의문이다.


# 一相無相分 第九 五. 於修道得勝中無慢住(離第一慢障)


須菩提야 於意云何오 須陀洹이 能作是念하대 我得須陀洹果不아 須菩提 言하사대 不也니이다 世尊하 何以故오 須陀洹은 名爲入流로대 而無所入이니 不入色聲香味觸法일새 是名須陀洹이니이다.


"수보리야, 네 생각에 어떠하냐? 수다원(須陀洹)이 '내가 수다원의 과위(果)를 얻었다'고 생각하겠느냐?"
수보리가 대답하였다.
"그렇지 않습니다. 세존이시여, 무슨 까닭인가 하오면, 수다원은 입류(入流)라 하지만 실로는 들어간 일이 없으니 색(色)·성(聲)·향(香)·미(味)·촉(觸)·법(法)에 들지 않으므로 이름을 수다원이라 하기 때문입니다."


【강화】 이 의문을 풀어 주기 위하여, 부처님은 어느 수다원의 예를 들어 "수다원이 자기가 수다원의 지위에 올랐다고 생각하겠느냐" 하시고, 수보리는 얼른 "아닙니다" 함으로써 단락을 짓는다.
"무슨 까닭인가?" 함은 수보리 자신이 부처님께 "그렇지 않습니다"라고 대답한 뜻을 다시 해명키 위한 말이다. 즉 수다원은 분명 성인의 무리에 든 사람을 이르는 호칭이나 수다원 자신의 마음에는 색·

성·향·미·촉·법 등 6진(塵)의 어디에도 들지 않았기 때문에 이름일 뿐이라는 것이다.

수다원을 한문으로 입류(入流)라 번역한다는 것은 이미 말했거니와, 성인의 무리에 처음으로 들어갔다는 뜻이다. 그러면 어찌해야 성인의 무리에 드는가? 위에서 말한 바와 같이 16종의 마음으로 88종의 번뇌를 끊어야 하니, 쉽게 말해 6진(塵)의 경계(境界)에 끌려들지 않아야 된다는 것이다. 6진은 색(色; 물질)·성(聲; 소리)·향(香; 냄새)·미(味; 맛)·촉(觸; 닿임, 촉감의 대상)·법(法; 前五識이 받아들인 그림자) 등인데, 이 여섯 가지 경계가 마음을 홀리는 것이 마치 먼지가 눈을 가리는 것과 같다는 뜻에서 티끌〔塵〕이라 한다. 그러니 이 6진에 들어가면 성인의 무리에 들지 못하고, 성인의 무리에 들어가려면 6진에서 나와야 된다. 그러므로 입류(入流)가 곧 출진(出塵)이며, 출진하면 다시 "6진에 들지 않는다"는 결론을 얻을 수 있다.

여기서 6진에 관한 이야기를 좀 더하고 넘어가야 되겠다. 여섯 가지 티끌〔六塵〕이라는 표현을 쓰는 이유는, 이것들이 우리 마음을 어지럽게 하는 것이 티끌과 같이 앞을 가리우고, 아물거리기 때문이다. 6진을 6경(境)이라고도 하는데, 6근(根)과 6식(識)의 경계, 즉 대상이라는 뜻이다. 즉 식이 내면에서 근을 통해 나와서는 진을 반연하여(취해서) 다시 근을 통해 들어가는데, 안식(眼識)·이식(耳識)·비식(鼻識)·설식(舌識)은 색진(色塵)·성진(聲塵)·향진(香塵)·미진(味塵)을 반연하고, 신식(身識)은 촉진(觸塵)을 반연한다. 이렇듯 반연해들인 전5진(前五塵)이 의근(意根) 앞에 종합적인 상황판을 형성하면 이를 법진(法塵)이라 하는데, 의식(意識)은 이 법진을 반연하여 인식 작용을 일으킨다.

여기서 이해하기 어려운 것이 세 가지가 있다. 첫째, 신근(身根)과

촉진인데, 밖에 있는 어떤 사물〔物件〕이 내 몸의 어느 부분에 닿아 감각을 느끼게 하는 경우, 내 몸에 닿은 부분만을 촉진이라 한다. 즉 촉진이란 일정한 실체가 있는 것이 아니라 내 몸에 닿으면 촉진이요, 그렇지 않은 것은 모두 색진(色塵)이다. 설사 내 손으로 내 머리를 만질 때도 한쪽이 신근이면 한쪽은 촉진이라고 볼 수 있다. 둘째, 법진(法塵)인데, 이럴 때의 법이란 일정한 견해를 내게 하는 기능〔軌生物解〕을 이르는 말이니, 전5근(前五根)이 받아들인 사물의 그림자가 의식으로 하여금 일정한 인식을 일으키게 하기 때문에 붙인 이름이다. 그러므로 이 법진을 낙사진(落謝塵; 흘러간 일의 그림자인 티끌)이라고도 한다. 셋째, 의식(意識)이 인식 작용(認識作用)을 일으킨다는 말인데, 전5식은 감각이 없이 그저 광선을 받아들이는 카메라 렌즈와 같고, 의식만이 필름과 같이 인식 기능을 가지고 있다는 것이다.

"6진에 들지 않는다" 함은 6진에 끄달리거나 집착하는 마음이 없는 상태인데, 이런 경지에 이른 성인인 수다원에게 어찌 '나는 이미 수다원의 과위에 올랐노라' 하는 '티'가 남아 있으랴. 만일 그런 티가 있다면 6진에 든 것이며, 6진에 들었다면 이미 성인이 아니다.

그러므로 이 대목의 의문은 풀렸다. 아무것도 얻은 바가 없어야 성인이며 성문이다. 6진에 끄달려서 얻은 바가 있다면 벌써 성인은 아니다. 아무것도 얻은 바가 없는 경지에 이른 이를 세속제에 따라 수다원이라 부를 뿐이다. 수다원뿐 아니라 성문의 네 과위 중 나머지 세 과위도 이와 같이 얻은 바가 없어야 얻는다.


須菩提야 於意云何오 斯陀含이 能作是念하대 我得斯陀含果不아 須菩提言하사대 不也니이다 世尊하 何以故오 斯陀含은 名一往來

로대 **而實無往來**일새 **是名斯陀含**이니이다.

"수보리야, 네 생각에 어떠하냐? 사다함이 '내가 사다함
의 과위를 얻었노라'고 생각하겠느냐?"
수보리가 대답하였다.
"그렇지 않습니다. 세존이시여, 무슨 까닭인가 하오면, 사
다함은 일왕래(一往來)라 하지만 실로는 왕래함이 없으므로
이름을 사다함이라 하기 때문입니다."


【강화】 사다함(斯陀含; Sakrdagamin)은 일왕래(一往來; 한번만 더 다
녀간다는 뜻)라 번역한다. 성문의 네 과위 중 둘째 과위로서, 이 지
위에 오르면 이 인간 세상에 한번만 더 왔다가면 아나함(阿那含)에
이르러 생사를 면한다는 뜻이다.
위의 수다원은 16종의 마음으로 삼계에 두루해 있는 88종의 견도혹
(見道惑)을 끊지만, 이 사다함부터는 다시 삼계의 수도혹(修道惑)을 끊
는다. 견도혹은 이미 끊었으나 아직도 미세한 감정이나 의식의 미세
한 작동이 일어나 도를 닦지 못하게 하는 번뇌를 수도혹이라 하는데,
앞의 견도혹이 후천적인 악습이라면 수도혹은 선천적인 악습이다.
이 수도혹을 사혹(思惑)이라고도 하는데, 속마음의 미혹이라는 뜻
으로서 욕계(欲界)의 탐(貪; 탐욕)·진(瞋; 성냄)·치(癡; 어리석음)·
만(慢; 교만)과 상계(上界)의 각각 탐·치·만 등 도합 10종이 주체가
된다. 그러나 너무나 미세하여 그대로는 끊기가 어려우므로 삼계를
통틀어 9지(九地)로 나누어 끊으니, 욕계가 1지(地), 색계(色界) 4천
(四天)이 4지, 무색계(無色界) 4천이 4지이다. 첫째, 욕계는 5취(五趣)
중생이 뒤섞여 살기 때문에 오취잡거지(五趣雜居地)라 하고, 둘째, 색

계 초선천은 5취의 생사를 갓 여의어 기쁜 곳이란 뜻으로 이생희락지(離生喜樂地)라 하고, 셋째, 2선천은 선정이 생기기 시작하여 기쁜 곳이란 뜻으로 정생희락지(定生喜樂地)라 하고, 넷째, 3선천은 이제까지 얻은 들뜬 기쁨을 떠나 진정한 기쁨이 생긴 곳이란 뜻으로 이희묘락지(離喜妙樂地)라 하고, 다섯째, 4선천은 즐겁다는 생각마저 여윈 곳이란 뜻으로 사념청정지(捨念淸淨地)라 하고, 여섯째, 무색계의 공처천(空處天)은 공처지(空處地)라 하고, 일곱째, 식처천(識處天)은 식처지(識處地)라 하고, 여덟째, 무소유처천(無所有處天)은 무소유처지(無所有處地)라 하고, 아홉째, 비상비비상처천(非想非非想處天)은 비상비비상처지(非想非非想處地)라 한다.

이들 9지(地) 중 첫째, 오취잡거지, 즉 욕계에 속하는 네 가지 번뇌〔탐·진·치·만〕를 한데 묶어서 다시 아홉 품으로 나누어 차츰 끊는데, 이를 욕계의 9품수혹(品修惑) 또는 9품사혹(品思惑)이라 한다. 그런데 사다함은 이 9품사혹 중 6품까지를 6생에 걸쳐 끊고, 나머지 3품을 한 생에 끊고는 아나함(阿那含)이 되면 다시는 인간에 태어나지 않는다.

욕계의 9품수혹은 상상품·상중품·상하품·중상품·중중품·중하품·하상품·하중품·하하품인데, 먼저 상상품의 혹을 끊기 위해 두 번 태어나고〔二生〕, 다시 상중품·상하품·중상품을 끊는 데 각각 한 생씩이 걸리며, 중중품·중하품을 합쳐서 한 생에 끊고는 도합 6생 만에 사다함이 된다. 나머지 하상품·하중품·하하품혹을 끊기 위해 다시 한번 이 세상에 태어나서 이들 3품을 한 생에 몽땅 끊고는 아나함이 되어 다시는 인간에 태어나지 않는다. 그러므로 사다함을 일왕래(一往來; 한번 다녀가면 된다)라고 한다. 다시 도표로 정리하면 다음과 같다.

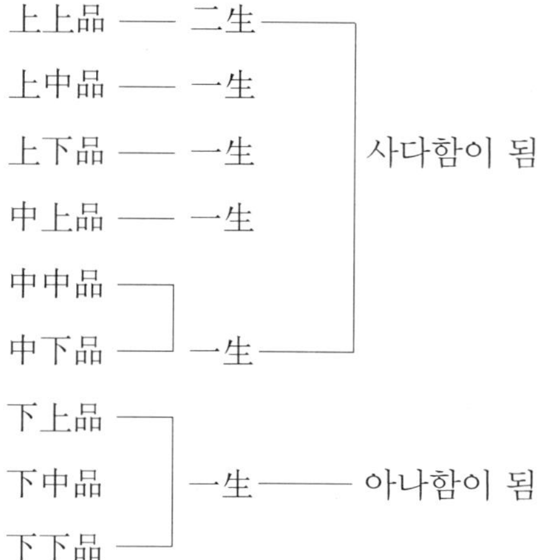


이와 같이 사다함이 되기 위해 오랜 세월을 닦았고 또 여러 겹의 번 뇌를 끊었으니, 그 과위가 얼마나 위대한가를 짐작할 수 있을 것이 다. 그러나 사다함 자신이 그런 과위를 얻었노라고 생각하지는 않는 다. 만일 그런 생각을 하면 이미 사다함이 아니다. 왜냐하면 아직 그 러한 얻었노라 하는 집착이 있기 때문이다. 와도 그림자 같고 가도 그 림자같이, 그렇게 왕래하는 이를 세속제에 의하여 말을 하자니 사다 함이라 부를 뿐이다.


須菩提야 於意云何오 阿那含이 能作是念하대 我得阿那含果不 아 須菩提言하사대 不也니이다 世尊하 何以故오 阿那含은 名爲不來 로대 而實無不來일새 是故로 名阿那含이니이다.


"수보리야, 네 생각에 어떠하냐? 아나함이 '내가 아나함 의 과위를 얻었노라'고 생각하겠느냐?"

수보리가 대답하였다.

"그렇지 않습니다. 세존이시여, 무슨 까닭인가 하오면, 아나함은 불래(不來)라 하지만 실로는 다시 오지 아니함이 없으므로 이름을 아나함이라 하기 때문입니다."

【강화】 아나함(阿那含; Anagamin)은 성문 중에 셋째 과위로서 불래(不來)라 번역하니, 인간 세상에 다시는 오지 않는다는 뜻이다. 욕계의 9품수혹 중 앞의 6품을 끊고 사다함이 된 이가 나머지 3품을 끊기 위해 다시 태어나서, 한 생 동안에 다 끊어 아나함이 되고는 색계 제4선천(第四禪天)의 후반부인 5나함천(那含天; 무번천·무열천·선견천·선현천·색구경천)에 태어난다.

이렇듯 거룩한 과위를 얻었지만, 그들은 '내가 아나함의 과위를 얻었노라' 하는 생각이 없다. 그 이유는 위에서와 같이 진실로 이 세상에 다시 오지 않게 된 이는 다시 오지 않는다는 생각조차 없기 때문이다. 그런 생각을 하면 아직 분별하는 마음이 남은 것이니, 어찌 아나함이라 하겠는가? 다만 세속제에 의해서 그들을 아나함이라 부를 뿐인 것이다.

須菩提야 於意云何오 阿羅漢이 能作是念하대 我得阿羅漢道不아 須菩提言하사대 不也니이다 世尊하 何以故오 實無有法 名阿羅漢이니 世尊하 若阿羅漢이 作是念하대 我得阿羅漢道라하면 即爲着 我人衆生壽者니이다

"수보리야, 네 생각에 어떠하냐? 아라한(阿羅漢)이 '내가

아라한의 도를 얻었노라’고 생각하겠느냐?”

수보리가 대답하였다.

“그렇지 않습니다. 세존이시여, 무슨 까닭인가 하오면, 실로 아무것도 아라한이라 할 법이 없기 때문입니다. 세존이시여, 만일 아라한이 ‘내가 아라한의 도를 얻었노라’고 생각한다면 이는 곧 아상·인상·중생상·수자상에 집착되는 것입니다.”


【강화】 아라한(阿羅漢; Arhan)은 성문의 마지막 과위로서 수행이 극치에 이른 성인이다. 아라한은 무적(無敵)·불생(不生)·응공(應供)이라 번역한다. 무적은 번뇌의 도적이 아주 없어졌다는 뜻이며, 불생은 다시는 인간 세상에 태어나지 않는다는 뜻이며, 응공은 인간과 하늘이 올리는 어떠한 공양이라도 받기에 타당하다는 뜻이다.

이 아라한이 끊을 번뇌는 상계(上界; 색계와 무색계)의 수도혹인데, 탐·치·만 등 세 가지가 주축이라는 것은 위에서 말한 바 있다. 이미 아나함의 과위를 얻은 이가 5나함천(那含天)의 첫 하늘 무번천(無煩天)에 태어나면, 아직 상계(上界) 8지(地)의 수도혹이 남았음을 발견한다. 그러나 너무 미세하여 그냥 끊기는 어려우므로 이들 여덟지〔八地〕를 다시 각각 아홉 품으로 나누어 모두를 72품으로 만들어서 끊는다. 이 중에서 71품까지를 끊으면 아라한향(阿羅漢向)이라 하고, 72품을 다 끊으면 아라한과(果)라 하는데, 향(向)이란 목적지 직전이란 뜻이며, 과(果)는 과위(果位)라는 뜻이다.

여기서 잠시 5나함천에 관한 이야기를 좀 더하고 넘어가야 되겠다. 그러기 위해서는 색계의 구조를 먼저 알아야 할 것 같다. 흔히 색계는 18천(天)이라 했다.(88쪽 참조) 이 18천을 크게 네 등급으로 나누어 4선천(禪天)이라 하는데, 초선천과 2선천과 3선천에는 모두 세 하늘씩이 속해 있고, 제4선천에는 아홉 하늘이 속해 있다. 이 중 전반인 4천은 근본천(根本天)이라 하여 위에서 말한 사념청정지(捨念淸淨地)가 되고, 나머지 5천은 이른바 아나함이 태어나는 하늘[5나함천]이라 하여 별개의 지역이다. 5나함천은 무번천(無煩天)·무열천(無熱天)·선견천(善見天)·선현천(善現天)·색구경천(色究竟天)이다. 욕계(欲界)의 9품수혹을 다 끊은 아나함이 무번천에 태어나서 자신이 끊어야 할 초선천(初禪天)의 9품수혹이 아직 있음을 보고는, 내려다보면서 초선천의 의혹을 끊는다. 다시 무열천으로 올라가 제2선천(第二禪天)의 수혹을, 선견천에서 제3선천의 의혹을, 선현천에서 제4선천의 의혹을 끊어 색계사혹 36품을 다 끊는다. 그리고는 색구경천으로 올라가 무색계4천(無色界四天)의 36품혹이 남아 있음을 보고는 이들을 올려다보면서 끊는다. 이렇듯 내려다보면서 끊는 것을 복단(伏斷)이라 하고, 올려다보면서 끊는 것을 앙단(仰斷)이라 하니, 5나함천 중 앞의 넷은 복단천(伏斷天)이며, 마지막 하나는 앙단천(仰斷天)이 된다.

그렇다면 무색계4천의 36품혹은 왜 색구경천에서 앙단(仰斷)해야 하는가? 무색계에는 정신과 미혹만 있고 몸은 없다. 미혹은 몸이 없어도 존재할 수 있지만, 끊는 데는 몸과 마음이 있어야 되기 때문에 물질[몸]의 마지막 세계인 색구경천 혹은 대자재천(大自在天)에서 올려다보면서 끊는다.

이렇게 멀고도 어려운 수행 과정을 지나서 된 아라한이니만큼 '나는 아라한이 되었노라' 하고 뻣내도 무방할 것 같은데 실은 그렇지가 않다. 실로 어떤 법도 아라한이라 불릴 만한 것이 없다. 그것이 아라한의 경지이다. 그렇건만 세속제에 따라서 아라한이라 임시 부를 뿐이다. 만일 아라한 자신이 "내가 아라한의 과위를 얻었노라"고 생각한다면 이는 4상(相)에 집착된 것이니, 범부와 다를 것이 무엇이랴? 그러므로 '성문들이 과위를 얻는 것도 모양다리에 집착되는 것이 아닌가' 하는 의문이 맞지 않는 일임을 알 수 있다.


世尊하 佛說 我得無諍三昧人中에 最爲第一이라 하시니 是第一離欲阿羅漢이언만 我不作是念하대 我是離欲阿羅漢이라 하노이다世尊하 我若作是念하대 我得阿羅漢道라 하면 世尊이 卽不說須菩提 是樂阿蘭那行者라 하시려니와 以須菩提 實無所行일새 而名須菩提 是樂阿蘭那行이라 하시나이다.


"세존이시여, 부처님께서 저를 무쟁삼매(無諍三昧)를 얻은 사람 중에 제일이라 하였는데, 이는 욕심을 여읜 아라한〔離欲阿羅漢〕이기 때문입니다마는, 저는 스스로 욕심을 여읜 아라한이라고 생각지는 않나이다. 세존이시여, 제가 만일 '내가 아라한의 도를 얻었노라'고 생각한다면 세존께서는 저를 아란나행(阿蘭那行)을 좋아하는 사람이라 하지 않으셨을 것입니다마는, 제가 실로 그러지 않았으므로 저더러 아란나행을 좋아한다고 하셨습니다."


【강화】 이상으로 성문의 네 과위마다 얻었다는 생각이 없음으로써 성인이 되었다는 사실을 알았다. 그 이유는 무엇인가? 4상이 없으므로 성인이 되는데, '내가 성인의 지위에 올랐다'고 생각하면 도리어 4상에 걸리기 때문이다. 이는 네 과위의 성문뿐 아니라 수보리 자신

의 경우도 마찬가지다. ‘얻었노라’ 하는 생각이 없어야만 참으로 얻어졌다는 것이다.

“무쟁삼매”는 다툼이 없는 삼매란 뜻으로서, 욕심의 번뇌가 다하여 스스로가 ‘공’의 원리에 편안히 머무는 이의 경지이다. ‘삼매’는 정(定)이라 번역한다. 부처님의 10대 제자 중 수보리는 ‘공’의 원리를 잘 알기로 이름이 높다. 그래서 부처님께서 그를 일러 무쟁삼매를 얻은 이 중에서 제일이라 하셨고, 그러므로 그를 해공제일(解空第一)이라 한다.

그러나 수보리 자신이 ‘내가 무쟁삼매를 얻었다. 나는 욕심의 번뇌가 다했다’ 하는 따위 생각을 하면 부처님이 자기에게 욕심을 여읜 아라한 중에서 제일인이라고 칭찬하시지는 않았을 것이라 하여, 얻은 바가 없어야 참으로 얻는다는 사실을 자신의 경우를 들어 입증하였다. 아란나행은 ‘공’의 원리를 알아 고요한 곳에서 법을 관찰하는 것을 즐기는 수행을 말한다.

이상으로써 낮은 아라한의 경우를 들어 부처님의 경지를 설명해 마쳤다. 다시 말해 이 대목에서 ‘이 법은 잡을 수도 설명할 수도 없다지만 성문의 네 과위만 해도 분명 끊고 얻은 바가 없지 않은데, 부처님인들 어찌 얻은 법이 없으랴?’ 하는 의문을 냈는데, 이에 대해 ‘부처님과 견주면 턱도 없이 낮은 지위인 성문들도 얻었다는 티가 없거늘 하물며 부처님의 경지이겠는가?’ 하는 말씀으로 답하셨다. 이것이 불신관(佛身觀)으로 볼 때 이 대목을 화신은 취함이 없다는 도리를 풀이하신 것〔釋成化身無取〕이라 한 이유이다.

# 5. 석가부처님도 연등불의 설법을 듣지 않았나?
## 釋迦燃燈取說疑 <sub>結成化身無取</sub>

【과목 해설】 역시 세번째 의문〔第三疑〕 무득무설분(無得無說分第
七)에서 "여래가 말한 법은 모두 붙잡을 수도 없고, 말할 수도 없다"
하신 것에 대하여 "부처님의 법이 붙잡아 얻을 수도 없고 말할 수도
없는 것이라면 석가부처님은 어떻게 91겁(劫) 전에 연등불(燃燈佛)을
만나 설법도 듣고 공양도 하고 발심(發心)도 하여 수기(授記)를 얻었
는가?" 하는 의심이 생기지 않을 수 없다. 그러므로 옛 어른들이 이
대목을, 화신이 얻은 바가 없음을 끝맺음〔結成化身無取〕이라 하여 화
신이 얻으신 바 없고, 화신은 형식으로 만날 수도 없다는 논리를 실
질적으로 결론맺는 대목으로 보았다.


## 莊嚴淨土分 第十 <sub>六. 不離佛出世時住(離第二少聞障)</sub>

佛告須菩提하사대 於意云何오 如來 昔在燃燈佛所하야 於法에
有所得不아 不也니이다 世尊하 如來 在燃燈佛所하사 於法에 實無
所得이시니이다

부처님께서 말씀하셨다.

"수보리야, 네 생각에 어떠하냐? 여래가 옛적에 연등(燃燈)부처님께 얻은 법이 있느냐?"

"아니옵니다. 세존이시여, 여래께서는 연등부처님께 실로 아무런 법도 얻은 바가 없습니다."


【강화】옛날 석가부처님께서 수행자이셨을 때 연등부처님께서 나타나셨는데, 석가부처님은 값진 꽃 다섯 송이를 사서 공양하기도 하고, 길이 질어서 부처님이 다니기가 어려우면 자기 머리카락을 펴서 밟고 건너시게 하였다. 이때 연등부처님은 '네가 앞으로 91겁 뒤에는 부처가 되리니 석가모니라 하리라' 하는 수기(授記)를 주셨다. 수기란 부처님께서 제자들의 수행에 대해 '그대가 언제 부처를 이루리라'는 예언을 하여 지위를 인정하는 선언이다. 이 대목에서는 석가모니 부처님께서 연등불에게 수기를 받았다는 기왕의 사실을 들어 의문을 제기하였다.

이 의문을 풀기 위해 부처님은 먼저 수보리가 생각하는 바를 꼬집어 물어서 그 생각을 뒤집어엎으셨으니, '너는 내가 연등부처님께 법, 즉 수기를 받았다고 생각하느냐?' 하여 예와 같이 받은 바가 없다는 뜻을 강조하셨다.

부처님의 이 뜻을 잘 아는 수보리는 "아니옵니다" 하여, 얻은 바가 없다고 대답하였다. 어째서 얻은 바가 없는가? 분명 연등부처님께 설법도 듣고 깨친 바도 있어 수기까지 받았는데……. 그 이유는 극히 간단하다. 연등부처님이 말씀하신 것은 음성뿐이며, 석가보살이 들은 것도 음성일 뿐이다. 음성은 실체가 없는 것이며, 거짓된 것일 뿐 진실은 아니다. 부처님이 오늘의 부처가 되신 것은 진실을 얻었기 때문이니, 진실은 얻고 못 얻는 차이가 있을 수 없다. 오직 아무것도 얻는 바 없는 경지에 이르러야 진실한 얻음이 되는 것이다. 그렇거늘 석가가 연등에게 얻은 바가 있으리라는 생각을 하다니 잘못또 잘못이로다.

따라서 위 대목에서는 성문의 경우를 예로 들었고, 이 대목에서는 부처님의 인행(因行)을 예로 들었고, 다음 대목에서는 보살의 경우를 예로 들어 3신(三身)은 취할 수 없는 것임을 밝히고 있다.

또 이 대목과 12번째 의문〔第十二疑〕 구경무아분(究竟無我分第十七)에서는 질문도 같고 대답도 같으나 이 대목의 대답은 부처님께서 얻으신 바가 없다는 뜻이고, 12번째 의문의 대답은 얻은 바가 없기 때문에 얻었다는 뜻임을 유념해야 한다.

# 6. 보살들이 불국토를 장엄하는 것은 얻음이 아닌가?

嚴土違於不取疑　正明報身無取; 依報

【과목 해설】 역시 세번째 의문[第三疑] 무득무설분(無得無說分第七)에서 "여래께서 말씀하신 법은 모두 붙잡을 수도 없고, 말할 수도 없다" 하셨는데, 이에 대하여 "성문들이 과위에 오른 것, 부처님이 수기를 받으신 것들은 모두 얻은 바가 없음으로써 참으로 얻은 것이다. 그렇다는 것은 알았으나, 무수한 보살들이 태어나서 6바라밀을 비롯한 만행(萬行)을 두루 닦아서 국토(國土)를 장엄한 일은 어찌하겠는가? 그것이야말로 얻음이라 할 수 있지 않겠는가?" 하는 의문을 낸다.

여기서 국토란 세간(世間; 세상)이란 뜻인데, 세간에는 대체로 세 가지가 있다. 첫째는 단순히 국토를 말하는 기세간(器世間)인데, 이를 의보(依報)라 한다. 둘째는 깨닫지 못한 중생들의 세계인 중생세간(衆生世間)이고, 셋째는 깨달으신 성인들의 세계인 지정각세간(智正覺世間)인데, 뒤의 두 가지를 묶어서 정보(正報)라 한다.

장엄이란 국토를 미화하는 일뿐만 아니라 중생세간을 교화하여 아름다운 지정각세간으로 바꾸어 나가는 일을 말하는데, 후자가 진정한 장엄이 된다. 그러므로 여기서부터는 보신을 얻을 수 없음[報身無取]을 설명하되, 그 중 첫단계인 이 대목에서는 보신의 의보를 얻을 수 없음을 밝혔다〔正明報身依報無取〕.





須菩提야 於意云何오 菩薩이 莊嚴佛土不아 不也니이다 世尊하
何以故오 莊嚴佛土者는 卽非莊嚴일새 是名莊嚴이니이다 是故로 須
菩提야 諸菩薩摩訶薩이 應如是生淸淨心이니 不應住色生心하며
不應住聲香味觸法生心이요 應無所住하야 而生其心이니라.


"수보리야, 네 생각에 어떠하냐? 보살들이 불국토(佛國土)
를 장엄하느냐?"

"그렇지 않습니다. 세존이시여, 무슨 까닭인가 하오면, 불
국토를 장엄하는 것은 장엄이 아니므로 장엄이라 이름하기
때문입니다."

"그러므로 수보리야, 보살마하살은 꼭 이렇게 청정한 마
음을 내야 한다. 색(色)에 머물러서 마음을 내지도 말고, 성
(聲)·향(香)·미(味)·촉(觸)·법(法)에 머물러서 마음을 내
지도 말아야 하나니, 아무데도 머무는 데 없이 마음을 내야
하느니라."


【강화】 이 물음에 답하기 위하여 "보살들이 불국토를 장엄하느냐?"
하셨으니, 실은 장엄한 바가 없음을 강조하시기 위한 복선이다. "불
국토"는 한 부처님이 교화하실 국토라는 뜻으로서, 하나의 삼천대천
세계를 말한다. "장엄"은 아름답게 단장한다는 뜻인데, 형상장엄(形

相莊嚴)과 제일의상장엄(第一義相莊嚴) 두 가지가 있다. 형상장엄은 단순한 국토 미화를 말하고, 제일의상장엄은 정신세계를 승화시키는 것, 즉 참된 법을 추구하여 수행에 힘쓰는 것을 뜻한다. 《십지론(十地論)》에서는 세 종류의 청정한 장엄을 이야기했다. 첫째는 칠보(七寶) 등으로 외형을 장엄하는 상정(相淨), 둘째는 선량한 중생들이 가득한 주처정(住處淨), 셋째는 바른 법이 잘 유통되는 법문유포정(法門流布淨)이다. 이 세 가지 중 첫째는 형상장엄에, 둘째와 셋째는 제일의상장엄에 해당하는데, 여기서 권장하는 장엄은 제일의상장엄이다.

부처님의 이런 뜻을 알아차린 수보리는 얼른 "그렇지 않습니다" 하고, 이어 그 이유를 해명하기 위하여 "무슨 까닭인가 하오면" 하였으니, 다시 말하면 무슨 까닭으로 보살이 불국토를 장엄했다 할 것이 없다고 했느냐는 뜻이다. "장엄이 아니므로"는 형상장엄이 아니기 때문이라는 뜻이며, "장엄이라 이름하기 때문입니다"는 제일의상장엄이어야 장엄이라 할 수 있다는 뜻이다. 이와 같이 진정한 장엄일수록 생각이나 말로 헤아릴 바가 아니다. 그런데 보살이 어찌 자기가 불국토를 장엄한다는 생각을 하랴. 장엄한 것도 없고 장엄했다는 생각도 없는 것이 바로 제일의상장엄이다. 그러므로 이 대목의 의문은 정당하지 못하다.

수보리의 이런 대답은 물론 부처님의 뜻에 계합되었다. 그러므로 아무런 수정 없이 참 장엄의 실제 방법을 보여 주셨으니, "아무데도 머무는 데 없이 마음을 내야 한다"고 하셨다. 색·성 등 6진(塵)의 어디에도 마음이 머물지 않아야 하되, 전혀 마음이 없는 목석이 되라는 것이 아니라 참마음, 즉 진실하고 바른 지혜만은 간직하여 살려내라는 것이다.

　“아무데도 머무는 데 없이 마음을 내라(應無所住而生其心)” 한 이 구절은 널리 알려진 대목이다. 어디에도 집착되지 말고 모든 사물에 자유로이 적응하란 말씀이다. 마치 맑은 거울에 아무런 그림자도 남아 있지 않되 모든 물상이 나타나는 즉시 정확하게 비치듯이. 그럴 때 거울이 어찌 ‘내가 여러 가지를 비치노라’ 하는 생각을 하랴! 비친다는 생각 없이 무엇이나 다 비치는 것, 이것이 진짜 거울이듯 불국토를 장엄한다는 생각 없이 장엄한다는 것, 이것이 참장엄이 아니겠는가?

　옛날 육조 혜능(惠能) 선사는 속인의 몸으로 계실 때 시장에 땔나무를 팔러 갔다가 옆집 서재에서 어떤 사람이 이 대목 읽는 소리를 듣고 마음이 열렸다 하니, 그것이 곧 ‘머무는 데 없이 마음을 낸 것’이리라. 망설이면 벌써 머묾이요, 티다.

# 7. 보신을 이루신 것도 얻음이 아닌가?
## 受得報身有取疑  正明報身無取; 正報

【과목 해설】 역시 세번째 의문〔第三疑〕 무득무설분(無得無說分第七)
에서 "여래께서 말씀하신 법은 모두 붙잡을 수도 없고, 말할 수도 없
다" 하신 것에 대하여 이런 의문을 내기에 이르렀다. "화신(化身) 부
처님은 중생들의 편의에 따라 나투시고 방편으로 말씀하셨기 때문
에 잡을 수도 없고 말할 수도 없다는 것은 이미 5번째 의문〔第五疑〕
장엄정토분(莊嚴淨土分第十) 첫머리까지의 풀이로 알았다. 그러나
보신(報身) 부처님은 화신과는 달리 만덕장엄(萬德莊嚴)의 몸을 받아
자수용신(自受用身)으로 자수용토(自受用土)에 계시거나, 타수용신
(他受用身)으로 10지(地) 이상에 오른 보살들을 위해 나타나신다. 그
러니 보신 부처님은 얻은 바가 있다고 해야 되지 않을까?"라고.

　여기에서 잠시 보신과 화신에 관해 좀더 자세히 풀이해 두어야 되
겠다. 불교에서 부처님을 말할 때는 의례 법신(法身) · 보신(報身) ·
화신(化身)의 3신(身)을 말한다. 법신은 진리의 본체에다 붙인 이름
인데, 명호는 비로차나(毘盧遮那)이시고 계시는 국토는 법성토(法性
土) 또는 상적광토(常寂光土)이다. 보신은 과거 자신이 수행한 공덕
의 결과를 다 받아 누리시는 몸이란 뜻이니, 우리 같은 중생은 알아
뵙지 못한다. 그 명호는 노사나(盧舍那)이시고, 그 몸에는 자수용신

(自受用身)과 타수용신(他受用身)이 있다. 자수용신(自受用身)이란 스스로가 얻은 결과[報]를 혼자서 누리기 위해 자수용토(自受用土)에 머무는 부처님이시니 법신과 비슷하다. 타수용신은 초지(初地) 이상의 보살들을 위하여 타수용토(他受用土)에 머무는 부처님이시다. 여기서 말하는 보신은 자·타수용신 모두를 뜻한다. 다음 화신은 중생들을 교화하기 위하여 우리가 보고 느낄 수 있도록 우리와 똑같은 몸으로 분장[化]해 나타나신 몸이다. 키는 장육(丈六)이며, 모습은 32상 80종호이며, 팔상성도의 과정을 겪어 10력(力), 4무소외(無所畏), 18불공법(不共法)을 갖추신 분이시다. 그의 이름은 석가모니(釋迦牟尼)이시고, 그의 국토는 반드시 사바세계(娑婆世界), 즉 예토(穢土)이다.

그러나 이 세 부처님은 그 개체가 따로따로 있는 것이 아니다. 3신이 일체이거늘 다만 세 측면에서 보았을 뿐이다. 마치 맑은 거울의 본체와 거울의 맑음과 거울의 그림자 세 부분의 관계와도 같다.

그렇거늘 수보리는 부처님이 끝내 무엇인가를 얻은 바가 있을 것이라고 생각하였다. 화신이 얻은 바가 있지 않을까 하였다가 틀렸다는 것이 입증되자, 이제 다시 초지 이상의 보살들을 위해 나타나시는 보신은 분명 무엇인가를 얻은 바가 있을 것이라 했다.

이 대목에 관하여 미륵게(彌勒偈) 제31송에서는 다음과 같이 읊었다.

| | |
|---|---|
| 如山王無取 | 아무것도 취하지 않는 수미산같이 |
| 受報亦復然 | 보신을 누리심도 그러하시니 |
| 遠離於諸漏 | 모든 유루와 그리고 유위의 법을 |
| 及有爲法故 | 멀리 여의었기 때문이다.* |

須菩提야 譬如有人이 身如須彌山王하면 於意云何오 是身이 爲
大不아 須菩提言하사대 甚大니이다 世尊하 何以故오 佛說非身이 是
名大身이니이다.


"수보리야, 가령 어떤 사람의 몸이 수미산(須彌山) 같다면
어떻게 생각하느냐? 그 몸이 크지 않겠느냐?"
수보리가 대답하였다.
"엄청나게 크옵니다. 세존이시여, 왜 그런가 하오면 부처
님께서는 몸 아님을 말씀하셨으므로 큰 몸이라 이름하셨기
때문입니다."


【강화】 이 의문에 답하신 경문은 크게 두 토막으로 나뉜다. 첫째
는 묻고 답하여 의문을 끊는 대목〔問答斷疑〕으로서 장엄정토분(莊嚴
淨土分第十) 끝이 이에 해당한다. 둘째는 비교해서 수승함을 드러내
는 대목〔校量顯勝〕으로서 무위복승분(無爲福勝分第十)에서 이상적멸
분(離相寂滅分第十四) 처음까지가 이에 해당한다.
첫째 토막 첫머리에 부처님은 수미산같이 큰 몸매를 가진 사람을
예로 들어서 물으셨다. 수미산(須彌山; Sumeru-parvata)은 묘고(妙高)

---

* 유루법과 유위법을 여읜 것을, 비교할 수 없이 큰 몸을 가진 수미산왕에 비유하
였다. 아무런 집착이 없으면서도 제 역할을 다하는 산처럼 집착없이 큰일을 해내는
사람이라면, 그는 바로 유루법과 유위법을 모두 여의고 완전히 무루인 자타수용토
(自他受用土)에 머무시는 보신불일 수밖에 없다.

라 번역하며, 4대주 복판에 솟은 8만4천 유순의 높은 산이다.(87쪽 참조) 그런데 어떤 사람의 몸이 그와 같다면 실로 엄청나게 큰 사람이리라. 그 사람이란 보신(報身)을 뜻한다. 수미산이 높고 묘한 것처럼 보신은 복과 지혜가 맑고 둥글어서 측량하기 어려우므로 견주어 말씀하셨다.

이 물음에 수보리는 얼른 동의하고, 이어 "왜 그런가 하오면"이라 하여 "엄청나게 크다"고 한 이유가 무엇인지 자기 말뜻을 다시 풀이하려는 것이다. "몸 아님"이라 함은 유루(有漏)의 몸이 아니기 때문이니, 제일의제(第一義諦)의 입장에서 보면 큰 몸이라 할 것이 아니라는 뜻이다. "큰 몸이라 이름하셨기 때문입니다" 함은 무루(無漏)의 몸이기 때문이니, 무루의 몸은 형체도 없고 생멸도 없으나 세속제(世俗諦)로 그렇게 부른다는 뜻이다. 다시 말하면, '부처님께서 큰 몸이라 하신 것은 유루의 몸을 뜻하는 것이 아니라 아무런 인위 조작이 없는 무루의 몸을 세속의 법칙에 따라 크다 하신 줄로 압니다' 하는 뜻이다. 그렇다면 보신은 형태도 작위도 없는 경지에 이르렀을 때 얻어지는 것임을 수보리 스스로가 터득하였다는 내용이다. 이렇게 해서 보신을 이루신 것도 얻음이 아닌가 하는 문답이 일단 끝났다.

그러나 이렇게 거룩한 경지는 너무나 멀고 어려워서 설사 알아보려는 생각을 내었다가도 도중에서 겁을 내어 중지하려는 이도 있을 것이니 그렇다면 법에 큰 손실이다. 그러므로 부처님께서는 그러한 생각을 달래 주어 모처럼 낸 큰 마음을 도중에서 저버리는 일이 없도록, 아무리 위대한 공덕을 갖춘 보신의 경지라도 이 경의 4구게만 받아지니고 외우면 찰나에 깨달을 수 있다는 사실을 강조하시는데, 그것이 둘째 토막 교량현승〔校量顯勝; 無爲福勝分第十一……離相寂滅分第十四初〕이다.

# 無爲福勝分 第十一 九. 遠離隨順外論散亂住(離第五樂隨順外論散亂障)

須菩提야 如恒河中所有沙數하야 如是沙等恒河 於意云何오 是諸恒河沙 寧爲多不아 須菩提言하사대 甚多니이다 世尊하 但諸恒河도 尙多無數은 何況其沙리잇가.


"수보리야, 항하(恒河)에 있는 모래처럼 많은 항하가 있다면, 어떻게 생각하느냐? 이렇게 많은 항하의 모래 수효가 많지 않겠느냐?"

수보리가 대답하였다.

"대단히 많겠나이다. 세존이시여, 그 항하들만 하여도 엄청나게 많겠거든 하물며 그 여러 항하의 모래이겠습니까?"


【강화】이 토막부터는 교량현승(校量顯勝)인데, 속과(屬科)를 일괄 소개하면 다음과 같다.


一. 문답단의(問答斷疑)

二. 교량현승(校量顯勝) 二 ─────────┐

┌─ 一. 외재교량(外財校量; 재물보시) 二 ────────┐

│　┌─ 一. 교량승렬(校量勝劣; 수승함과 열등함을 가려냄) … 無爲福勝分 第十一

│　└─ 二. 석승소이(釋勝所以; 수승한 이유를 풀이함) 五 ──────┐

│　　┌─ 一. 존처탄인승(尊處嘆人勝; 경이 있는 곳과 사람 모두 수승함 … 尊重正教分 第十二

먼저 보신이 얻음이 없다는 것을 믿고 아는 공덕이 얼마나 수승한
가를 설명하기 위해, 항하의 모래같이 많은 세계에 가득한 칠보로
보시한 공덕을 소개하신다. "항하(恒河; Ganga)"는 천당래(天堂來)라
번역하며, 천당에서 직접 흘러나온 강이란 뜻이다. 히말라야 산에서
흘러나와 동으로 흘러 벵골 만(灣)으로 들어가는, 지금의 갠지스 강

이다. 갠지스 강은 세계적으로 손꼽히는 큰 강인데, '이렇게 큰 강에 있는 모래만큼 많은 항하가 있고, 그 강에 모래가 있다면, 그 수효가 많지 않겠느냐?' 하고 이야기는 시작된다. 이 강은 당시 부처님께서 머무시던 기원정사 앞을 흐르고 있었으므로 많은 수효를 표시하는 경우에는 자주 예로 들어졌다. 도대체 이렇게 많은 수효를 들어서 무엇에 쓰려는가. 다음 대목을 살펴보자.


須菩提야 我今實言으로 告汝하노니 若有善男子善女人이 以七寶로 滿爾所恒河沙數三千大千世界하야 以用布施하면 得福이 多不아 須菩提 言하사대 甚多니이다 世尊하.


"수보리야, 내가 지금 참말로 이르노니, 어떤 선남자·선녀인이 그렇게 많은 항하의 모래같이 많은 삼천대천세계에 칠보를 가득히 채워서 보시에 쓴다면 그 복덕이 많지 않겠느냐?"

수보리가 대답하였다.

"매우 많겠나이다. 세존이시여."


【강화】 먼저 수승함과 열등함을 가려내는 대목〔校量勝劣〕으로서, 끝없이 많은 재물을 보시한 것과 4구게를 수지한 공덕 중 어느쪽이 수승한가를 가리는 내용이다. 항하의 모래같이 많은 항하, 그 많은 항하의 모래같이 많은 삼천대천세계, 실로 놀랄 만한 공간이다. 이런 공간에다 값진 칠보(七寶)를 가득히 채워 놓고 그것이 다하도록 보시를 한다니, 그 공덕이 의당 많을 것이다. 그러므로 수보리도 "매우

많겠나이다" 하였는데, 부처님의 저의는 여기에만 있는 것이 아님을 알아야 한다. 그러면 부처님이 이렇게 많은 세계, 많은 칠보, 많은 보시를 말씀하신 뜻이 무엇인가? 다음 문장을 보면 알 것이다.


佛告 須菩提하사대 若善男子善女人이 於此經中에 乃至受持
四句偈等하야 爲他人說하면 而此福德이 勝前福德하리라.


부처님께서 수보리에게 말씀하셨다.
"만일 어떤 선남자·선녀인이 이 경에서 4구게(四句偈)만이라도 받아지니고 다른 사람에게 설명해 주면, 그 복덕은 앞에서 칠보로 보시한 복덕보다 더 수승(殊勝)하니라."


【강화】 보시를 지극히 많이 한 것보다 경에서 지극히 짧은 4구게(四句偈)만 읽어도 그 공덕이 더 낫다 하니, 그 이유는 무엇인가? 보시는 유루(有漏)의 복을 이루거니와 경을 지니면 지혜를 이루기 때문이다. 그러므로 이 경을 부처님의 어머니〔佛母〕라 하며, 이 경이 있는 곳을 부처님이 계신 탑이나 절이라 한다. 이상으로 외재(外財; 몸 밖의 재물)의 보시를 아무리 많이 해도 성불의 씨앗이 되는 이 경에서 심지어 4구게(四句偈)만이라도 받아지닌 공덕에 미치지 못한다고 단정하셨다. 그 까닭이 무엇일까?

# 尊重正敎分 第十二

復次 須菩提야 隨說是經하대 乃至四句偈等하면 當知此處는 一切世間天人阿修羅 皆應供養을 如佛塔廟어든 何況有人이 盡能受持讀誦이야따녀 須菩提야 當知是人은 成就最上第一希有之法이니 若是經典所在之處는 即爲有佛과 若尊重弟子니라.


“또 수보리야, 어디서나 이 경을 4구게만 설명하더라도 온 세계의 하늘 무리나 세상 사람들이나 아수라(阿修羅)들이 그 곳을 모두가 부처님의 탑과 같이 공경할 것이거늘, 하물며 어떤 사람이 끝까지 다 지녀 읽거나 외울 때이겠는가. 수보리야, 이 사람은 가장 높고 제일이고 희유(希有)한 법을 성취하게 되리니, 이 경이 있는 곳은 부처님이나 혹은 거룩한 제자님들이 계신 곳이 되느니라.”


【강화】 둘째 토막은 수승한 까닭을 풀이하는 대목〔釋勝所以〕으로서, 짧게라도 경을 지닌 공덕이 더 수승한 까닭을 설명한다. 이를 다시 다섯 가닥으로 나누어 풀이하니, 첫째 가닥은 이 경이 있는 곳, 그 자체가 소중하기 때문이라는 것〔尊處嘆人勝〕이다. 그 이유가 무엇인가? 이 경은 부처님을 내는 근원이기 때문이다. 그러므로 이 경은 인간뿐 아니라 하늘이나 아수라들까지도 지극한 공경의 대상으로 삼는다는 것이다.

'하늘 무리가 공경한다' 하였는데, 도리천(忉利天; Trayastrimsa)의 왕인 제석(帝釋; Sakrodevendra)이 항상 《반야경》을 좋아하여 하늘 무리들을 자기 궁궐인 선법당(善法堂)에 모아 놓고 강설해 주는데, 간혹 어디를 가서 참석치 못하면 하늘 무리들은 왔다가 빈 자리에 놓인 경에 절만 하고 간다고 한다.

'아수라(阿修羅; Asura)들이 이 경을 공경한다' 하였는데, 아수라(阿修羅)는 비천(非天) 또는 무단정(無端正)이라 번역한다. 하늘 무리 같은데 실은 아니며, 또는 단정한 품위가 없다는 뜻이다. 이들은 제석천왕과 함께 도리천에 사는데, 복은 하늘 무리와 같으나 못생겼기 때문에, 싸움을 좋아하기 때문에 붙여진 이름이다. 그들에게는 예쁜 여자는 있으나 좋은 음식이 좀 부족하고, 하늘 무리에게는 좋은 음식은 있으나 예쁜 여자가 부족하다. 그러므로 이 두 세계에는 항상 싸움이 끝나지 않는다. 즉 하늘 무리는 여자를, 아수라는 음식을 탐내어 치열한 싸움이 계속된다. 요즘도 싸움이 치열한 것을 아수라장이라 하지 않는가. 그런데 이 옹추(雍齒) 사이에도 《반야경》을 듣고 공경하는 점에서는 동일하다는 것이다. 그저 막연히 공경하는 것이 아니라 부처님이 계신 탑이나 묘당(廟堂; 절)같이 여긴다는 것이라. 다시 말해 부처님같이 여기는 것이다. 탑은 원문의 탑묘를 줄인 말인데, 정확하게 말하면 탑과 묘당이 된다. 탑이란 부처님이나 스님네가 살거나 경을 모셔두기 위한 큰 묘당인데 그 꼭대기에 요즘 탑과 같은 장엄구가 붙어 있으므로 탑이라 했으니, 요즘 우리들이 보는 탑과는 개념이 좀 다르다. 우리 풍속에 묘당(廟堂)이란 성현의 용모, 즉 형상을 모신 방이니 사당이나 법당 같은 곳이다. 어쨌든 모두가 공경의 대상인데, 이 경에서 4구게만 읽어도 그 자리는 그대로가 부처님이 계신 탑 같은 공경을 받는다.

그 이유는 무엇인가? '가장 높아서' 따를 이가 없고, '제일이어서' 모든 법보다 뛰어나고, '희유하여서' 퍽 드문 법을 성취하고, 한걸음

더 나아가 부처님께로 가까워지는 법이기 때문이다. 그러한 경전이
놓인 곳이면 부처님의 탑묘와 같이 존경받아 마땅하지 않은가? 이
러한 경이므로 4구게만 읽어도 유루의 복이나 이루는 보시 따위로
는 비교도 되지 않는다.


## 如法受持分 第十三


爾時에 須菩提  白佛言하사대 世尊하 當何名此經이며 我等이 云
何奉持하리까 佛告  須菩提하사대 是經은 名爲金剛般若波羅蜜이
니 以是名字로 汝當奉持하라 所以者何오 須菩提야 佛說般若波
羅蜜이 卽非般若波羅蜜이니라.


그때 수보리가 부처님께 사뢰었다.
"세존이시여, 이 경의 이름을 무엇이라 하오며, 우리들이
어떻게 받들어 지니오리까?"
부처님께서 대답하셨다.
"이 경의 이름은 금강반야바라밀이니 이 이름으로 너희들
은 받들어 지니라. 그 까닭이 무엇이겠느냐. 수보리야, 부
처가 반야바라밀이라 말한 것은 곧 반야바라밀이 아니기 때
문이니라."


【강화】 짧은 4구게만 지녀도 그리 많은 보시를 한 공덕보다 훌륭
한 이유를 다섯 가닥으로 풀이하는 중에 둘째 가닥은, 이 경의 제목
자체가 뛰어나기〔約義辨名勝〕 때문이라는 것이다. 이름은 그 내용을

표현한다. 그러므로 내용이 훌륭하다면 이름도 훌륭할 것이다. 어떻게 훌륭한가. "금강"이 쇠 가운데서 가장 굳어 다른 모든 것을 부술 수는 있으나 다른 무엇에게도 부수어지지 않는 특징을 가지듯, 이 경은 번뇌의 어리석음에 대하여 가장 견고하여 번뇌의 견고함을 부수고, 가장 밝아서 번뇌의 어둠을 물리치고, 가장 날카로워서 번뇌의 넝쿨을 제거한다. 그러므로 가장 수승하다.

"반야(般若)"는 지혜라 번역한다. 이 지혜는 우리들이 생각할 수 있는 일반적인 지혜가 아니라 모든 지식과 관념을 초월한 지혜다. 어리석음에 상대되는 지혜를 분별지(分別智)라 하는데, 이 반야는 무분별지(無分別智)를 뜻한다. 이 무분별의 반야지혜를 드러내 주기 위해 말씀하신 것이 이 경이다.

"바라밀다"는 도피안(到彼岸)이라 번역하는데, 저 언덕에 이른다는 뜻이다. 나고 죽는 생사의 번뇌가 우글거리는 우리의 현실을 이 언덕이라 한다면, 모든 번뇌가 아주 사라진 열반의 세계를 저 언덕이라 한다.

이상을 다시 정돈하면 '금강같이 굳은 무분별의 지혜로 무명의 어리석음을 끊고 열반의 저 언덕에 건너갈 수 있는 법을 말씀하신 경'이라는 뜻이다.

"그 까닭이 무엇이겠느냐" 함은 경의 제목을 이렇게 붙인 의도가 무엇인가 하는 뜻이다. 부처님은 평소에 모든 법이 공(空)하다고 말씀하셨는데 이제는 어찌하여 경의 이름까지 일러 주시고, 또 "이 이름으로 받들어 지니라" 하셨는가 하는 의문이 있을 것에 대비한 말씀이다. 그 이유를 "반야……는 곧 반야……가 아니기 때문이라" 하셨으니, "수보리야, 부처가 반야바라밀이라 말한 것……"은 당신이 방금 반야바라밀다경으로 받아지니라 하신 그 말씀을 되짚은 것이고, "반야바라밀이 아니라" 함은 제일의제의 이름이 아니란 뜻이다.
다시 말하면 너희들이 받아지니기 편하도록 이름이 없는 곳에 구태
여 이름을 붙였을 뿐이란 말이다. 이름을 붙일 수 없는 곳, 이것이 바
로 반야지의 경지이다. 모든 중생을 이 경지로 이끄는 경이기에 잠
깐만 읽어도 그 공덕이 크다는 말이다.


須菩提<sub>야</sub> 於意云何<sub>오</sub> 如來  有所說法不<sub>아</sub> 須菩提  白佛言<sub>하사</sub>
대 世尊<sub>하</sub> 如來  無所說<sub>이니이다.</sub>


"수보리야, 네 생각에 어떠하냐? 여래가 법을 말한 것이
있느냐?"
수보리가 대답하였다.
"세존이시여, 여래께서는 법을 말씀하신 바가 없습니다."


【강화】 이 경의 4구게만 지녀도 훌륭한 공덕이 된다고 풀이하는
중에 셋째 가닥은, 부처님은 다른 말씀이 없으셔서 수승하기 때문
〔佛無異說勝〕이라는 것이다. "다른 말씀이 없다" 함은, 마치 빈 골짜
기에 바람이 스치듯, 오직 증득하신 그대로 설하셨기〔如證而說〕 때문
에 그 말씀을 믿으면 누구나가 성불할 수 있으므로 수승하다는 것이
다. 그러니 어찌 말씀하신 바를 믿지 않겠는가? 그래서 수보리는 "말
씀하신 바가 없습니다" 하여, 진실 그대로일 뿐 달리 말씀하신 바가
없다고 하였다. 위에서 경의 제목을 금강반야바라밀이라 하시고는 이
름만 반야바라밀이지 실제로 반야바라밀이라고 이름할 것이 없다고
하셨는데, 여기서는 말씀하신 내용까지도 없다고 하시니 무슨 까닭

일까? 말씀하신 내용이 '공' 그대로인 진리뿐이기 때문이다. 그러나 다만 세속의 법에 따라서 설명하자니 설법이 이루어졌을 뿐이거늘 그 말씀의 자취만을 따라 말씀하신 바가 있다고 하면 벌써 진리와는 멀어진다. 그러므로 '말씀하신 바 없음'이 가장 수승한 말씀이자 공덕이라는 것이다.

十. 色及衆生身搏取中觀破相應行住(離第六破影像中無巧便障)

須菩提야 於意云何오 三千大千世界 所有微塵이 是爲多不아 須菩提言하사대 甚多니이다 世尊하 須菩提야 諸微塵을 如來 說非微塵일새 是名微塵이며 如來 說世界가 非世界일새 是名世界니라.

"수보리야, 네 생각에 어떠하냐? 삼천대천세계에 있는 티끌이 많지 않겠느냐?"
수보리가 대답하였다.
"엄청나게 많습니다. 세존이시여."
"수보리야, 여래가 말한 티끌은 티끌이 아니므로 티끌이라 하며, 여래가 말한 세계는 세계가 아니므로 세계라 이름하느니라."

【강화】 다음으로 이 경의 4구게만 읽어도 항하사 수효의 세계에 가득한 칠보를 보시한 것보다 더 많은 공덕을 얻는 이유를 풀이한 중 넷째 가닥은, 재물 보시는 티끌만도 못하기 때문〔施福劣塵勝〕이라 하셨다. 무슨 말인가 하면, 티끌은 무기(無記)여서 선도 악도 아니

지만 재물 보시는 번뇌의 원인이기 때문이다. 재물을 벌기 위해 한 생, 재물을 쓰기 위해 한 생, 재물이 없어진 뒤에 가난하게 살기에 한 생, 도합 세 생에 걸쳐 번뇌를 일으킨다. 그래서 '재물 보시는 3생의 원수'라는 말이 있다. 세친(世親)의 《반야론》은 이 대목에서 "재물을 보시해서 얻는 복덕은 번뇌의 원인이 되나, 땅의 먼지는 무기여서 번뇌의 인이 되지는 않는다[宝施福德煩惱因  地塵無記非煩惱]"라고 했다. 그러나 이 경은 진리에 눈을 뜨게 하는 공덕이 있으니 4구게만 외워도 공덕이 크다는 말씀을 어찌 감히 믿지 않겠는가? 그러므로 무착(無着)은 이 대목을, 그림자 같은 현실을 분석할 때 선교방편이 없는 허물[破影像中無巧方便障]을 여의고 세계와 중생이라는 실체를 바르게 관찰하여 법에 상응하는 행에 머무는 지위라고 보았으니, 비교하면 이해가 될 수 있는 말씀이다.

 "여래가 말한 티끌은 티끌이 아니므로"와 "여래가 말한 세계는 세계가 아니므로"는 세계를 가루낸 티끌과 티끌로 이루어진 결과물인 세계 모두가 제일의제(第一義諦)에서 보면 없는 것이나, 세속의 말로 표현하자니 세계와 티끌이라 한다는 통상적인 불적(拂跡)의 논리이다. 이 세계와 티끌과의 관계는 뒤 일합이상분(一合理相分第三十)에서 다시 거론하고 있지만, 여기서는 단순히 위에서 비유로 들었던 항하의 모래를 고정불변의 것이라 여길까봐 자취를 털어 버리신 것이다. 그런데 여기 네번째 가닥의 과목 이름[科名]을 '보시한 복이 티끌보다 열등하다'고 붙인 이유는 무엇일까? 위에서 의미상으로 재물 보시는 번뇌를 부르고 티끌은 그런 일이 없으므로 재물 보시가 티끌보다 열등하다 했는데, 이제 '실제로 수승한 티끌이 있으리라'고 집착할까봐 털어 버리신 것이다. 이런 논리로 이 경을 믿고 지니면 반드시 보신(報身) 부처님을 뵈올 수 있으니 수승하지 않겠는가?

須菩提야 於意云何오 可以三十二相으로 見如來不아 不也니이다
世尊하 不可以三十二相으로 得見如來니 何以故오 如來 說三十
二相이 卽是非相일새 是名三十二相이니이다.


"수보리야, 네 생각에 어떠하냐? 32상(相)으로써 여래를
볼 수 있겠느냐?"

"아니옵니다. 세존이시여, 32상으로는 여래를 보지 못하
리니, 무슨 까닭인가 하오면, 여래께서 말씀하신 32상은 곧
상(相)이 아니므로 32상이라 이름하기 때문입니다."


【강화】 이 대목은 경을 수지하는 공덕이 훌륭한 이유를 풀이하는
중 다섯째 가닥으로서, 과위를 받되 모양다리를 여읨이 수승하기 때
문〔感果離相勝〕이라 하였다.

방금 위에서 '보배를 보시한 복은 번뇌의 씨앗이라' 한 말을 듣고,
혹자는 '보시를 하는 뜻은 부처가 되려는 것이다. 번뇌를 일으키려는
것도 아니요, 또 법신을 구하려는 것도 아니다. 오직 보시의 공덕으
로 32상이 구족한 부처님이 되면 족하다' 한다. 이런 생각을 막기 위
해 부처님은 "32상으로써 여래를 볼 수 있겠느냐?" 하셔서, 진정한
여래는 겉모양을 여의었음을 수보리로 하여금 깨닫게 하시려 했는
데, 과연 수보리는 얼른 알아듣고 "아니옵니다……" 하였다.

"무슨 까닭인가 하오면"은 어째서 32상으로는 여래를 보지 못하
는가를 해명하려는 뜻이다. "여래께서 말씀하신 32상은 곧 상이 아

니므로……"는 32상은 제일의제에서 보면 본래 없는 것이거늘 그저 세속제에 따라 32상이라 하셨다는 뜻이다. 이 경을 지니면 지혜의 눈이 열려 진정한 부처의 과위를 받거니와, 겉모양만 따르는 보시로는 겉모양만 있는 화신의 그림자인 32상만을 얻으리니 전륜성왕의 그것과 무엇이 다르겠느냐는 것이다.

이상으로써 이 경을 지니는 공덕이 수승한 이유를 다섯 단계로 교량해 마쳤다. 간단한 내용을 그토록 곱씹어서 반복하신 까닭이 무엇일까? 미륵게 제20송에서는 다음과 같이 읊었다.

| | |
|---|---|
| 說多義差別 | 여러 각도로 차별된 이치를 설함은 |
| 亦成勝校量 | 역시 무엇이 훌륭한지 교량키 위함이니 |
| 後福過於前 | 뒤의 복이 앞의 것보다 지나기에 |
| 故重說勝喩 | 겹겹이 수승한 비유를 들었다. |

十二. 遠離利養及疲乏熱惱故不起精進及退失住(離第八樂味懈怠利養障)

須菩提야 若有善男子善女人이 以恒河沙等身命으로 布施하고 若復有人이 於此經中에 乃至受持四句偈等하야 爲他人說하면 其福이 甚多니라.

"수보리야, 어떤 선남자나 선녀인은 항하의 모래같이 많은 목숨을 보시하고, 또 다른 어떤 사람은 이 경에서 한 4구게만이라도 받아지니고 다른 사람에게 말해 준다면 그 복이 (저 복보다) 더 많으니라."

【강화】 이상으로써 이 경의 4구게만 지녀도 세계에 가득한 칠보를 보시한 공덕보다 낫다는 이유를 다섯 가닥으로 말했는데, 한마디로 물질 보시는 유루의 복만을 이루기 때문이라 하였다. 이에 다시 생각하기를 '물질 보시가 유루의 복을 이루는 이유는 몸 밖의 재물을 보시했기 때문이리라. 만일 몸을 보시한다면 그렇지는 않을 것이 아닌가?' 하게 된다. 이렇듯 재물로 보시하는 것을 외재시(外財施)라 하고, 몸으로 보시하는 것을 내재시(內財施)라 하는데, 지금부터는 내재시와의 비교이다.

그러나 항하사 수효의 몸으로 보시하여도 이 경의 4구게만이라도 읽는 것만 못하다 하였으니, 그 이유는 몸을 보시하는 것도 무루의 지혜를 얻는 길이 아니기 때문이다.

이것으로 미루어 보건대, 무루의 지혜를 얻는 방법이 아니면 아무리 좋은 일을 하여도 최상의 공덕은 되지 못한다는 것을 알겠다. 이 세상에 어려운 일이 있다면 자기 목숨을 흔연히 내놓아 보시하는 것보다 더할 것이 어디에 있으랴? 그것도 한 몸, 두 몸이 아니라 항하사 수효같이 많은 목숨이라니 말이다. 그 많은 목숨 보시가 한 4구게에도 미치지 못한다니 경 전부를 독송한 공덕이야 말해서 무엇하랴. 그러므로 내재시도 4구게를 지니는 것만 못하다고 총론을 내리셨다.


## 離相寂滅分 第十四


爾時에 須菩提 聞說是經하시고 深解義趣하사 涕淚悲泣하고 而白佛言하사대 希有世尊하 佛說如是甚深經典은 我從昔來 所得慧眼으로 未曾得聞如是之經이니이다.

그때 수보리가 이 경 말씀하시는 것을 듣자, 그 뜻을 잘 알고는 눈물을 흘리면서 부처님께 사뢰었다.

"희유하시옵니다. 세존이시여, 부처님께서 이렇게 뜻깊은 경전 말씀하시는 것을 제가 지혜의 눈〔慧眼〕을 뜬 이후로 아직까지 듣지 못했습니다."


【강화】 항하의 모래알같이 많은 몸으로 보시하더라도 이 경의 4구게만 외운 공덕에 미치지 못하는 이유를 다섯 가닥으로 설명하신다. 그 첫째는 수보리 같은 성자도 처음 듣는 일이라고 울며 찬탄하였기에 수승하다는 것〔泣嘆未聞深法勝〕이다. 수보리는 '공' 의 이치를 잘 알기로 손꼽히는 큰 아라한이다. 그러한 그도 이렇게 심오한 말씀은 처음 듣는다면서 눈물을 흘렸거늘 캄캄한 우리들이 어찌 숙연치 않으랴?

"지혜의 눈"에 대해서는 일체동관분(一体同觀分第十八)에서 다시 말하겠거니와 '공' 의 진리를 보는 눈으로서, 성자들이 가진 다섯 가지 눈〔五眼〕의 하나이다. 5안 중 첫째, 육안(肉眼)은 막힌 곳까지만 보는 우리들의 보통 눈이요, 둘째, 천안(天眼)은 아무리 먼 곳에 있는 것이라도 막힘없이 보고, 셋째, 혜안(慧眼)은 '공' 의 이치를 막힘없이 보고, 넷째, 법안(法眼)은 세속제의 법을 두루 보고, 다섯째, 불안(佛眼)은 모든 사물의 차별을 평등하게 보는 눈이다.

이러한 혜안을 얻은 수보리도 이 경의 공덕이 이토록 거룩하다는 것을 처음 알았다 하였으니, 우리들이 이 경을 바로 안다는 것은 퍽이나 어려운 일임을 알 수 있다.

世尊<sub>하</sub> 若復有人<sub>이</sub> 得聞是經<sub>하고</sub> 信心淸淨<sub>하면</sub> 卽生實相<sub>하리니</sub> 當知是人<sub>은</sub> 成就第一希有功德<sub>이니이다</sub> 世尊<sub>하</sub> 是實相者<sub>는</sub> 卽是非相<sub>이니</sub> 是故<sub>로</sub> 如來說名實相<sub>이니이다.</sub>

"세존이시여, 만일 어떤 사람이 이 경을 듣고 믿음이 깨끗해지면 실상(實相)을 깨달으리니, 이 사람은 제일 희유한 공덕을 성취한 사람인 줄 알겠나이다. 세존이시여, 이 실상은 상(相)이 아니므로 여래께서 실상이라 말씀하시나이다."

【강화】 몸 보시보다 4구게를 읽은 공덕이 더 큰 이유를 풀이하는 중에 둘째 가닥은, 마음이 청정하면 실상에 계합하여 덕을 갖추므로 수승하다는 것〔心淨契實具德勝〕이다. 이 경의 공덕이 엄청나게 많다는 것을 이제야 안 수보리는 다시 다른 사람의 예를 들어, '이 경을 듣고 믿음이 깨끗해진 이는 제일 희유한 공덕을 이룹니다' 하면서 경의 위대함을 설명하였다. 다시 말해 이 경은 실상을 깨달아 제일 희유한 공덕을 이루게 하는 공덕이 있어 다른 어떤 공덕보다 수승하다는 것이다.

"믿음이 깨끗해진다" 함은 이 경의 이치, 즉 '공'의 이치를 의심없이 믿고 나머지 여러 가지 다른 법에는 마음을 빼앗기지 않는다는 뜻이며, "실상"이라 함은 진리의 참모습, 즉 보신의 참모습이다.

이와 같이 실상을 깨달아 알려면 이 경을 바로 알면 족하다. 실상을 알면 화신뿐 아니라, 보신도 얻은 바 없는 것임을 저절로 알게 된다. 어찌 구태여 보신은 얻은 바가 있으리라고 의심을 하겠는가?

그러나 실상을 깨닫는다 해서 실상이 따로 있는 것은 아니다. 진실한 모습〔實相〕은 모습이 없다. 모습이 없지만 세속제에 따르기 때문에 이름만이 실상이라 한다는 것이다. 그러므로 수보리가 "세존이시여, 이 실상은 상이 아니므로……"라 했으니, 실상은 일반 유위법의 형상과는 다르다는 뜻이며, "실상이라 말씀하신다" 함은 세속제에 따라 실상이라 이름했을 뿐이란 뜻이다.


世尊하 我今得聞如是經典하옵고 信解受持는 不足爲難이어니와 若當來世後五百歲에 其有衆生이 得聞是經하고 信解受持하면 是人은 則爲第一希有니 何以故오 此人은 無我相하며 無人相하며 無衆生相하며 無壽者相이니 所以者何오 我相이 卽是非相이며 人相衆生相壽者相이 卽是非相이니 何以故오 離一切相이 卽名諸佛이니이다 佛告須菩提하사대 如是如是하니라.


"세존이시여, 제가 지금 이 경을 듣고 그대로 믿어 받아지니기는 어렵지 않으나 만일 다음 세상 마지막 5백 세[後五百歲]에 어떤 중생이 이 경을 듣고 그대로 믿어 받아지닌다면, 이 사람이야말로 제일 희유할 것입니다. 무슨 까닭인가 하오면, 이 사람은 아상·인상·중생상·수자상이 전혀 없기 때문입니다. 어째서 그런가 하면 아상은 상(相)이 아니며, 인상·중생상·수자상도 상이 아니기 때문입니다. 그 까닭을 말하오면 온갖 상을 여읜 이를 부처라 하기 때문입니다."
　부처님께서 수보리에게 말씀하셨다.
　"그러하니라. 그러하니라."


【강화】 항하사 수효의 몸을 바쳐 보시하여도 이 경의 한 4구게를

읽은 것만 못하다고 한 셋째 이유는, 이 경이 3공(空)을 얻게 하여 부처님과 같아지게 하기 때문에 수승하다는 것〔信解三空同佛勝〕이다. 그러므로 이 경은 믿기가 어렵다. 부처님 당시도 그렇거니와 부처님께서 열반에 드신 뒤 나중 5백 세에 태어난 우리들은 더구나 어렵다. 그런데 그들이 만일 의심없이 믿었다면 아공(我空)·법공(法空)·구공(俱空)을 얻어 부처님의 경지와 같아진다는 것이다.

"무슨 까닭인가 하오면……" 이하는 세 가지 공 가운데 아공(我空)을 풀이한 것이니, 말세에 태어난 이가 설사 이 경을 믿는다 한들 희유하다고까지 할 이유가 무엇인가. 그가 의심없이 이 경을 믿기 때문이며, 의심없이 믿는다는 것은 4상이 없어졌기 때문이며, 4상이 없어졌다는 것은 '나'라는 집착이 없어졌기 때문이다. 이 세상의 온갖 번뇌는 모두 '나'가 있기 때문인데, '나'가 없어졌다면 아무런 번뇌도 없는 제일 희유한 사람이 아닐 수 없다. 이렇듯 '나'가 없다고 깨닫는 것을 아공이라 한다.

"어째서 그런가 하면……" 이하는 법공(法空)을 풀이한 대목이니, 어떻게 해서 아상 등 4상이 없어지는가 하는 이유를 풀이한 것이다. 그 이유는, 4상은 곧 4상이 아니기 때문에 공하지 않을 수 없다는 것이다. 아상 등 4상의 본체는 마음〔心〕과 마음붙이의 법〔心所有法〕인데, 이들 4상이 이미 없어졌으므로 4상에 관한 마음과 마음붙이의 법이 혼자 남을 수는 없다. 다시 말해 아상 등 4상이 없는 것이라고 생각해 아는 관념마저 없어지는데, 이를 법공이라 한다.

"그 까닭을 말하오면……" 이하에서는 구공(俱空)을 설명하셨으니, 무슨 이유로 구공을 얻어야 하는가? 아상 등 4상이 없어진 자리를 아공이라 하고, 4상이 공한 줄 아는 관념마저 없어진 자리를 법공이라 하는데, 이 두 가지를 겸한 구공을 얻은 이를 부처라 하기 때문이다. 위에서 수보리는 3공을 얻는 것이 바로 부처가 되는 곧은길이라고 사뢴 것이다. 이런 형식의 논리를, 결과를 들어 이유를 풀이한다〔擧果釋因〕고 한다. 예컨대 아이들에게 '부지런히 공부해라. 아무개도 우등상을 탔다' 할 때, 이 말 속에는 '공부는 우등생이 되는 필수조건이니 너도 부지런히 공부하라' 는 뜻이 들어 있다. 이렇듯 3공을 얻어 부처님이 되는 길이 여기에 있으므로 수승하다는 것이다.

"그러하니라"는 이상과 같은 수보리의 말이 부처님의 뜻에 부합되므로 동의하시는 말씀이다. 그런데 이 대목은 앞의 정신희유분(正信希有分第六)과 비슷한데, 정신희유분에서는 화신 부처님의 경지를 설명하였고, 이 대목에서는 보신 부처님의 경지를 설명한 것이 다르다.


若復有人이 得聞是經하고 不驚不怖不畏하면 當知是人은 甚爲希有니 何以故오 須菩提야 如來 說第一波羅蜜이 即非第一波羅蜜일새 是名第一波羅蜜이니라.


"만일 어떤 사람이 이 경을 듣고 놀라지 않으며 겁내지 않으며 두려워하지 않으면, 이 사람은 참으로 희유한 사람인 줄을 알지니라. 어째서 그러냐 하면, 수보리야, 여래가 말하는 제일바라밀은 제일바라밀이 아니므로 제일바라밀이라 이름하기 때문이니라."


【강화】 이하는 항하사수의 몸을 보시한 공덕보다 이 경의 한 4구게를 지닌 공덕이 더 훌륭한 넷째 이유로서, 이 경을 듣고 놀라지만 않으면 그는 꼭 희유한 사람이기 때문에 수승하다는 것〔聞時不動希

有勝)이다. 이 경을 듣고 놀라지 않을 만한 선근이 있는 이는 바로 희유한 공덕을 이룬다. 그러므로 한 구절만 외워도 공덕이 수승하다는 것이다. 그러나 그런 이를 보기가 그다지 쉽지 않으므로 이 경이 더욱 수승하다는 것이 반증된다.

"어째서 그러냐 하면……" 이하는 항하사수의 내재(內財)로 보시한 공덕보다 이 경의 한 4구게를 지닌 공덕이 더 훌륭한 다섯째 이유를 밝힌 대목이다. 그것은 큰 원인이며, 청정하여서 제일이기 때문에 수승하다는 것(大因淸淨第一勝)이다. 먼저 "어째서…"는 이 경을 듣고 놀라지 않는 이를 희유한 사람이라 한 이유가 무엇인가 함이다. 이 경은 모든 부처님께서 반드시 의지하여 성불하셨으므로 큰 원인이 되며, 모든 부처님이 똑같이 말씀하셨으므로 청정하며, 모든 법 중에서도 으뜸가는 법이기 때문에 제일이라 하는데, 이 경은 큰 원인과 청정함을 다 갖추었기 때문에 으뜸으로 수승하다는 것이다. 그러므로 미륵게 제25송에서는 다음과 같이 읊었다.

大因及淸淨　　　큰 원인과 청정함은
福中勝福德　　　복 중에도 수승한 복덕이니라.

"제일바라밀"이라 함은 이상과 같은 모든 법문을 뜻한다. "제일바라밀이 아니라" 함은 승의제에는 제일바라밀이랄 것이 없기 때문이며, 다시 "제일바라밀이라 이름한다" 함은 제일바라밀에 집착할까 걱정하셨기 때문에 세속제로 한 말이라 하여 평상시와 같이 털어 버리신 것이다.

이와 같이 이 경은 언어 문자로 이루어진 세속제(世俗諦)로는 도저히 그 본체를 엿볼 수 없는 경지임을 말해 주고 있다. 오로지 바로 믿고 받아지녀 마음이 공해지는 일만 있을 뿐이다. 마음이 진정 공해진 자리에는 아무런 이름이나 자취가 있을 수 없다. 아집도 법집도 3신부처님도 바라밀도 모두 없다. 그러나 세속제에 의해서 본다면 만상(萬像)이 역력하니, 이렇듯 만상이 역력한 현실에 물든 우리들의 집착을 덜어 주시기 위해 성자 수보리는 짐짓 어리석은 체 끝없이 질문을 던지셨던 것이다.

# 8. 이 경을 지녀도 괴로운 과보는 면치 못하는 것 아닌가?
持說未脫苦果疑 **釋成報身無取**

【과목 해설】 위 일곱번째 의문〔第七疑〕 여법수지분(如法受持分第十三) 끝부분에서 "항하사같이 많은 몸을 보시하여도 몸을 괴롭히는 형식적인 고행에 불과하므로 경을 지니는 공덕만 못하다" 하였다. 이에 대해 "그렇다면 이 경을 지니는 것도 보살이 닦는 고행의 일종이니 역시 괴로운 과보를 면치 못할 것이 아닌가. 그러므로 부처님께서도 전생에 보살행을 닦으실 적에 경을 읽기도 하고, 설명도 했지만 가리왕(歌利王)에게 몸을 찢기는 환란을 면치 못했던 것 아닌가. 그런데 어찌 경 지니는 공덕만 훌륭하다고 맹종하라고 하는가?" 하는 의심을 낸다.

무착(無着)은 이 대목을 괴로움을 참아내는 지위〔忍苦住〕라 했다. 고인들의 말씀에 준하여 정리한 내 불신관(佛身觀)으로는, 보신이 얻은 바 없는 논리를 풀이한 것〔釋成報身無取〕이라고 했다.

須菩提야 忍辱波羅蜜을 如來 說非忍辱波羅蜜이니 何以故오
須菩提야 如我 昔爲歌利王에 割截身體할새 我於爾時에 無我相
하며 無人相하며 無衆生相하며 無壽者相일러니라 何以故오 我於往
昔 節節支解時에 若有我相人相衆生相壽者相이런들 應生瞋恨
일러니라 須菩提야 又念過去於五百世에 作忍辱仙人하야 於爾所
世에 無我相하며 無人相하며 無衆生相하며 無壽者相일러니라.

"수보리야, 인욕바라밀(忍辱波羅蜜)을 여래는 인욕바라밀
이 아니라 하노니, 무슨 까닭이겠는가. 수보리야, 내가 옛날
에 가리왕에게 몸을 갈기갈기 찢길 적에 아상도 없고 인상도
없고 중생상도 없고 수자상도 없었느니라. 그 까닭이 무엇
인가 하면, 내가 옛날에 몸을 찢길 적에 아상·인상·중생
상·수자상이 있었더라면 성을 내어 원망을 하였을 것이기
때문이니라. 수보리야, 또 저 옛날 5백 세 동안 인욕선인(忍
辱仙人)이었던 일을 생각하면 그때도 아상·인상·중생상·
수자상이 없었느리라."

【강화】부처님은 "수보리야" 하고 부르신 뒤 인욕바라밀의 정의를
내려 주시기 위하여 두 토막으로 나누어 말씀하셨는데, 첫째는 초연
한 인욕을 밝혀 의혹을 끊는 것〔明超忍以斷疑〕이며, 둘째는 상을 여
의고 인욕에 안주하기를 권하는 것〔勸離相以安忍〕이다. 인욕은 6바
라밀의 하나로서 온갖 굴욕스러운 조건이나 견디기 어려운 환경을 잘

참음으로써 마침내는 열반의 경지에 도달하는 수행이다.

　그런데 하필 이 대목에서 인욕바라밀을 말씀하신 이유는 무엇인가? 모든 괴로움은 참된 인욕을 행할 때 극복된다는 것을 보여 주시기 위해서이다. 여래께서도 과거에 수행하실 때 괴로움을 당한 것은 사실인데 인욕바라밀로 극복하시지 않았던가. 그러니 인욕바라밀의 참모습을 말씀해 주심으로써 '경을 외운들 괴로움은 면치 못하는 것 아닌가?' 하는 의문이 풀리게 하셨다.

　인욕바라밀의 참모습이란 무엇인가? 아상·인상·중생상·수자상 등 4상이 아주 없어진 상태를 말한다. 4상이 없어졌으므로 너와 나의 차별을 보지 않고, 너와 나의 차별이 없으므로 성낼 대상과 기뻐할 대상을 보지 않는다. 너와 나의 차별도 없고 참아야 할 대상도 보지 않거늘 무엇을 참았기에 인욕바라밀이 있다 하겠는가? 칼을 들고 허공을 치니 칼만 공연히 번득일 뿐, 허공이 어찌 쪼개지거나 참는다 할 것이 있으랴? 부처님께서 가리왕의 폭행을 참아내시던 일, 그것이 바로 인욕바라밀의 참모습이다. 이러한 인욕선인에게는 인욕바라밀을 성취했다거나 받았다는 등의 생각이 전혀 없듯이, 보신(報身) 부처님도 그렇게 얻은 바가 없다는 것이다.

　항하사 수효 같은 몸을 보시하더라도 '나'가 없는 무상(無相)의 이치를 알지 못하면 공연한 고행이므로 괴로운 과보를 면치 못하거니와, 이 경을 믿고 지니는 보살은 너와 내가 없는 참된 진리를 알아 인욕에 안주하므로 헛된 고행이 아니라는 것이다.

　"인욕바라밀이 아니라……" 함은 승의제에는 인욕바라밀이라 할 것이 없다고 불적(拂跡)한 것이다. "무슨 까닭이겠는가……"는 어떻게 해야 이런 참된 인욕바라밀을 행할 수 있느냐는 것이니, 아상 등 4상이 없어졌기 때문이라 하였다. "가리(歌利; kali)"는 극악(極惡)이

라 번역하는데, 지극히 포악하다는 뜻이다. 부처님이 바라문으로 계
시던 어느 전생에 그가 임금이었는데, 그는 일방적인 오해로 바라문
의 몸을 갈기갈기 찢었다. 그때 바라문은 무상의 이치를 잘 알아서
조금도 화를 내지 않고 도리어 즐거워했다.

이런 참된 인욕을 어느 한두 생에만 행한 것이 아니라 5백 세를 번
갈아 태어나면서 계속 쌓았다 하였으니, 이 얼마나 장한 수행인가?
그러므로 미륵게 제27송에서는 다음과 같이 읊었다.

離我及恚相      아상과 성내는 상을 여의어
實無於苦惱      실로 아무런 고통이 없나니
共樂有慈悲      함께 즐겁고 자비가 있는 것
如是苦行果      이것이 고행의 결과이다.


是故로 須菩提야 菩薩은 應離一切相하고 發阿耨多羅三藐三菩
提心이니 不應住色生心하며 不應住聲香味觸法生心이요 應生無
所住心이니라 若心有住면 則爲非住니 是故로 佛說菩薩은 心不應
住色布施라 하나니라 須菩提야 菩薩은 爲利益一切衆生하야 應如是
布施니 如來  說一切諸相이 卽是非相이라 하며 又說一切衆生이
卽非衆生이라 하나니라.


"그러므로 수보리야, 보살은 온갖 모양다리를 여의고서
아뇩다라삼먁삼보리의 마음을 내야 하나니. 빛에 머물러서
마음을 내지도 말며, 소리와 냄새와 맛과 닿임과 법〔法塵〕에
머물러서 마음을 내지도 말아야 하나니, 머묾 없는 마음을
낼지니라. 마음이 머무는 데가 있으면 머묾이 아니니, 그러

므로 여래는 '보살은 마음을 빛에 머무르고서 보시하지 말하야 한다' 하였느니라.

수보리야, 보살들은 온갖 중생을 이롭게 하기 위하여 이렇게 보시해야 하나니, 여래는 온갖 모양다리가 곧 모양이 아니라 하며, 또는 온갖 중생은 곧 중생이 아니라 하느니라."

【강화】 둘째 토막은 상을 여의고 인욕에 안주하기를 권하는 것〔勸離相以安忍〕인데, 이를 다시 세 가닥으로 나눈다. 첫째, "그러므로 …… 내야 한다"는 총론(總論)에 해당한다. 이상으로 부처님께서 참된 인욕바라밀다를 행하여 가리왕에게 박해를 받을 때도 아무런 성냄이 없었으며, 5백 생 동안 변함없이 계속하여 인욕행을 닦을 수 있었던 원인은 이 법에 의해 4상이 아주 없어졌기 때문이었음을 알았다.

따라서 이 경을 지니는 고행은 단순히 보시한 고행과는 달라서 4상을 여의게 되고, 4상을 여읨으로써 어떠한 괴로움도 괴로움으로 받아들이지 않을 수 있게 된다는 것도 알았다.

그러므로 '말세에 불도를 닦으려는 보살은 반드시 모양다리에 걸리는 집착을 떠나서 보리심을 내라' 하셨으니, 모양다리에 집착하지 않고 마음을 내면 어떠한 괴로움이 닥쳐와도 잘 참을 수 있기 때문이다.

보살의 본원은 위로 지혜를 구하고 아래로 중생을 건지는 일인데, 모양다리에 걸리는 집착을 여의지 못하고는 온갖 사물이 괴롭게만 느껴질 것이며, 온갖 사물이 괴롭게 생각될 때 그의 보살행은 멈추게 된다. 그러므로 보살은 모양다리에 걸리지 않아야 보살행을 즐겁게 완성할 수 있다.

둘째, "빛에 머물러서 마음을 내지도 말며…… 말아야 한다 하였느니라”는, 참지 못함으로써 유전하는 고통을 물리치는 것〔對治不忍流轉苦〕이다. 참음 없이 6진에 머무르면 속절없이 고해에 유전(流轉)하여 구제받을 길이 없는데, 이제 6진에 머무르지 말라 하심으로써 이 고통을 미연에 방지해 주셨다. 여기서 ‘빛에 머무른다’ 함은 좀더 구체적으로 말하면, 빛과 소리 등 6진의 경계에 마음이 끄달려서 제정신을 잃고 허망한 생각을 낸다는 뜻이다. “머묾 없는 마음을 낼지니라” 함은 아무데도 끄달리지 않는 보리심을 내라는 뜻이다. “마음이 머무는 데가 있으면 머묾이 아니니……”는 만일 마음이 빛과 소리 등 6진에 머무르면 이는 벌써 보리에 머무른 것이 아니라는 뜻이다. “그러므로 여래는 ‘보살은 마음을 빛에 머무르고서 보시하지 말아야 한다’ 했느니라” 함은 묘행무주분(妙行無住分第四)에서 “보살은 어떻게 수행하리까?” 하는 물음에 답하신 대목인데, 지금 이 대목에서는 머묾 없는 마음을 내라 하였지만 따지고 보면 보살행을 말하는 것이다. 그 표현은 다르지만 원리는 머묾 없는 보시와 동일하므로 부처님께서 이미 말씀하신 자신의 말씀을 인용하셨다.

　셋째, “수보리야, 보살들은…… 온갖 중생이 곧 중생이 아니라 하느니라”는, 참지 못함으로써 중생들을 어기는 고통을 물리치는 것〔對治不忍相違苦〕이다. 아상 등 4상이 있으면 ‘너는 중생이다’ 하는 생각이 없을 수 없고, 너를 보면 나와 맞지 않을 때 화를 내게 되고, 화를 내면 피곤한 생각이 들어 보살행에서 물러나게 된다. 이제 그 허물을 막아 주시기 위하여 “온갖 중생을 이롭게 하기 위하여 이렇게 보시해야 하나니……”라 하였으니, 위에 인용한 미륵게 제27송의 뜻이 여기까지 이른다. 그 첫머리에 우선 참된 인욕을 닦는 실제 방법을 제시하셨다. 인욕이 괴로움을 참는 것임은 이미 알았으나, 그 중에도 내 마음에 거슬리는 중생이 많은 것은 실로 괴로운 일이다. 그런데 보살은 그들을 이롭게 해주려는 생각 하나가 간절하기 때문에 그들을 귀찮은 존재로 여기지 않고 보살행을 끝맺게 된다. 그러면 이럴 때의 생각은 어떠해야 하는가?

"온갖 모양다리가 곧 모양이 아니라 한다" 함은 아집이 없어진 상태이다. "모양다리"는 5온(蘊)의 낱낱 모습에 '나'가 있다는 생각인데 그러한 모양다리가 "곧 모양이 아니라" 하니, '나'의 모양다리가 본시 없는 것임을 알아 아공(我空)을 얻는다. "온갖 중생이 곧 중생이 아니라" 함은 법집(法執)을 여읜 상태이다. "온갖 중생"은 5온의 법이 구족한 상태를 말하는데, 그 중생이 "곧 중생이 아니라" 하니, 5온의 법칙이 있다고 여기는 집착이 공해져서 법공(法空)을 얻는다.

이와 같이 '나'도 공하고 법도 공한 줄 알면 어떤 중생이 나와 거슬린다 하여 참지 못할 일이 있겠는가?

이와 같이 이 경을 지니는 공덕으로 마침내 아공과 법공을 얻어 온갖 괴로움을 모두 거뜬히 초월케 하거늘 그 어찌 헛된 고행이라고 의심하랴? 이것이 보신 부처님이 얻은 바 없이 얻으신 길이요, 방법이다.

# 9. 말은 허무한 것, 그것으로 어떻게 진여를 깨치랴?

### 能證無體非因疑 結成報身無取

【과목 해설】 위 세번째 의문〔第三疑〕 의법출생분(依法出生分第八)에서는 "삼천대천세계에 가득한 칠보로 보시하여도 이 경에서 한 4구게만을 읽고 지닌 공덕만 못하다" 하였고, 7번째 의문〔第七疑〕 존중정교분(尊重正敎分第十二)에서는 "항하사 수효같이 많은 내재를 보시하여도 이 경에서 한 4구게만을 읽고 지닌 것만 못하니, 경을 지니면 보리(菩提)를 얻는 반면 보시는 고행에 불과하기 때문이라" 하였다. 이 말씀을 듣고 다시 다음과 같은 의심을 낸다. "그렇다면 부처님의 말씀인 4구게는 원인이고, 그 원인에 의해 얻어지는 보리는 결과이다. 결과인 보리는 실체가 있는 무위법(無爲法)이고, 원인인 부처님 말씀은 실체가 없는 유위법(有爲法)인데, 실체 없는 원인으로 어떻게 실체가 있는 결과를 얻겠는가? 그렇거늘 어째서 이 경을 지니는 것이 보리를 얻는 원인이 된다고 하였는가?"라고.

須菩提야 如來는 是眞語者며 實語者며 如語者며 不誑語者며 不異語者니라 須菩提야 如來 所得法은 此法이 無實無虛하니라.

"수보리야, 여래는 참된 말만 하는 이며, 실다운 말만 하는 이며, 여실한 말만 하는 이며, 속이지 않는 말만 하는 이며, 다르지 않은 말만 하는 이니라. 수보리야, 여래가 얻은 이 법은 진실도 아니며 거짓도 아니니라."

【강화】이 의문에 대하여 부처님은 "수보리야" 하고 불러서, 여래의 말씀은 비록 무기법(無記法)이나 가장 진실한 내용이어서, 믿고 따르면 결단코 보리에 나갈 수 있다는 내용으로 답하셨다. "참된 말"이란 대승의 보리법 등으로서, 중생 누구에게나 불성이 있다는 말씀 등이며, "실다운 말"이란 소승의 4제법 등으로서 인과의 법칙을 설명한 말씀이며, "여실한 말"이란 대승에는 진여의 법이 있다고 말하는 것들이며, "다르지 않은 말"이란 중생은 누구나 끝내 수기를 받을 수 있다고 말하는 것 등이니, 이런 말들은 모두가 중생을 "속이지 않는 말"로 통일된다. 그러니 부처님의 이런 말씀을 진실로 믿지 않으면 어찌 되겠는가?

그러나 진실한 말씀이란 것 역시 세속적인 언어를 빌려서 붙인 이름일 뿐이지, 실제로는 있는 것이 아니다. 그러므로 "여래가 얻은 이 법은 진실도 아니며 거짓도 아니니라" 하셨다. "진실이 아니라" 함은 부처라는 말은 일반적인 언어와 같이 무기(無記)여서 본 성품이 없다는 뜻이며, "거짓이 아니라" 함은 부처의 실체는 언어와는 달라서 볼 수 있다는 뜻이다.

이는 또 육조(六祖) 선사께서 대유령(大庾嶺) 마루턱에서 도명(道明) 선사에게 "선도 생각지 말고 악도 생각지 말라" 하신 것과 같다 하겠다. 선을 선이라 생각할 때 벌써 집착이며, 여래의 법이 진실하다 하였을 때 이미 집착으로 변하기 때문에 여기서 다시 자취를 떨어 버리신 것이다.

이렇듯 이 대목(第九疑)에서는 '언어는 비록 무기(無記)여서 실체가 없으나 여래의 말씀은 진실이며 속이지 않아서 헛되지 않다'는 사실을 말씀하셨는데, 이는 상에 집착되지 않는다면 얻는 바가 없지 않다는 것이다. 그렇다면 여기서 얻어지는 내용은 무엇인가? 보신이다. 다시 말해 얻은 바 없는 보신의 경지인 것이다. 어째서 그렇게 단정할 수 있는가? "여래가 얻은 법은 진실도 아니요, 거짓도 아니다" 하셨는데, "진실도 아니다" 함은 여리실견분(如理實見分第五)에서 "모든 모양이 모양 아니다" 하신 것을 되풀이한 것이니, 화신(化身)이 진실이 아니란 뜻이었다. 이에 터잡아 생각하기를 "화신이 진실이 아니면, 그 이면(裏面)의 보신(報身)도 진실이 아닐 것이다. 그러한 보신을 무기인 문자의 경을 독송하여 만나게 된다는 것은 공허한 거짓이 아니겠는가?" 한다. 그러므로 이 대목의 불신(佛身)을 보신이라 하는 것이다.

그러나 "거짓도 아니다" 하시어, 보신의 실체는 없지 않다 하신다. 그렇다고 보신을 모양으로 따져서 보라는 것은 아니다. 무기인 언어의 경전을 4상에 끄달리지 않고 독송하면 자연 만나게 될 것이고, 만난 자는 거짓이 아님을 알게 될 것이란 뜻이다. 그러므로 언어는 무기법이지만 보신을 만나는 원인이 되기에 충분하고, 보신은 실체가 없으되 4상을 여의고 독송하는 이에게는 '거짓도 아닌' 진실로 다가서시는 것이다. 세속에서 '조심하면 고마운 불, 방심하면 무서운 불'이라 하는데, 불은 원래 고마움도 무서움도 아니건만 조심하느냐 방심하느냐에 따라 현실적으로 엄청난 차이가 나듯, 선도 악도 아닌 '말'이지만 그것을 바르게 수용해서 얻어진 것이 보신이다. 그러나 보신이 스스로 내가 보신의 지위를 얻었노라 하지 않으니, 이

것이 보신의 얻음 없는 얻음의 도리이다.

　일부 학자들은 이 대목을 보신과 화신이 얻은 바 없음을 밝힌 것이라 하는데, 나는 이 대목을 보신이 얻은 바 없음을 밝힌 것이라 본다. 그 까닭은 언어를 통하여 얻은 바가 없는 보신의 경지를 설명하기 위해 화신이 얻은 바 없음을 설명하던 논리를 빌려서 설명한 것이라 보았기 때문이다. 그리하여 자연스럽게 다음 대목으로 옮기면서 법신이 얻은 바 없음을 이야기하신다.

# 10. 진여가 두루했거늘 어째서 얻는 이도 있고, 얻지 못하는 이도 있는가?
## 如徧有得無得疑　總標法身無取

【과목 해설】 위 세번째 의문〔第三疑〕 무득무설분(無得無說分第七)에서 "온갖 성인들이나 현인들이 모두가 무위(無爲)의 법에서 여러 가지 차별을 이룬다" 한 말씀을 듣고 "무위의 법이라면 진여(眞如)를 뜻하고, 진여라면 어디에나 두루해야 하는데, 어찌하여 이 진여를 얻은 이도 있고 얻지 못한 이도 있어서 차별이 생기는가?" 하는 의심을 낸다. 이 차별없는 진여가 곧 법신(法身)이다. 그러므로 해제(解題) 끝에 예시한 [표 2]에서 이 대목부터 열네번째 의심〔第十四疑〕까지를 법신무취(法身無取)라 했고, 그 가운데 이 대목은 법신이 얻은 바가 없음을 총론한 것〔總標法身無取〕이라 하였다.


須菩提야 若菩薩이 心住於法하야 而行布施하면 如人이 入闇에 卽無所見이요 若菩薩이 心不住法하야 而行布施하면 如人이 有目하야 日光明照에 見種種色이니라.

"수보리야, 어떤 보살이 마음을 법에 머물러 두고 보시하

는 것은 마치 어두운 곳에 있는 사람이 아무것도 보지 못하
는 것 같고, 어떤 보살이 마음을 법에 머물러 두지 않고 보
시하면 눈 밝은 사람이 햇빛 아래서 여러 가지 물건을 보는
것 같으니라.”

【강화】 이 물음에 대하여 두 토막으로 나누어 대답하신다. 첫째 토
막은 비유를 들어 총괄적으로 대답하신 것〔擧喩斷疑〕인데, 얻는 이
와 얻지 못하는 이의 차별이 보리〔진리〕에 있는 것이 아니라 보살들
이 마음을 법에 머물러 두는가 아닌가에 달렸다고 하셨다. “법에 머
물러 둔다” 함은 집착이 있다는 뜻이며, “법에 머물러 두지 않는다”
함은 집착이 없다는 뜻이니, 지혜 있는 이와 지혜 없는 이의 차이는
어둠 속에 있는 사람과 밝은 데 있는 사람의 경우와 같다고 하셨다.
그렇다면 지혜 있는 이는 어찌하여 지혜가 밝아지는가? 지혜의 해
를 향하기 때문이다. 지혜의 해란, 물론 이 경의 뜻을 아는 일이다.
그러니 “너의 물음은 옳지 못하다”고 묶어 대답하셨다. 그러므로 이
경을 수지하는 공덕을 다시 한 번 말씀하지 않을 수 없게 되었다.


十四. 離寂靜味住(離第十智資糧不具障)


須菩提야 當來之世에 若有善男子善女人이 能於此經에 受持
讀誦하면 卽爲如來 以佛智慧로 悉知是人하며 悉見是人하시나니
皆得成就無量無邊功德하나니라.

“수보리야, 오는 세상에 선남자·선녀인들이 이 경을 받아

지니고, 읽고 외우면 여래가 부처의 지혜로써 이 사람을 다 아시고 다 보시나니, 모두가 한량없고 끝없는 공덕을 이루느니라."

【강화】 둘째 토막은 교량공덕, 즉 이 경을 지니는 공덕을 찬탄하는 내용〔讚經功德〕이다. 여기에는 총론과 각론이 있는데, 위 문장은 그 총론으로서 '오는 세상에 이 경을 지니면 그 사람의 공덕을 다른 이는 모르고 부처님만 아신다' 하였으니, 그 공덕이 얼마나 드높고 위대한가를 알 수 있다. 이렇게 수승한 공덕이 있는 경이므로 '무조건 기뻐하고 받아지니고 읽고 외우면 모두가 평등하게 평등한 진여에 들어간다'고 물음에 답하셨다.

이와 같이 이 경은 하늘의 태양과도 같이 평등하여 누구나가 바르게 알면 진여를 발견하여 아무런 장애가 없게 되고 큰 공덕을 이룬다. 이 말은 그저 막연히 듣기 좋게 하는 말이 아니라 부처님이 직접 보시고 자세히 아시기 때문에 자신코 하신 말씀이다. 이는 마치 정신희유분(正信希有分第六) 끝부분에서 하신 말씀과도 비슷하나, 전에는 말세에도 선근이 두터운 이는 이 경에 믿음을 낸다는 것을 아시고 보신다는 내용인 데 비해, 지금은 이 경을 지니면 누구나 평등하게 평등한 진여에 든다는 사실을 아시고 보신다는 점이 다르다. 뒤에도 같은 내용이 거듭 나오는 경우가 종종 있는데, 대체로 이런 방법으로 보면 그때그때 그럴 만한 이유가 있음을 알 수 있을 것이다.

# 持經功德分 第十五

須菩提야 若有善男子善女人이 初日分에 以恒河沙等身으로 布施하고 中日分에 復以恒河沙等身으로 布施하고 後日分에 亦以恒河沙等身으로 布施하야 如是 無量百千萬億劫을 以身布施하여도 若復有人이 聞此經典하고 信心不逆하면 其福이 勝彼어늘 何況書寫受持讀誦하야 爲人解說이야따녀 須菩提야 以要言之컨댄 是經은 有不可思議 不可稱量無邊功德하니 如來 爲發大乘者說이며 爲發最上乘者說이니라 若有人이 能受持讀誦하야 廣爲人說하면 如來 悉知是人하며 悉見是人하나니 皆得成就不可量不可稱無有邊不可思議功德이니 如是人等은 即爲 荷擔如來阿耨多羅三藐三菩提니라 何以故오 須菩提야 若樂小法者는 着我見人見衆生見壽者見일새 即於此經에 不能聽受讀誦하야 爲人解說하리라 須菩提야 在在處處에 若有此經하면 一切世間天人阿修羅의 所應供養이니 當知此處는 即爲是塔이라 皆應恭敬하야 作禮圍繞하야 以諸華香으로 而散其處하리라.


"수보리야, 어떤 선남자·선녀인이 아침 나절에 항하사 수효 같은 몸으로 보시하고, 점심 나절에도 항하사 수효 같은 몸으로 보시하고, 저녁 나절에도 항하사 수효 같은 몸으로 보시하여, 이렇게 한량없는 백천만 겁(劫) 동안 보시하더라도 다른 사람이 이 경전을 듣고 믿는 마음으로 그르다고만 하지 않는다면, 그 복이 저 보시한 복보다 더 많거늘, 하물며 이 경을 쓰고 받아지니고 읽고 외우고 남에게 일러 주기까지 함이겠느냐.

수보리야, 중요한 뜻만을 들어서 말하건대 이 경에는 말할 수 없고, 생각할 수 없고, 측량할 수도 없는 많은 공덕이 있나니, 여래는 대승의 마음을 낸 이를 위하여 이 경을 말했으며, 가장 높은 마음을 낸 이를 위하여 이 경을 말했느니라.

만일 어떤 사람이 이 경전을 받아지니고 읽고 외우고 여러 사람들에게 일러 주면, 여래가 이 사람을 다 알고 보시어, 모두가 한량없고 말할 수 없고 끝없고 생각할 수 없는 공덕을 이루리니, 이런 사람은 여래의 아뇩다라삼먁삼보리를 감당할 것이니라.

무슨 까닭이겠는가? 수보리야, 소승법(小乘法)을 좋아하는 이는 아상·인상·중생상·수자상의 소견에 집착되므로 이 경을 듣지도 못하고 읽고 외우지도 못하고 남에게 일러 주지도 못하기 때문이니라.

수보리야, 어디에나 이 경이 있으면 온갖 하늘 무리 세상 사람 아수라 등이 공양을 올리리니, 이곳은 곧 부처님의 탑과 같으므로 모두가 공경히 예배하고 돌면서 꽃과 향을 그곳에 흩으리라."


【강화】 둘째 토막은 경을 지니는 공덕을 찬탄함〔讚經功德〕 중의 각론으로서 열 단계로 수승함을 강조하신다. 그 중 첫째 가닥은 목숨을 버리는 것보다 수승함〔捨命不如〕이다. "항하사 수효의 몸으로 보시한다"는 말씀은 이미 여법수지분(如法受持分第十三)에서 하신 바 있는데, 여기서는 "아침 나절에 항하사 수효 같은 몸으로 보시하고 …… 이렇게 한량없는 백천만겁 동안 보시한다" 하여, 차츰 보시의

내용은 많아지고 보시한 시간은 길어졌음을 뜻하였다. 그러나 경은
듣고서 마음에 거슬리지 않아도 공덕이 무량하다는 것이다. 그러므
로 미륵게 제38송에서는 이렇게 읊었다.

以事及時大          사연과 시간이 커졌으니
福中勝福德          복 중에도 훌륭한 복이라.

"그르다고만 하지 않는다면"은 정신희유분(正信希有分第六)에서
"진실이라 여기리니"라 한 것과 같이, 이 경의 뜻이 사실이라고 생
각하기만 하면 되는 것이다. 이렇게 믿기만 해도 그 복이 몸으로 보
시한 복보다 더하다는데, 하물며 5품제자의 행을 갖추어서 쓰고 받
아지니고 읽고 외우고 남에게 설명해 주는 공덕이야 말해서 무엇하
겠는가?

둘째 가닥, "수보리야, 중요한 뜻만을…… 공덕이 있나니……"는
다른 근기는 헤아리지도 못함〔餘乘不測〕이니, 이 경의 공덕을 딱 한
마디로 잘라서 말하자면 두 측면이 있다. 첫째는 '말이나 생각으로
는 미칠 수 없는 공덕〔不可思議〕'이니, 스스로가 깨달아야 하기 때문
이다. 둘째는 '측량할 수 없는 공덕〔不可量〕'이니, 그와 견주어 대등
할 이가 없기 때문이다. 그러므로 이 경에 인연이 없는 무리는 추측
조차 하지 못할 것이라고 암시함으로써 다음 항목을 유도하고 있다.

셋째 가닥, "여래는 대승의 마음을…… 이 경을 말했느니라"는 대
승의 마음을 낸 이를 위하여 설하심〔依大心說〕이니, 대승정종분(大
乘正宗分第三)에서 말씀하신 광대심이다. 이 경에는 이토록 깊은 뜻
이 있으므로 아무에게나 말해 줄 수 없고, 오직 대승의 마음을 낸 이
와 가장 높은 마음을 낸 이에게만 말해 준다 하셨다. '대승의 마음'

은 많은 중생과 함께 부처를 이루려는 서원으로서 소승심의 반대가되는 말이다. '가장 높은 마음'은 일체 중생은 오직 부처일 뿐이요다른 것, 즉 성문이나 연각은 애초에 있을 수도 없다고 믿는 교리이다. 바로 위에서 '대승의 마음'이란 말을 듣고 권교(權敎)에서 말하는 방편의 대승인가 여길까봐 다시 '가장 높은 마음을 낸 이'라 하였다. 그러므로 미륵게 제35송에서는 다음과 같이 읊었다.

| | |
|---|---|
| 非餘者境界 | 아무나의 경계가 아니라 |
| 唯依大人說 | 오직 큰 사람만을 위하여 설하나니 |
| 及希聞信法 | 듣기를 희망하거나 법을 믿는 이 |
| 滿足無上界 | 위없는 경계를 만족하리라. |

넷째 가닥, "만일 어떤 사람이…… 감당할 것이니라"는 걸맞는 덕을 갖춘 이라야 전할 수 있음[具德能傳]이다. 이 중에서는 "여래가이 사람을 다 알고 다 보시어……"라 하여, 이 경을 곧이곧대로 믿고 지니는 사람이 이룰 공덕을 부처님은 다 아시고, 또 분명히 보신다고 잘라서 말씀하셨다. 이 구절은 정신희유분(正信希有分第六)과이상적멸분(離相寂滅分第十四) 끝부분에 이어 세번째 하시는 말씀이니, 이 대목에서 강조하신 내용은 '이 경을 바로 믿고 지니는 이는여래의 아뇩다라삼먁삼보리(阿耨多羅三藐三菩提)를 감당할 것'이라는 사실이다. 내가 믿고 지니고 또 남에게 이야기해 주는 이는 나와남을 모두 이롭게 하는 두 가지 이익[二利]을 구족하여 이 땅에 불법의 명맥이 끊이지 않게 할 공덕이 있기 때문에 하신 말씀이다.

다섯째 가닥, "무슨 까닭이겠는가…… 일러 주지도 못하기 때문이니라"는 소승법을 즐기는 이는 감당치 못함[樂小不堪]이다. 여기서

"무슨 까닭인가" 함은 어째서 대승의 마음을 낸 이에게만 말씀하시고, 어째서 이 경을 지니는 이 만이 아뇩다라삼먁삼보리를 감당해 내느냐는 뜻인데, 대승의 법이 아닌 소승의 법에 마음이 끌린 이는 4상에 집착되어 이 경을 바로 이해하지 못하기 때문이라고 대답한다. '소승법'은 대승법에 반대되는 말로서, 남보다 나를 먼저 생각하면서 수도하는 작은 근기를 말한다. 이렇게 말하는 근거는, 이 경의 높고 넓은 말씀을 바르게 이해하지 못하고 도리어 비방까지 하기 때문이다. 그러므로 대승의 마음을 낸 이에게만 말씀해 주신다 하였다.

여섯째 가닥, "수보리야, 어디에나…… 그곳에 흩으리라"는 경이 있는 곳이 곧 불탑임〔所在如塔〕이다. 첫머리에 "어디에나 이 경이 있으면 온갖 하늘 사람, 세상 사람, 아수라들이 공양한다" 함은 위의 존중정교분(尊重正敎分第十二)의 말씀과 같다. 그러나 특히 이 대목은, 이 경에서는 진여(眞如)를 드러내셨으니, 진여는 곧 법신이요, 법신·진여가 있으면 반드시 화신·보신이 병존하신다고 봐야 된다는 것이다. 그러므로 이 경이 계신 곳은 3신(身) 부처님이 계신 곳으로 추앙되어야 한다는 뜻이니, 무수한 몸으로 공양한 공덕보다 이 경을 지니는 공덕이 더 수승한 이유 중에 여섯번째가 된다. 여기서 잠시 옛 이야기 하나를 소개한다.

중국 수(隋; 589-617)나라 익주(益州) 땅 신번현(新藩縣) 왕자촌(王子村)이란 곳에 구(苟)씨라는 선비가 있었다. 그가 어느 날, 마을 동쪽 들에 나아가 사방 허공에다 글씨를 쓰니 마을 사람들이 "무엇을 쓰시오?" 하고 묻자 《금강경》을 씁니다" 하였다. "무엇 때문에 허공에다 쓰시오?" 하니 "하늘 무리들이 보고 읽으라는 뜻이외다" 하였다. 이 일을 아는 이가 더러는 죽고 더러는 살았는데, 매양 비가 쏟아지면 그 글씨 밑의 한 간 정도만 젖지 않았으므로 농부나 목동들이 항상 그곳에서 비를 피하면서도 그 까닭은 아무도 알려고 하지 않았다.

어느덧 당의 고조 무덕(武德; 618-626) 연간에 이르러 서역에서 비상하게 생긴 범승(梵僧) 한 분이 왔는데, 이곳에 이르자마자 허공을 향해 절을 하였다. 마을 사람들이 이상하게 여겨 "아무런 법단(法壇)도 없거늘 어째서 절을 하시오?" 하니 범승이 도리어 물었다. "그대는 이 동네 사람인가?" "예, 그렇소이다" 하자, "그렇다면 퍽이나 무식하군. 여기는 《금강경》이 있어 하늘 무리들이 항시 와서 둘러싸고 공양을 올리고 있거늘 어째서 함부로 더럽히시오?" 하였다. 마을 사람들은 비로소 구씨가 경 쓰던 일을 회상하고 집을 지어 보호하였는데, 간혹 하늘 음악 소리가 들리는 것을 느끼는 이가 있었다고 한다.

이와 같이 이 경은 곧 부처님이어서 있는 곳 그대로가 절이나 탑과 다름이 없으므로 한 구절만 바로 믿어도 그 공덕은 헤아릴 수 없다.

"모두가 공경히 예배하고 돌면서 꽃과 향을 그곳에 흩으리라" 함은 공양하는 의식이다. "예배"는 절이요, "돈다" 함은 공경할 대상자를 오른쪽(시계바늘 방향)으로 세 번 도는 것이 상례로 되어 있다. "꽃과 향을 흩는다" 함은 아주 거룩한 공양일 때는 하늘에서 청·황·적·백 네 가지 꽃과 향을 흩는다 하니, 일컬어 천우사화(天雨四華)라 하는데 이를 본뜬 것이다.

'이 경이 계신 곳은 부처님의 탑이라' 하신 말씀이 두번째인데, 위의 존중정교분(尊重正教分第十二)에서는 '보신불도 얻은 바가 있으리라'는 의문에 대해 보신불이 얻은 바가 없이 얻는 도리가 이 경에 있다는 것을 강조하셨고, 여기서는 "진여법신이 두루한 이치가 이 경에 갖추어 있음"을 강조하신 것이 다르다.

# 能淨業障分 第十六

復次 須菩提야 善男子善女人이 受持讀誦此經하대 若爲人輕賤하면 是人은 先世罪業으로 應墮惡道어늘 以今世人이 輕賤故로 先世罪業이 卽爲消滅하고 當得阿耨多羅三藐三菩提하리라.


"또 수보리야, 만일 선남자·선녀인이 이 경을 받아지니고 읽고 외우면서도 남에게 천대를 받으면, 이 사람은 지난 세상에 지은 죄업으로 악도(惡道)에 떨어질 것이거늘 금생에 남의 천대를 받은 탓으로 전생의 죄업이 모두 소멸하고 반드시 아뇩다라삼먁삼보리를 얻으리라."


【강화】 일곱째, 이 가닥은 죄를 감하고 부처를 이룸〔轉罪爲佛〕이다. 이 경을 받아지니면 무량한 공덕을 얻을 뿐 아니라 지난 세상에 지은 나쁜 죄업까지 소멸하고, 나아가 속히 불도를 이루게 하는 공덕이 있기 때문에 수승하다는 말씀이다.

우리는 흔히 '절에 다녀도 재수가 없다'고 하는 사람을 본다. 그들의 말에 의하면 '이웃의 아무개는 평생토록 염불이라곤 전혀 모르고 동네 안에서 궂은 욕은 다 먹어도 잘만 사는데, 절에 다니고 경을 읽어도 유난히 재수가 없으니 부처님은 영험이 없는 것 아닌가?' 한다. 그런 생각을 하는 이는 이 구절에서 마음을 다시 고치기 바란다.

우리의 오늘의 행복과 불행은 우연히 생긴 것이 아니라 전생과 연결되어 있다. 전생에 죄를 많이 지은 사람은 금생에 지독히 고생을 하다가 마침내는 악도에 떨어져야 할 터인데, 금생에 경을 받아지니는 공덕 때문에 약간의 구박을 받는 것으로 그 나쁜 죄업을 소멸하고, 오는 세상에는 반드시 아뇩다라삼먁삼보리를 얻어 부처를 이룬다 하니 그 아니 다행한 일인가? 그러므로 괄시를 받아도 물러설 생각을 내어서는 안 된다.

"악도(惡道)"는 전생에 지은 나쁜 업에 의하여 태어나게 되는 나쁜 세상으로서, 지옥(地獄)·아귀(餓鬼)·축생(畜生)을 말하며, "죄업(罪業)"은 죄를 지은 관습의 씨앗을 말한다. 여기서 우리는 석굴암에 얽힌 김대성의 이야기를 되새겨 본다.

김대성은 삼십이 넘도록 장가도 들지 못하고 머슴살이를 하여 홀로 된 노모와 산다. 어느 날 불국사에서 화주승(化主僧)이 와서 절을 짓는 데 시주를 하면 천배만배의 복을 받는다고 하자, 노모는 아들이 평생 모은 밭 한 뙈기를 시주한다. 그러나 며칠 후 김대성은 눈이 멀고, 또 얼마 지나 귀가 먹고, 다시 얼마 지나 앉은뱅이가 되고 ……. 이렇게 해서 삽시간에 품팔이도 못하게 되니, 모자의 원망은 충천했다.

이에 김대성은 원한을 품고 죽을 힘을 다해서 불국사를 찾아가 탁자로 올라가서 법당 주불의 면상에 쇠스랑을 꽂고 죽는다. 그날 밤 불국사 대중의 꿈에 부처님이 나타나서 내 얼굴에 꽂힌 쇠스랑은 꽂은 자가 뽑을 것이라 했는데, 후일 경주 시내의 김정승댁에 태어난 동자가 와서 그것을 뽑자 김대성의 후신임을 인증받고 석굴암 불사를 끝맺는다. 주인공 김대성의 경우, 여러 생에 받을 더 무서운 업보를 금생에 다 받았다는 이야기다.


須菩提야 我念過去　無量阿僧祇劫　於燃燈佛前에 得値八百

四千萬億那由他諸佛하야 悉皆供養承事하야 無空過者호라 若復
有人이 於後末世에 能受持讀誦此經하면 所得功德이 於我所供
養 諸佛功德으로 百分不及一이며 千萬億分乃至算數譬喻로 所
不能及이니라.

"수보리야, 나는 지나간 세상 한량없는 아승지겁(阿僧祇
劫) 동안 연등불을 만나기 전에 8백4천만억 나유타(那由他)
부처님을 만나서 모두 공양하고 받들어 섬기며 그냥 지나보
낸 적이 없음을 기억하거니와, 어떤 사람이 이 다음 말법(末
法) 세상에 이 경을 받아지니고 읽고 외워서 얻는 공덕은 내
가 부처님께 공양한 공덕으로는 백분의 일에도 미치지 못하
며, 천분의 일, 만분의 일, 억분의 일에도 미치지 못하며, 산
수(算數)나 비유(譬喻)로도 미칠 수 없느니라."

【강화】 여덟째, 이 가닥은 이 경을 수지한 공덕이 여러 부처님을
섬긴 공덕을 초월함〔超事多尊〕이다. 이 경을 지니는 공덕이 많다는
것은 누누이 여러 가지 사례를 들어 말씀하셨거니와, 여기서는 부처
님 자신이 과거에 많은 부처님을 모시고 섬겼던 공덕보다 말세에 누
군가가 이 경을 믿고 지니는 공덕이 더 수승하다 하셨다. 복은 가장
크게 짓고 경은 가장 작게 지녀도 경을 지닌 공덕이 더 수승하다 하셨
으니 무슨 까닭인가. 복으로는 보리를 얻을 수 없지만, 이 경을 받아
지니고 설명한 공덕은 남과 내가 모두 보리를 얻게 되기 때문이다.
"아승지(阿僧祇; Asamkyha)"는 무수(無數)라 번역하는데, 인도에서
최고로 많은 수효를 표시하는 단위의 하나이다. "겁(劫; kalpa)"은 시
분(時分)이라 번역하니, 시간이란 뜻이나 아주 오랜 세월을 표시하

는 단위의 하나로 쓰인다. "아승지겁"은 일반적으로는 4억3천2백만 년이라 하는데, 여기에는 녹로겁(漉轤劫)·반석겁(盤石劫)·개자겁(芥子劫) 등 세 가지가 있어 모두가 엄청나게 긴 시간을 뜻한다. "산수(算數)"는 셈, "비유"는 비교이나 역시 수효의 단위이기도 하다. "나유타(那由他; Nayuta)"는 역시 극히 많은 수효인데, 천억(千億)에 해당한다고 한다.

 여기서 겁에 관한 이야기(劫說)를 좀 짚고 넘어가야 하겠다. 겁에 세 가지가 있다고 했는데, 이는 산출 방식을 기준해서 한 말이다. 첫째는 녹로겁(漉轤劫)인데, 녹로란 두레박의 도르래를 뜻한다. 인간이 받은 최초의 정명(定命)은 8만4천 세인데, 1백 년마다 한 살씩 줄어 정명이 10세가 되면 사람들이 정신을 차려 선한 일을 시작하므로 다시 1백 년마다 한 살씩 늘어난다. 이런 식으로 정명이 다시 8만4천 세가 되면 이를 1증감겁(一增減劫) 또는 1녹로겁이라 하고, 이 증감겁이 80회 반복되는 기간을 1아승지겁이라 한다. 둘째, 반석겁(盤石劫)이라 함은, 6백 리를 3제곱한 반석이 있는데, 1백 년마다 천녀(天女) 하나가 내려와서 한 바퀴 돌면 그 가벼운 옷깃에 스치기를 되풀이해서 그 돌이 다 닳는 기간을 1아승지겁이라 한다. 셋째, 개자겁(芥子劫)이란, 역시 6백 리의 3제곱 되는 방에 겨자씨를 쌓아두고 1백 년에 하나씩 꺼내 그 겨자씨가 다하는 기간을 1아승지겁이라 한다.

 그토록 오랫동안 많은 공덕을 쌓아도 경을 지닌 복보다 못한 이유는 지혜를 얻느냐 얻지 못하느냐에도 있거니와, 또 한 가지 중요한 이유는 4상이 없어지는 공덕이 있기 때문이라는 것을 명심해야 할 것이다.

須菩提야 若善男子善女人이 於後末世에 有受持讀誦此經하는
所得功德을 我若具說者인댄 或有人이 聞하고 心卽狂亂하야 狐疑
不信하리니 須菩提야 當知하라 是經은 義도 不可思議며 果報도 亦
不可思議니라.


"수보리야, 어떤 선남자·선녀인이 이 다음 말법 세상에서
이 경을 받아지니고 읽고 외우는 공덕을 내가 모두 말하면,
어떤 이는 이 말을 듣고서 마음이 미치고 어지러워서 믿지
아니하리라.
　수보리야, 이 경은 이치도 말이나 생각으로 미칠 수 없고,
과보(果報)도 말이나 생각으로 미칠 수 없음을 알아야 하느
니라."


　【강화】 아홉째 가닥, "수보리야, 어떤 선남자나…… 믿지 아니하
리라"는, 다 들으면 의심을 냄〔具聞則疑〕이다. 보시한 공덕과 이 경
을 지니는 공덕의 차이는 어떤 수효나 비유로도 다 말할 수 없다. 만
일 다 말한다면 듣는 이의 거의가 미칠 것이라 했다.
　열째 가닥, "수보리야, 이 경은…… 미칠 수 없음을 알아야 하느니
라"는 이 경을 지니는 공덕이 매우 깊다는 사실을 총체적으로 맺음
〔總結幽邃〕이다. 이렇듯 아홉 단계로 이 경을 지니는 공덕이 수승하
다고 하는 이유가 무엇일까? 이 경은 이치나 그 결과가 모두 깊고
깊어서 말이나 생각으로 미칠 수 없는데도 이 경을 믿고 지니기 때문
이라 하셨다.
　이 대목의 의문이 '진여가 두루했다면 어째서 얻는 이와 얻지 못하
는 이가 있는가?' 인데, 원래 두루한 진여를 얻는 이는 마음이 맑아

졌기 때문이요, 마음이 맑아지는 이유는 법에 걸리지 않기 때문이며, 법에 걸리지 않는 이유는 지혜가 있기 때문이며, 지혜가 있게 된 이유는 경을 믿고 들었기 때문이라는 것이다. 그러므로 진여를 얻고 얻지 못하고는 경을 들었는가 듣지 못했는가에 달렸으니, 이 경이 진여를 얻게 하는 공덕이 있어 부사의하기 때문이라고 결론을 맺으셨다.

# 11. 머무르고 닦고 항복시킴도 '나'가 아닌가?
## 住修降伏是我疑 <sup>總說法身無取</sup>

【과목 해설】 위 묘행무주분(妙行無住分第四)과 첫번째 의문[第一疑]부터 열번째 의문까지 여러 대목에서 "보살은 네 가지 마음에 머물러서 6바라밀을 닦되 아상·인상·중생상·수자상이 없도록 항복시키고 보시해야 된다"는 내용을 말씀하셨다. 이에 대해 다시 "그렇다면 '나'가 없어야 된다는 말인데, '나'가 없으면 머무르고 닦고 항복시키는 주체는 누구인가? '나'라는 주체가 없이 하는 수행은 공연한 헛된 짓이 아니겠는가" 하는 의심을 낸다.

다시 말해 묘행무주분(妙行無住分第四)에서 "4상 등의 '나'가 없어야 한다" 하신 말씀에 근거하여, 첫번째 의문[第一疑]부터 열번째 의문[第十疑]까지는 "'나'가 없어야 보살이며 '나'가 없어야 법·보·화 3신"이라는 내용으로 말씀했는데, 이 대목 열한번째 의문[究竟無我分第十七]에 이르러서는 경문 내용이 묘행무주분(妙行無住分第四)이나 장엄정토분(莊嚴淨土分第十)과 비슷해졌다. 왜 그럴까? 이상으로써 '나'가 없어야 한다는 것은 충분히 알았으나, 여기서 다시 "'나'가 없으면 누가 닦으랴? 수행의 주체가 없어지는 것 아니겠는가?"라고 생각한다. 이에 대한 대답이 열네번째 의문[第十四疑]까지 내려지는데, 이 구간이 모두 '구경무아분'에 속한다. 구경무아(究竟

無我)란 "끝내 '나'가 없다" 즉 "끝내 '나'를 없애라"는 뜻으로서, 수행의 주체인 '나'를 버리지 못하면 올바른 수행이 될 수 없다는 것이다. 그러므로 미륵게 제42송에서는 이렇게 읊었다.

於內心修行          내심에는 수행을 하노라 하면서
存我爲菩薩          '나'를 남겨두고 보살이라 여기면
此卽障於心          이것이 마음을 장애하여
違於不住道          머묾 없는 도에 어긋난다.


해제에서 예시한 과도에 준하면 이 대목부터 14번째 의문〔第十四疑〕까지는 법신이 얻은 바 없음을 각각 해석한 것〔別釋法身無取〕이라 했고, 그 중에도 이 대목은 총설(總說)이라 했으니, 보살의 4상 없는 발심은 법신을 만나는 기본이기 때문이다.


## 究竟無我分 第十七 十五. 於證道時遠離喜動住(離第十一不自攝障)

爾時에 須菩提 白佛言하사대 世尊하 善男子善女人이 發阿耨多羅三藐三菩提心하나는 云何應住며 云何降伏其心하리이까 佛告須菩提하사대 若善男子善女人이 發阿耨多羅三藐三菩提心者는 當生如是心이니 我應滅度一切衆生하리라 하라 滅度一切衆生已하야는 而無有一衆生도 實滅度者니 何以故오 須菩提야 若菩薩이 有我相人相衆生相壽者相이면 卽非菩薩이니 所以者何오 須菩提야 實無有法 發阿耨多羅三藐三菩提心者니라.

그때 수보리가 부처님께 사뢰었다.

"세존이시여, 선남자·선녀인이 아뇩다라삼먁삼보리의 마음을 내고는 어떻게 머물러야 되며, 어떻게 그 마음을 항복시키오리까?"

부처님께서 수보리에게 말씀하셨다.

"선남자·선녀인이 아뇩다라삼먁삼보리의 마음을 내었거든, 의당 '내가 온갖 중생을 열반에 이르도록 제도하리라'는 마음을 내야 한다. 온갖 중생을 모두 제도한다지만 실제로는 한 중생도 제도될 이가 없나니, 무슨 까닭이겠는가? 만일 보살이 아상·인상·중생상·수자상이 있으면 참보살이 아니기 때문이니라. 그 까닭이 무엇이겠는가? 수보리야, 실제로는 아뇩다라삼먁삼보리의 마음을 낼 법이 없기 때문이니라."

【강화】 이 대목은 얼핏 보기에 대승정종분(大乘正宗分第三)의 말씀과 같으나 내용은 다르다. 위에서는 단순히 어떻게 머무르고, 어떻게 수행하리까 하였지만, 여기서는 "어떤 사람이 아뇩다라삼먁삼보리의 마음을 내었다면 진정 '나'가 없어야 하는데, '나'가 없다면 무엇이 머무르고, 무엇이 그 마음을 항복시키겠느냐"는 뜻이다.

이에 대한 부처님의 대답은 대략 세 토막으로 나뉜다. 첫째, "선남자·선녀인이 아뇩…… 제도될 이가 없나니"는 진정한 보살이라면 반드시 '나'가 없어야 한다[若名菩薩必無我]는 말씀이다. 중생을 제도하되 제도한다는 생각이 없어야 아뇩다라삼먁삼보리의 마음을 낸 보살이라 할 수 있다. 만일 내가 중생을 제도하였노라 하는 생각이 있으면 보살이 아니거늘, 어찌 '나'가 있어야 머무르고 닦고 항복시

킬 수 있다 하겠는가.

둘째 토막, "무슨 까닭이겠는가…? 보살이 아니기 때문이니라" 함은 만일 아상이 있으면 보살이 아니라〔若有我相非菩薩〕는 말씀이니, 무슨 이유로 중생을 제도하되 제도했다는 생각이 없어야 하는가? 아상 등 4상이 있으면 벌써 보살이 아니기 때문이라는 것이다.

셋째 토막, "그 까닭이 무엇이겠는가…? 없기 때문이니라" 함은 제도하는 이도 제도를 받을 이도 모두 없어야 비로소 보살이라〔能所俱寂是菩薩〕는 말씀이니, 어째서 제도할 중생도 없고 제도한다는 생각도 없어야 하는가? 아뇩다라삼먁삼보리의 마음을 낼 법도 없기 때문이라 하였다.

아뇩다라삼먁삼보리를 향하는 마음은 낸다거나 안 낸다거나 할 분별의 대상이 아니다. 그저 너와 나의 차별이 끊어진 적멸의 상태이다. 이런 마음을 낸 이가 '내가 아뇩다라삼먁삼보리의 마음을 내었노라' 한다면, 그는 벌써 보살이 아니다. 그러기에 "실제로는 아뇩다라삼먁삼보리의 마음을 낼 법이 없다" 하셨다. 즉 보리심을 낸 바가 없는 상태가 바로 보리심을 낸 상태란 뜻이다. 그러므로 "'나'가 없으면 누가 머무르고 닦고 항복시키랴" 한 의문은 온당치 못하다는 것이다.

# 12. 부처님의 인행(因行)도 보살이 아니었나?
## 佛因是有菩薩疑 　別說菩提因上無得

【과목 해설】 바로 위의 대목〔第十一疑〕에서 "실제로는 아뇩다라삼먁삼보리의 마음을 낼 법이 없다" 하신 말씀을 듣고, "보리의 마음을 낼 법이 없다면 보리의 마음을 낼 이도 없단 말이며, 보리의 마음을 낼 이가 없다면 보살도 없단 말이 아닌가. 그러나 부처님은 과거 연등불(燃燈佛)께 보살로서 인행(因行)을 쌓으신 일이 분명 있지 않는가? 그런데 어째서 보리의 마음을 낼 법이 없다 하시는가?" 하여, 부처님에게도 인행이 있으셨다는 의심을 낸다. 이 의문은 5번째 의문〔第五疑〕 장엄정토분(莊嚴淨土分第十)의 내용과 비슷하나, 전에는 "연등불께 수기를 받은 일이 있으리라"는 의문이고, 여기서는 "연등부처님께 인행, 즉 보살행을 닦은 것이 있으리라"고 의심한 것이 다르다. 그러므로 이 대목은 법신이 얻은 바 없음을 해석하는 별답(別答) 중 첫번째로, 인행 중에 보리를 얻음이 없다는 것〔因中無得〕이니, 이 얻음 없는 자리가 바로 법신이다.

須菩提야 於意云何오 如來 於燃燈佛所에 有法得 阿耨多羅三藐三菩提不아 不也니이다 世尊하 如我解 佛所說義컨댄 佛이 於 燃燈佛所에 無有法得 阿耨多羅三藐三菩提니이다 佛言하사대 如是如是하니라 須菩提야 實無有法如來 得 阿耨多羅三藐三菩提니라 須菩提야 若有法如來得 阿耨多羅三藐三菩提者인댄 燃燈佛이 卽不與我授記하사대 汝於來世에 當得作佛하리니 號를 釋迦牟尼라 하시련마는 以實無有法得阿耨多羅三藐三菩提일새 是故로 燃燈佛이 與我授記하사 作是言하사대 汝於來世에 當得作佛하야 號를 釋迦牟尼라 하시니라.

"수보리야, 어떻게 생각하느냐? 여래가 연등불(燃燈佛)에게서 아뇩다라삼먁삼보리의 법을 얻은 것이 있느냐?"

"그렇지 않나이다. 세존이시여, 제가 부처님께서 말씀하신 뜻을 알기로는 부처님이 연등불에게서 아뇩다라삼먁삼보리의 법을 얻은 것이 없나이다."

부처님께서 말씀하셨다.

"그러하니라. 그러하니라. 수보리야, 진실로 여래가 아뇩다라삼먁삼보리의 법을 얻은 것이 없느니라. 수보리야, 만일 여래가 아뇩다라삼먁삼보리를 얻은 법이 있다면, 연등불이 나에게 '네가 오는 세상에 부처가 되어 이름을 석가모니라 하리라' 는 수기(授記)를 하지 않으셨으련만, 실로 아뇩다라삼먁삼보리를 얻은 법이 없으므로 연등불이 내게 '네가

오는 세상에 부처가 되어 이름을 석가모니라 하리라’고 수
기하셨느니라.”

【강화】 이 대목의 말씀은 장엄정토분(莊嚴淨土分第十)과 비슷하나
내용은 전혀 다르다. 장엄정토분에서 하신 말씀의 요지는 부처님께
서 연등불께 얻은 법이 따로 없다는 것이고, 여기서의 요지는 부처
님께서 연등불께 보살행을 한 것이 원인이 되었다고 할 것이 없기
때문에 진정한 보살이었다는 뜻이다. 즉 “얻은 바가 없다”는 말로 “보
살행은 있으리라”는 의문을 막아 주신 것이다.

　이는 네 토막으로 구성되어 있다. 첫째, “수보리야, 어떻게 생각하
느냐…… 얻은 것이 있느냐?”는 아난의 의문을 되짚음〔擧疑處〕이다.
‘연등부처님 회상에서 아뇩다라삼먁삼보리의 법을 얻은 바가 없다
지만 보살행을 하신 것은 분명 있지 않은가?’ 하는 것이 수보리의 생
각이다. 그러므로 부처님께서 ‘여래가 연등불에게서 아뇩다라삼먁삼
보리의 법을 얻은 것이 있느냐?’ 하셔서 얻은 바가 없다는 뜻을 시
사하신다.

　둘째, “그렇지 않나이다…… 얻은 것이 없나이다”는 의심을 막으
심〔斷疑念〕이다. 부처님이 반문하신 뜻을 얼른 알아들은 수보리는
곧 “아니옵니다. 왜냐하면 제가 부처님이 말씀하신 뜻을 알기로는
연등불에게서 얻으신 바가 없습니다” 하였다. 그렇다. 얻은 바가 있
으면 이는 모양다리며 분별이다. 모양다리와 분별이 없기에 수기를
받았지, 그러한 티가 있었다면 연등불의 수기를 받아 오늘의 부처님
이 되지 못했을 것이다.

　셋째, “부처님께서 말씀하셨다…… 얻은 것이 없느니라”는 부처님
께서 인가하심〔印決定〕이니, 부처님께서 “그러하니라. 그러하니라”

하서서, 수보리의 말에 전적으로 공감하셨다.

넷째, "수보리야, 만일…… 석가모니라 하리라고 수기하셨느니라"는 반복해서 풀이함〔反覆釋〕이다. "수기"는 부처님이 보살이나 성문에게 이 다음 세상 언제 어디서 무엇무엇이라는 부처가 되어 어떠어떠한 교화를 펴리라고 예언하시는 일이라고 했다. 이 수기를 받는 이는 마음에 걸림이 없어야 된다. '내가 아뇩다라삼먁삼보리를 얻었노라' 하는 생각 따위의 걸림 말이다. 석가세존께서도 연등불의 수기를 받으실 때 예외일 수는 없었다. 아무런 걸림도 티도 없었으므로 수기를 받을 수 있었다. 아무런 티도 걸림도 없는 이에게 내가 보살이로다 하는 생각이 조금인들 있었겠는가? 그러므로 아뇩다라삼먁삼보리의 마음을 낼 이도 없다는 말씀이 잘못이 아니다.

그러므로 이 대목에서는 부처님은 인행을 닦을 때도 얻음이 없었다는 것을 말한다. 다시 말해 부처님은 인행시에 얻은 바 없는 진여·법신의 경지에 이르셨으므로, 실은 얻은 바가 없으나 얻은 바 없는 그 자체 때문에 부처님이 되셨으니, 법신(法身)을 만나는 보살행은 있다 없다로 따질 일이 아니다.

# 13. 원인이 없다면 부처도 불법도 없지 않을까?
## 無因即無佛法疑　　別說菩提果上無得

【과목 해설】 바로 위의 대목〔第十二疑〕에서 "실로 아뇩다라삼먁삼보리를 얻은 법이 없다" 하신 말씀을 듣고, "아무것도 없는 것이 보리인가?" 하게 된다. 여기에 근거하여 다시 이런 의심을 낸다. "보리는 부처가 되는 원인이다. 보리를 닦음으로써 그 결과로 부처도 되고 법도 깨닫는 것인데, 이제 보리가 없다면 닦아 증득할 부처도 없을 것이며, 따라서 부처님이 말씀하신 진리의 법도 없을 것이다"라고. 그러므로 무착(無着)은 이 대목을 진정한 가르침을 구하는 지위〔求佛敎授住〕를 부연설명하는 것으로 보았고, 소명태자는 끝내 '나'가 없는 도리를 설명하는 구경무아분(究竟無我分)의 마무리로 보았고, 우리나라 선인들은 대체로 이 대목을 과위에서도 얻은 바 없음〔果上無得〕을 설명하는 것이라 하여, 법신의 경지는 과위에서도 얻은 바가 없어야 진정한 성불이라고 보았다.


何以故오 如來者는 即諸法如義니라 若有人이 言하사대 如來 得阿耨多羅三藐三菩提라 하나 須菩提야 實無有法佛得阿耨多羅三藐三菩提니라 須菩提야 如來所得阿耨多羅三藐三菩提는 於

是中에 無實無虛하니라 是故로 如來說一切法이 皆是佛法이라 하노라 須菩提야 所言一切法者는 卽非一切法일새 是故로 名一切法이니라.

"어찌하여 그러한가. 여래란 것은 모든 법이 진여라는 뜻이기 때문이니라. 어떤 사람은 '여래가 아뇩다라삼먁삼보리를 얻었다' 하거니와, 실제로는 부처가 아뇩다라삼먁삼보리를 얻은 법이 없느니라.

수보리야, 여래가 얻은 아뇩다라삼먁삼보리는 그 가운데 참된 것도 없고 허망한 것도 없느니라. 그러므로 여래는 '온갖 법이 모두 불법이라' 하노라. 수보리야, 온갖 법이란 곧 온갖 법이 아니므로 '온갖 법'이라 하느니라."

十七. 證道佳

須菩提야 譬如人身長大니라 須菩提言하사대 世尊하 如來說人身長大 卽爲非大일새 是名大身이니이다.

"수보리야, 비유하건대 어떤 사람의 몸이 동떨어지게 크다는 것과 같으니라."
수보리가 여쭈었다.
"세존이시여, 여래께서 '어떤 사람의 몸이 동떨어지게 크다' 하신 것은 큰 몸이 아니므로 큰 몸이라 하시나이다."

【강화】이 물음에 답한 내용은 크게 세 토막으로 구성되어 있다. 첫째, "어찌하여 그러한가…? 얻은 법이 없느니라"는 부처가 한결같이 없으리라는 의문을 끊어 주는 내용〔斷一向無佛疑〕이다. 첫머리에 "어찌하여 그러한가?"는 '어째서 아뇩다라삼먁삼보리를 얻은 법이 없기 때문에 연등불의 수기를 받게 되었다고 하는가?' 함이니, 바로 위의 대목 끝부분에서 하신 말씀이다. 즉 보리를 얻은 바가 있으므로 연등불의 수기를 받아 오늘 석가모니가 되셨다면 가하겠지만, 얻은 바가 없기 때문에 부처가 되리라는 수기를 받으셨다고 하는 까닭이 무엇이겠는가 하는 말씀이다.

이런 의문을 풀어 주기 위하여 "여래란 것은 모든 법이 진여라는 뜻이기 때문이니라" 하셨으니, 진여가 곧 부처이므로 부처와 법도 없지 않다는 내용으로 말씀하신다. "진여(眞如)"는 늘지도 않고 줄지도 않고 있지도 않고 없지도 않은 진리의 본체를 말한다. 진여를 인격화시켜 부른 것이 부처요, 그의 실체를 표현하는 말이 보리요, 그것을 설명하는 수단이 설법인데 진여가 존재하는 한 부처가 없을 리 없다는 뜻이다. 그리하여 부처도 법도 없으리라는 이 대목의 의문을 풀어 주셨다.

다음 "어떤 사람은 말하기를…… 얻은 법이 없느니라"는 부처가 곧 보리이므로 얻을 수 없다는 뜻으로 하신 대답이다. 위에서 "여래는 곧 진여이어서 항상 존재한다" 한 말씀을 듣고 "여래가 항상 있다면 보리도 얻을 수 있어야 하지 않겠는가? 왜냐하면 보리를 얻어야 부처가 되니까 말이다"라고 생각한다. 이런 의문에 답하기 위하여 "실제로는 얻은 바가 없다" 하셨으니, 부처 그대로가 보리일 뿐 달리 얻는 것이 없다. 마치 거울이라면 맑은 것이지 거울 밖에 달리 맑음이 있지 않은 것같이 말이다. 그러므로 부처는 얻은 바가 없다.

둘째 토막, "수보리야, 여래가 얻은 아뇩다라삼먁삼보리는 그 가운데 참된 것도 없고 허망한 것도 없느니라"는 법이 한결같이 없으리란 의문을 끊어 주는 내용〔斷一向無法疑〕이다. 부처가 없으리라는 앞의 의문은 풀렸지만 법이 없으리라는 의문은 아직 풀리지 않았으므로 하신 말씀이다. 보리가 있는 것인가, 없는 것인가를 의심하면 모두가 집착이다. 보리를 얻을 수 있는 것이라 하여 있다는 집착에 떨어졌었는데 '얻은 바가 없다' 하시니, 다시 없다는 집착이 생겼다. 그러므로 여기서 "그 가운에 참된 것도 없고 허망한 것도 없느니라" 하셔서 두 집착을 여의게 하셨다. 진실이 아니므로 있는 것이 아니며, 허망함이 아니므로 없는 것도 아니다. 이리하여 두 집착을 끊어 주셨다.

다음 "그러므로 여래는 온갖 법이 모두 불법이라 하노라…… 온갖 법이라 하느니라"는 위의 말씀을 맺고 다시 자취를 털어내신 것이다. "그러므로"는 바로 위에서 "참된 것도 없고 허망한 것도 없느니라" 한 뜻이 무엇이겠는가 함이요, "온갖 법"은 좋거나 나쁘거나 범부거나 성인이거나 하는 모든 법을 망라하는 말인데, 이 모두가 진여로 바탕을 삼았기에 "모두 불법이라 한다" 하셨다. 단 이 원리를 모르는 이에겐 불법이 안 보이거나 지나쳤을 뿐이다. 그러므로 "보리를 얻을 수 없다면 부처도 법도 없으리라"라는 의문은 당치도 않은 말이 된다. 마치 거울 속의 그림자는 모두 거울에 바탕을 두었으므로 온갖 그림자는 모두가 거울인 것과 같다. 이렇게 해서 일단 집착을 끊어 주신 뒤에 다시 "수보리야, 온갖 법이란 것은 곧 온갖 법이 아니므로 온갖 법이라 하느니라" 하셔서 다시 자취를 털어내셨다. 위 여리실견분(如理實見分第五)에서 이런 형식을 불적(拂跡)이라 한다고 하였는데, 불적의 논리는 전형적으로 '무엇무엇은 제일의제(第一義諦)에서 보면 무엇무엇이 아니므로 세속제(世俗諦)로 말해서 무엇무엇이라 할 뿐' 이라는 형식을 취한다. 그런데 앞서 들었던〔前揭〕《반야론(般

若論)》에서는 이 대목을 좀 달리 보고 있어 소개한다. "온갖 법"은 모두가 진여의 모습이기 때문에 "모두 불법"이라 했고, 색(色) 등 모든 법은 곧 진여이어서 색 등이 아니므로 "온갖 법이 아니므로"라 했고, 온갖 법 그대로가 진여이므로 "온갖 법이라 한다"고 하였으니, 달리 한 맛이 난다 하겠다. 말이나 이름으로 표현할 수 없는 진여의 정체를 임시 세속적인 표현을 빌려 불법이라 했을 뿐이다. 그러므로 "온갖 법은 온갖 법이 아니므로 온갖 법이라 한다" 하셨다.

끝으로 셋째 토막에 "수보리야, 비유하건대 어떤 사람의 몸이 동떨어지게 크다…… 큰 몸이라 하시나이다"는 참부처와 참법의 실체를 보이신 내용〔顯眞佛眞法體〕이다. "몸이 동떨어지게 크다" 함은 마치 장엄정토분(莊嚴淨土分第十) 끝부분에서 "몸이 수미산 같은 이"라 한 것과 비슷한 말이나, 위에서는 진리의 본체인 보신불(報身佛)을 뜻한 말이며, 여기서는 얻을 수 있을 듯도 하고 얻을 수 없을 듯도 한 보리의 상징인 법신의 본체를 가리킨 말이다.

부처님께서 "동떨어지게 크다는 것과 같으니라" 하신 이 사람이 바로 얻을 수 있을 듯도 하고 얻을 수 없을 듯도 하여 말에 관계없이 초연히, 그리고 영원히 존재하는 사람, 즉 법신의 실체이다.

수보리의 대답에 "몸이 동떨어지게 크다……" 한 것 역시 법신의 실체를 풀이한 것이다. "큰 몸이 아니므로……"는 진여의 본체에는 "큰 몸"이라 할 것이 없다는 뜻이며, "큰 몸이라 하시나이다"는 동떨어지게 큰 몸은 제일의제에는 있을 수 없으나 세속제로 보아서는 있을 수 있다는 평소의 논법으로 사뢴 것이다.

이상으로써 "보리의 원인이 없다면 부처도 법도 없으리라" 한 의문에 대해 "참으로 얻을 수 없는 것이 보리의 정체인데, 보리의 정체가 존재하는 한 불과 법은 엄연히 존재한다"는 대답으로 막으셨다.

# 14. 그렇다면 아무도 중생을 제도하거나 국토를 장엄하지 못할 것 아닌가?

無人度生嚴土疑 別說能化菩薩無我

【과목 해설】 위의 대목 열한번째 의문〔第十一疑〕 구경무아분(究竟無我分第十七) 첫머리에서 "실제로는 아뇩다라삼먁삼보리의 마음을 낼 법이 없다" 하신 말씀에 대해 다시 이런 의심을 낸다. "보리를 얻을 수 없다면 아무도 불법을 닦을 수도 없을 것이며, 불도를 이룰 수도 없을 것이며, 중생들을 열반에 들게 할 수도 없을 것이며, 불국토를 장엄할 수도 없을 것이다. 그렇다면 보살이 성불할 필요가 없지 않은가?" 하니, 이 의문의 요지는 보살행을 해서 얻는 바가 있어야 되겠다는 것이다.

이 대목은 열한번째 의문에서부터 시작된, 법신을 취할 수 없음을 설명한 부분〔法身無取〕의 마지막 과목이다. 그 내용은 교화하는 보살에게 '나' 라는 관념이 없음을 설명한 것〔能化菩薩無我〕인데, 보살이 국토를 장엄하되 '나' 가 없듯이 법신의 실체도 그와 같이 얻은 바 없이 이루어졌다는 것이다. 따라서 이 의문은 위 장엄정토분(莊嚴淨土分第十)에서 일으킨 세 가지 의문, 즉 다섯번째, 여섯번째, 일곱번째 의문과도 비슷하나, 거기서는 주로 "석가모니 부처님도 인행을 닦을 때 중생을 제도하고 국토를 장엄하지 않으셨나?" 하는 의문이었지만, 여기서는 주로 "오늘의 보살들이 그러한 발심과 수행을 해야 법신을 얻을 수 있지 않을까" 하는 의문이다. 이런 의문들은 모두 얻음이 있는 것이다. 그러나 얻음이 없는 것이 보살이며, 그러한 보살이 법신을 만난다는 것이다.


十八. 上求佛地佳六　一. 無上國土淨具足


須菩提야 菩薩도 亦如是하야 若作是言하대 我當滅度無量衆生이라 하면 卽不名菩薩이니 何以故오 須菩提야 實無有法 名爲菩薩이니라 是故로 佛說一切法이 無我無人無衆生無壽者라 하노라 須菩提야 若菩薩이 作是言하대 我當莊嚴佛土라 하면 是不名菩薩이니 何以故오 如來說莊嚴佛土者는 卽非莊嚴일새 是名莊嚴이니라 須菩提야 若菩薩이 通達無我法者는 如來 說名眞是菩薩이니라.


"수보리야, 보살들도 역시 그러하여서 만일 '내가 한량없는 중생을 제도하리라' 하면 보살이라고 이름하지 못하리니, 무슨 까닭이냐? 수보리야, 진실로 보살이라고 이름할 것이 없기 때문이니라. 그러므로 여래가 '온갖 법은 아상·인상·중생상·수자상이 없다' 하느니라.

　수보리야, 만일 보살이 '내가 불국토를 장엄하리라' 하면 보살이라 이름하지 못하리니, 무슨 까닭이냐? 여래가 말하는 불국토의 장엄은 장엄이 아니므로 장엄이라 하기 때문이니라. 수보리야, 만일 보살이 '나'와 '법'이 없음을 통달하면 여래는 그를 참말 보살이라 이름하느니라."

14. 그렇다면 아무도 중생을 제도하거나 국토를 장엄하지 못할 것 아닌가?　

【강화】 부처님은 이 의문에 대답하기 위하여 세 토막으로 말씀하셨다. 첫째, "수보리야, 보살들도 역시 그러하여서…… 수자상이 없다 하느니라"는 보살이 중생을 제도해야 한다는 생각을 막으심〔遮度生之念〕이다. 위 열한번째 의문에서는 법신이 얻은 바가 없음을 밝혔고, 열두번째 의문에서는 부처님이 인행시에 얻은 바가 없음을 밝혔고, 열세번째 의문에서는 부처님이 과위에서도 얻은 바가 없음을 밝혀, 모두 부처님의 경지에서 얻은 바 없는 도리를 말씀했다. 한편 열네번째 의문인 이 대목에서 "보살들도 역시 그러하여서"라 함은 부처님의 경지뿐 아니라 부처가 되는 과정의 보살들도 '나'가 없어야 한다는 것을 설명하기 위한 서두이다. 다시 말해 '보살이 중생을 제도하거나 국토를 장엄한다'는 생각이 있으면 안 된다는 것이다. 그러므로 "'내가 한량없는 중생을 제도하리라' 하면 보살이라고 이름하지 못한다" 하시어 잘못된 생각이라고 규정하셨다.

다음에 "무슨 까닭이냐?"는 '어째서 그런 생각을 하면 보살이라 할 수 없는가?' 함이니, 보살이라고 이름할 아무런 법도 없기 때문이다. 보살이란 '나'니, '너'니 하는 상대적 관념이 없어져서 마음이 지극히 청정해진 이에게 붙이는 이름인데, 내가 중생을 제도하리라 한다면 이미 보살이 아니다. 그러므로 보살은 보살이라는 상이 없어야 한다고 하였다.

끝으로 부처님은 "그러므로 여래가 '온갖 법은 아상·인상·중생상·수자상이 없다' 하였느니라" 하여, 평소 강조하시던 말씀을 되새겨, 오늘의 말씀이 매우 중요한 내용임을 암시 내지 강조하셨다.

둘째 토막, "수보리야, 만일 보살이…… 장엄이라 하기 때문이니라"는 국토를 장엄하리라는 생각을 막으심〔遮嚴土之念〕이다. 먼저 "수보리야…… 이름하지 못하리니"는 잘못된 생각을 지적한 것이며,

다음 "무슨 까닭이냐…… 장엄이라 하기 때문이니라"는 잘못된 까닭을 풀이해 주신 것이다. 다시 말해 장엄이란 것은 제일의제에는 없는 것이나 세속제에 따라 그렇게 부르는데, 세속제에서나 하는 말을 가지고 제일의제인 법신을 만나는 수행에도 꼭 그래야 되겠다 하니 틀렸다는 것이다.

셋째 토막, "수보리야, 만일 보살이…… 이름하느니라"는 보살의 정의를 풀이함〔釋成菩薩〕이니, "보살이 '나'와 '법'이 없음을 통달하면 여래는 그를 참보살이라 하느니라" 하셨다. 다시 말해 '내가 중생을 건지거나 국토를 장엄해서 보살행을 닦아야 법신 부처님을 뵙게 될 것이 아닌가?' 하고 생각하면 이는 '나'가 있는 징조이니, '나'가 없어야 보살이라는 것이다.

이렇듯 진정한 보살행에는 '나'가 없다. '나'가 없으므로 4상이 없고, 4상이 없으면 바르게 보고, 바르게 보면 부처님을 뵙게 된다는 결론이다. 그러므로 열번째 의문〔第十疑〕부터 나온 법신이 얻은 바 없음을 밝히는〔法身無取〕 대목은 물론, 첫번째 의문〔第一疑〕부터 나온 3신이 얻은 바 없음을 밝히는〔三身無取〕 대단원이 끝난다.

3신을 취할 수 없다 함은 3신에 집착되지 않는다는 말이며, 3신에 집착되지 않는다는 것은 만물 모두에 집착되지 않는다는 뜻이다. 이는 마치 《반야심경》의 "사리자 시제법공상……무지역무득"까지와 같으니, 염법(染法)·정법(淨法) 모두의 존재를 무(無)로 돌리기 때문이다. 이렇듯 현상을 모두 무〔空〕로 돌리는 이론을 공반야(空般若)라 하는데, 이상으로써 공반야의 논리가 끝난 것이다. 마치 소중한 물건을 담기 전에 그릇을 깨끗이 비우듯이 말이다. 그러므로 무착(無着)은 이 대목부터 경의 끝까지를, 위로 불지를 구하는 지위〔上求佛地住〕라 하였다. 이를 다시 여섯 항목으로 나누었는데, 그 첫째를 국

토의 청정함이 구족함(國土淨具足)이라 하였고, 미륵게 제47송에서
는 이렇게 읊었다.

<table>
<tr><td>不達眞法界</td><td>참법계의 뜻을 요달치 못하고</td></tr>
<tr><td>起度衆生意</td><td>중생을 제도한다거나</td></tr>
<tr><td>及淸淨國土</td><td>국토를 청정케 할 생각을 내면</td></tr>
<tr><td>生心卽是倒</td><td>마음을 내자마자 전도가 된다.</td></tr>
</table>

# 15. 그렇다면 부처님들도 법을 보지 못했을 것이 아닌가?

## 諸佛不見諸法疑　建立化身不見之見

【과목 해설】이 대목은 위 구경무아분(究竟無我分第十七)의 후반인 열네번째 의문〔第十四疑〕에서 "내가 중생을 제도한다거나, 내가 불국토를 장엄한다고 보면 그를 보살이라 하지 못한다"한 말씀에 대하여, "이 말씀은 결국 '나'와 중생과 국토를 모두 보지 못한다는 말이다. 이와 같이 모든 것을 보지 못한다면, 결국 부처님이 되어도 아무런 법도 보지 못할 것이 아닌가? 따라서 부처님은 지혜의 눈이 없다는 말도 되지 않을까?" 하는 의문이 생기게 되는데, 이 의문에 대해 "부처님은 지혜의 눈을 갖추었다"고 답하신다. 여기서 "갖추었다" 함은 전과는 달리 존재를 인정하는 논리가 된다. 다시 말해 이제까지는 '모든 것이 공하다'로 일관했는데, 지금부터는 '그 공한 자리에 공하지 않은 실체가 있다'고 방향이 약간 바뀐다. 이는 《반야심경》의 "이무소득고……아뇩다라삼먁삼보리"까지와 같은 내용이니, 이를 불공반야(不空般若)라 한다. 모든 사물이 실재한다고 집착하는 자에게 공반야를 말해 해탈케 하고, 공반야를 절대적인 것으로 알고 '공'에 주저앉는 자에게는 불공반야를 설하여 '공'에 빠지는 허물에서 벗어나게 하신다. 그러므로 소명 태자는 이 대목을 모든 것을 동등하

게 보는 눈〔一體同觀分〕이라 했고, 불신관으로는 이 대목부터 3신을
인정하는 것〔三身建立〕이라 보았는데, 그 중 이 대목은 화신의 보지
않는 봄〔不見之見〕에 배대해 왔다.


## 一切同觀分 第十八 二. 無上見智淨具足

須菩提야 於意云何오 如來 有肉眼不아 如是니이다 世尊하 如來
有肉眼이니이다 須菩提야 於意云何오 如來 有天眼不아 如是니이다
世尊하 如來 有天眼이니이다 須菩提야 於意云何오 如來 有慧眼
不아 如是니이다 世尊하 如來 有慧眼이니이다 須菩提야 於意云何오
如來 有法眼不아 如是니이다 世尊하 如來 有法眼이니이다 須菩提
야 於意云何오 如來 有佛眼不아 如是니이다 世尊하 如來 有佛眼이
니이다.


"수보리야, 네 생각에 어떠하냐. 여래가 육안(肉眼)을 가
졌느냐?"

"그러하옵니다. 세존이시여, 여래가 육안을 가지셨나이다."

"수보리야, 네 생각에 어떠하냐. 여래가 천안(天眼)을 가
졌느냐?"

"그러하옵니다. 세존이시여, 여래가 천안을 가지셨나이다."

"수보리야, 네 생각에 어떠하냐. 여래가 혜안(慧眼)을 가졌
느냐?"

"그러하옵니다. 세존이시여, 여래가 혜안을 가지셨나이다."

"수보리야, 네 생각에 어떠하냐. 여래가 법안(法眼)을 가

졌느냐?”

“그러하옵니다. 세존이시여, 여래가 법안을 가지셨나이다.”

“수보리야, 네 생각에 어떠하냐. 여래가 불안(佛眼)을 가졌느냐?”

“그러하옵니다. 세존이시여, 여래가 불안을 가지셨나이다.”


【강화】 이 대목〔제十五疑〕은 크게 두 토막으로 나누어 풀이하였다. 첫째는 다섯 가지 눈을 예로 들어 견(見)이 청정함을 밝힘〔約能見五眼明見淨〕이다. 다섯 가지 눈 중에 ‘육안(肉眼)’은 육체적인 눈으로서 우리들의 보통 눈과 같은 것이며, ‘천안(天眼)’은 가리워진 곳이나 아주 먼 데 있는 물건까지 꿰뚫어 보는 초인간적인 눈이며, ‘혜안(慧眼)’은 근본지(根本智)로 진리를 분명히 밝혀 보는 지혜의 눈이며, ‘법안(法眼)’은 후득지(後得智)로 능숙하게 중생을 교화하는 방편의 눈이며, ‘불안(佛眼)’은 불성이 끝까지 원만해진 궁극의 눈으로서 위 네 가지를 갖추신 부처님의 눈이다.

범부에게는 육안이 있어 가리워진 데까지만 보고, 이승은 천안이 있어 하나의 삼천대천세계까지 본다. 이승의 혜안은 아공(我空; ‘나’가 공하다는 원리)만을 얻고, 보살의 혜안은 아공과 법공(法空; 법이 공하다는 원리)의 일부를 알고, 보살의 법안은 법공의 세부를 깨달아 중생을 교화하되 지위마다에서 제도하지 못하는 중생이 약간 있다. 부처님의 불안은 위 네 가지 눈의 공능(功能)을 다 갖추었다. 부처님의 육안과 천안은 무수한 세계를 환히 보시고, 부처님의 혜안은 3공의 이치를 꿰뚫어 보시고, 부처님의 법안은 모든 중생을 몽땅 제도하신다. 그러므로 이 네 가지 뛰어난 공능을 종합하여 불안이라 하였다.

이러한 다섯 가지 눈을 가지신 부처님은 실로는 모든 법이 있다고
보시지는 않으나, 경계를 분명히 아는 눈 또한 없지 않다. 이러한 눈
들로써 맑게, 그리고 분명히 볼 수 있는 것은 모든 법이 실제로 존재
한다고 할 개체가 없기 때문이다. 이렇게 생각할 때 모든 법을 보지
못하는 것, 아니 참으로 보지 못하는 것, 그것이 오히려 부처님의 바
른 눈인 것이다. 그러므로 무착은 이 대목을 위없는 견과 지혜가 청
정하게 구족함을 설명한 것〔無上見智淨具足〕이라 하였고, 미륵게 제
49송에서는 이렇게 읊었다.


| | |
|---|---|
| 佛不見諸法 | 부처님이 비록 모든 법을 보지는 않지만 |
| 非無了境眼 | 경계를 요달하는 눈이 없지는 않나니 |
| 諸佛五種實 | 부처님들은 다섯 가지 눈이 진실하여서 |
| 以見彼傾倒 | 저들의 전도된 모습을 다 보신다. |


須菩提야 於意云何오 如恒河中所有沙를 佛說是沙不아 如是니
이다 世尊하 如來說是沙니이다 須菩提야 於意云何오 如一恒河中
所有沙하야 有如是沙等恒河어든 是諸恒河 所有沙數佛世界 如
是寧爲多不아 甚多니이다 世尊하 佛告 須菩提하사대 爾所國土中
所有衆生의 若干種心을 如來 悉知하나니 何以故오 如來 說諸心
이 皆爲非心일새 是名爲心이니라 所以者何오 須菩提야 過去心도
不可得이며 現在心도 不可得이며 未來心도 不可得이니라.


"수보리야, 네 생각에 어떠하냐? 항하(恒河)에 있는 모래
를 부처가 모래라 말하느냐?"
"그러하나이다. 세존이시여, 여래께서 모래라고 말씀하셨

나이다.”

“수보리야, 네 생각에 어떠하냐? 한 항하에 있는 모래 수효가 많은 것같이 그렇게 많은 항하가 있고, 이 여러 항하에 있는 모래 수효와 같은 불세계가 있다면 이런 불세계는 많지 않겠느냐?”

“엄청나게 많나이다. 세존이시여.”

부처님께서 수보리에게 말씀하셨다.

“그렇게 많은 세계에 있는 중생들의 갖가지 마음을 여래가 다 아노니, 무슨 까닭이겠는가? 여래가 말한 모든 마음은 모두가 마음이 아니므로 마음이라 이름할 뿐이기 때문이니라. 그 까닭이 무엇이겠는가? 수보리야, 과거의 마음도 찾을 수 없고, 현재의 마음도 찾을 수 없고, 미래의 마음도 찾을 수 없기 때문이니라.”


【강화】 다음 토막은 모든 마음을 다 아시는 기능에 터잡아 아시는 기능이 청정함을 밝힘〔約所知諸心明知淨〕이다. 위의 토막에서는 “부처님도 법을 보지 못하리라” 한 의문에 대하여, 부처님은 다섯 가지 눈을 갖추어서 모든 법이 다 얻을 바 없는 것임을 분명히 보심으로써 부처님이 되셨다고 하셨고, 이 토막에서는 다시 온갖 중생들의 마음씨를 다 보시듯 아시되 실로 보는 바가 없기 때문에 참으로 부처님의 아시는 공능이 청정하다고 하신다.

항하의 모래, 그 모래만큼 많은 항하, 그 항하만큼 많은 불국토, 그 불국토 안에 사는 온갖 중생들, 이 얼마나 다양하고 많은 형태인가? 그런데 부처님은 그들이 부리는 온갖 심성을 환하게 다 보시듯 아신다니 참으로 위대한 어른임을 알겠다. 따라서 부처님이 아무런 법도 보지 못하리란 의문은 공연한 기우였음도 알게 된다.

그러나 중생들의 온갖 마음을 다 아신다 해도 마음의 개체가 따로 있는 것이 아니다. 그러므로 "무슨 까닭이겠는가?" 하고 자문하셨으니, 즉 어째서 부처님이 그 많은 마음들을 다 아시느냐는 말이다. "여래가 말한 모든 마음"은 윗줄에서 말씀하신 "갖가지 마음"이다. "마음이 아니므로"는 제일의제로 보면 본래 마음이랄 것이 없기 때문이며, "마음이라 이름할 뿐이라" 함은 단순히 세속제에 따라 마음이라 했을 뿐이라는 것이다. 그러나 이 한 토막의 말씀 속에는, 참마음은 너와 나의 차별이 없으므로 참마음에서 볼 때는 부처님의 마음이나 중생들의 마음에 공통된 바가 있다. 그러므로 "다 아신다" 하여, 부처님에게는 청정하게 아시고 보시는 공덕이 구족하다는 것을 암시하였다.

끝으로 "그 까닭이 무엇이겠는가?" 함은 "모든 마음은 모두가 마음이 아니므로 마음이라 이름할 뿐이기 때문이다"라고 하신 까닭이 무엇이냐는 뜻이다. 이에 대해 과거·현재·미래의 마음이 하나도 실체가 없어서 찾을 도리가 없기 때문이라고 대답하시어, 참마음은 시간적인 차별에도 구애됨이 없는 경지임을 보이셨다.

이상으로 부처님은 다섯 가지 눈으로 모든 환경을 다 보시고 중생들의 마음씨도 다 아신다는 것을 밝혔다. 그러나 어느 하나도 본다거나 안다는 실체가 있지 않다. 실체가 없음을 잘 앎으로써 부처님은 참으로 다 보시고 다 아시는 것이다.

# 16. 복덕도 마음에 견주면 뒤바뀜이 아니겠나?
## 福德例心顚倒疑　建立化身性空之福

【과목 해설】 바로 위 대목 열다섯번째 의문〔第十五疑〕 일체동관분(一體同觀分第十八)에서 "여래가 말한 모든 마음은 모두가 마음이 아니므로 마음이라 이름할 뿐이라" 하신 말씀에 대하여 이런 의심을 낸다. "이는 우리들의 마음이 모두가 뒤바뀌고 허망하여서 참마음이 아니기 때문이란 뜻이다. 이미 이와 같이 우리들의 마음이 전도된 것이 확실하다면 이 마음에 의해 닦는 복덕도 뒤바뀜이 아니겠는가? 그런데 어찌 복덕을 착한 법이라 해서 닦을 필요가 있으랴?"

그러나 진정한 복덕은 모든 법의 성품이 공함을 깨달을 때 비로소 구족해진다. 그러므로 무착은 이 대목을 위없는 복과 자재함이 구족함을 설명한 것〔無上福自在具足〕이라 했고, 소명 태자는 법계를 통틀어 교화함을 설명한 것〔法界通化分〕이라 했고, 불신관(佛身觀)으로는 화신의 성품이 공한 복〔性空之福〕, 즉 화신의 성품이 공함을 깨달은 뒤에 얻는 무량한 복을 설명한 대목이라 하였다.

## 法界通化分 第十九 三. 無上福自在具足

須菩提야 於意云何오 若有人이 滿三千大千世界七寶로 以用
布施하면 是人이 以是因緣으로 得福이 多不아 如是니이다 世尊하 此
人이 以是因緣으로 得福이 甚多니이다 須菩提야 若福德이 有實인댄
如來 不說得福德多어니와 以福德이 無故로 如來 說得福德多니라.


"수보리야, 어떻게 생각하느냐? 어떤 사람이 삼천대천세
계에 칠보를 가득히 쌓아 놓고 보시한다면, 이 사람이 이 인
연으로 받는 복이 많지 않겠느냐?"

"그러하나이다. 세존이시여, 이 사람이 이 인연으로 받는
복이 매우 많겠나이다."

"수보리야, 만일 복덕이 실제로 있는 것이라면 여래가 복
덕이 많다고 말하지 아니하련만 복덕이 없는 것이므로 여래
가 복덕이 많다고 말하였느니라."


【강화】 위에서는 삼천대천세계에 가득한 칠보로 보시한 공덕이 많
다는 것을 누누이 말씀하여 이 경을 지니는 공덕이 수승함을 드러내
셨거니와, 여기서는 "삼천대천세계에 가득히 칠보를…… 많지 않겠
는가?" 하시자 "매우 많겠습니다" 함으로써 진실한 복덕의 정의를
설명하는 화제로 삼으셨으니, 올바른 지혜로써 헛된 모양다리를 여
의고 뒤바뀜을 없애면 상대적으로 복덕이 무량하다고 하셨다.

위 대목에서 "모든 마음은 허망하고 뒤바뀌어서 진실한 마음이 아
니라" 하였으나, 이 허망한 마음이 원래 공한 줄 알고 집착없이 무주

상보시를 행하면 그 복의 성품 역시 모양다리가 없다. 모양다리가 없으므로 부피도 수효도 없어서 매우 많아지는 것이다. 그러므로 부처님께서도 "복덕이 실제로 있는 것이라면 여래가 복덕이 많다고 말하지 아니하련만 복덕이 없는 것이므로 여래가 복덕이 많다고 말하였느니라" 하셨다.

그런데 여기서 다시 생각해 볼 것이 있다. '복덕의 성품이 공하기 때문에 많다고 한다면, 위에서 말한 허망한 마음의 성품도 공한 것이므로 역시 많다고 해야 되지 않겠는가?' 할 수 있을 것이다. 그러나 복덕은 부처님의 지혜로 바탕을 삼아 '공'의 성품에 부합되므로 '공'의 이치를 깨달을 때 복이 많아지거니와, 허망한 마음은 뒤바뀌어서 '공'의 이치와 어긋나므로 '공'의 이치를 깨달을 때 몽땅 사라진다. 마치 얼음이 햇볕을 만나면 물은 생기거니와 얼음은 사라지는 것과 같은 경우이다.

이상으로써 이 대목의 의문이 모두 풀렸을 것이다. 즉 우리의 마음이 허망하듯이, 우리가 닦아야 할 복덕도 뒤바뀐 것이 아니겠는가 하였으나, 뒤바뀐 마음에 끌리지 않고 행하는 무주상보시의 공덕은 뒤바뀜이 아니라 무량한 복이 된다는 것이다. 이 대목에 관하여 미륵게 제51송에서는 다음과 같이 읊었다.

| | |
|---|---|
| 佛智慧爲本 | 부처님의 지혜는 혜(慧)로써 근본을 삼으시니 |
| 非傾倒功德 | 뒤바뀐 공덕이 아니다. |
| 以是福德相 | 이러한 복덕의 모습이기에 |
| 故重說譬喩 | 거듭 비유를 들어 말씀하셨다. |

# 17. 무위의 법이라면 어떻게 상호가 있을까?

無爲何有相好疑  建立化身非身之身

【과목 해설】위 세번째 의문〔第三疑〕무득무설분(無得無說分第七)
에서 "온갖 현인이나 성인들이 모두가 무위의 법에서 여러 가지 차
별을 이루기 때문입니다" 한 말씀을 듣고, "그렇다면 부처님은 형상
이 없어야 하겠는데, 어째서 서른두 가지를 모두 갖춘 거룩한 몸매
〔具足諸相; 三十二相〕와 여든 가지를 모두 갖춘 살결〔具足色身; 八十
種好〕로 부처님이란 칭호를 얻으셨는가?" 하게 되었으니, 이는 법신
(法身)을 색신(色身)으로 오인한 데서 생긴 의문이다. 이에 대해 "상호
가 철저히 없는 자리에 상호가 없지 않으니 이것이 진정한 화신의 모
습"이라고 답하신다. 그러므로 이 대목을 무착은 위없는 몸이 구족함
을 설명한 것〔無上身具足〕이라 했고, 불신관으로는 몸 아닌 몸을 설
명한 것〔非身之身〕이라 하였으니, 화신의 진정한 상호는 무위의 법
에 의해서만 나타나게 된다는 뜻이다. 이러한 깨달음은 분명 반야지
로만 얻을 수 있으므로 지금부터는 지혜의 부문이다. 따라서 이 앞
은 모두가 정(定)의 부문이다.

# 離色離相分 第二十 四. 無上身具足

須菩提야 於意云何오 佛을 可以具足色身으로 見不아 不也니이다
世尊하 如來를 不應以具足色身으로 見이니 何以故오 如來 說具足
色身은 即非具足色身일새 是名具足色身이니이다 須菩提야 於意
云何오 如來를 可以具足諸相으로 見不아 不也니이다 世尊하 如來를
不應以具足諸相으로 見이니 何以故오 如來 說諸相具足이 即非
具足일새 是名諸相具足이니이다.


“수보리야, 네 생각에 어떠하냐? 모두 갖춘 살결〔具足色
身〕로써 부처를 볼 수 있겠느냐?”

“못하옵니다. 세존이시여, 모두 갖춘 살결로써 여래를 볼
수 없사오니, 무슨 까닭인가 하오면, 여래께서 말씀하신 모
두 갖춘 살결이란 모두 갖춘 살결이 아니므로 모두 갖춘 살
결이라 하기 때문입니다.”

“수보리야, 네 생각에 어떠하냐? 모두 갖춘 거룩한 몸매
〔具足諸相〕로써 여래를 볼 수 있겠느냐?”

“못하옵니다. 세존이시여, 모두 갖춘 거룩한 몸매로써 여
래를 볼 수 없사오니, 무슨 까닭인가 하오면, 여래께서 말
씀하신 모두 갖춘 거룩한 몸매는 모두 갖춘 거룩한 몸매가
아니므로 모두 갖춘 거룩한 몸매라 하기 때문입니다.”


【강화】 이 물음에 답하시기 위해 두 토막으로 말씀하셨다. 첫째는
몸이 없음으로써 몸을 나투심〔由無身故現身〕이다. 위 3번째 의문〔第

三疑〕 무득무설분(無得無說分第七)에서 "무위의 법에 의해 차별을 이루었다" 하니, "무위"란 유위의 조작이 없는 진여를 말한다. 이런 무위의 법에 의해 성현도 부처님도 나오셨다. 그러므로 이 대목에서 "무위에 의해 나타나신 부처님이라면 의당 무위의 모습 그대로 나타나셔야 하는데 어떻게 32상과 80종호라는 유위법의 모습을 가지고 부처님이란 칭호를 얻었을까?" 하는 의문을 내었다.

부처님은 수보리의 이런 생각을 무찌르기 위하여 "수보리야, 네 생각에 어떠하냐? 모두 갖춘 살결로써 부처를 볼 수 있느냐?" 하셨으니, 다시 말하면 '형체를 갖춘 화신불(化身佛) 그대로를 진정 부처라 할 수 있겠느냐?' 하시어 그런 생각을 무찌를 채비를 하신 것이다.

이 원리를 얼른 깨달은 수보리는 "못하옵니다" 하였다. 이렇게 말한 논리는, 여래께서 말씀하신 "모두 갖춘 살결"이란 승의제에는 있을 수 없는 것을 세속제로 보아서 "모두 갖춘 살결이라 합니다" 하여, '모두 갖춘 살결'의 겉모양에 끌리지 않고 참모습을 보면 "모두 갖춘 몸매"의 참모습인 화신불은 없지 않다는 것이다. 마치 거울 속에 아무것도 없어야 모든 것이 다 비칠 수 있듯이, 모두 갖춘 살결을 떠나야 참부처의 모습을 볼 수 있다. 만일 어떤 형태의 육신이라도 부처라 할 것이 국한되어 있으면 그외의 것은 부처가 아니어야 하기 때문이다.

다음 토막은 형상이 없으므로 형상을 나투심〔由無相故現相〕이다. 부처님은 "수보리야…… 모두 갖춘 거룩한 몸매로써 여래를 볼 수 있느냐?" 하시어 문답의 방식을 첫째 토막과 같이 진행하신다. 단 모두 갖춘 살결〔具足色身〕과 모두 갖춘 거룩한 몸매〔具足諸相〕가 다를 뿐이다. 앞 토막에서는 모두 갖춘 살결이 없음으로써 모두 갖춘 살결이 나타난다는 것이고, 이 토막에서는 모두 갖춘 거룩한 몸매가 없음으로써 거룩한 몸매가 나타난다는 것이 다를 뿐이다.

　"모두 갖춘 살결"이라 함은 부처님의 체질에서 보통 사람보다 좀 잘생긴 부분 여든 가지를 골라서 이르는 말이며, "모두 갖춘 거룩한 몸매"라 함은 부처님의 체질에서 특수하게 뛰어난 부분 서른두 가지를 골라서 이르는 말인데, 이 살결과 몸매를 합쳐 상호(相好)라 한다. 그러므로 미륵게 제52 · 53송에서는 다음과 같이 읊었다.

| | |
|---|---|
| 法身畢竟體 | 법신의 궁극적인 실체는 |
| 非彼相好身 | 상(相)과 호(好)로 된 몸 아니니 |
| 以非相成就 | 상호로 이루어진 것을 아니라 함은 |
| 非彼法身故 | 법신이 아니기 때문이다. |
| 不離於法身 | 그러나 법신을 여의지 않았으니 |
| 彼二非不佛 | 그 둘이 부처가 아닌 것도 아니다. |
| 故重說成就 | 그러므로 두 가지의 성취를 겹으로 말하나 |
| 亦無二及有 | 둘도 아니요, 있다는 것도 아니다. |

# 18. 몸이 없으면 어떻게 설법하나?
## 無身何以說法疑 建立化身非說之說

【과목 해설】 이 대목 역시 위 세번째 의문〔第三疑〕 무득무설분(無得無說分第七)에서 "온갖 현인(賢人)이나 성인(聖人)들이 모두가 무위(無爲)의 법에서 여러 가지 차별을 이루었다" 한 것에 대해, "성인이나 현인이 실제로 없다면 부처님의 몸도 없다는 말이거늘 몸이 없으면 어떻게 설법을 하셨는가?" 하는 의심으로 시작된다. 즉 말씀할 부처님의 몸이 없는데, 어떻게 그에 의해 나오는 설법이 있겠는가 하는 것이다.

이 대목은 바로 위 대목인 열일곱번째 의문〔第十七疑〕 이색이상분(離色離相分第二十)에서 "무위의 법이라면 어떻게 상호가 있을까?" 한 것과 쌍벽을 이룬다. 위의 대목은 어떻게 몸이 있겠느냐는 것이며, 이 대목은 어떻게 설법한 음성이 있겠느냐는 것이어서 몸과 음성과의 관계를 이룬다. 이에 대해 몸없는 몸이 참몸이듯, 말없는 말이 참설법이란 내용으로 대답하여 의문을 풀어 주신다. 그러므로 무착은 이 대목을 말씀이 구족함을 설명한 것〔無上語具足〕이라 했고, 소명 태자는 설한 이도 설한 바도 아님을 설명한 것〔非說所說分〕이라 했고, 불신관으로는 말씀 아닌 말씀을 설명한 것〔非說之說〕이라 하여 화신을 인정하는 네 단원이 끝난다.

그런데 '말씀하신 법이 없다'는 내용이 이 대목을 포함하여 모두 세 차례 나온다. 첫째, 무득무설분(無得無說分第七)에서는 부처님은 설법을 하고 있지 않는가 하는 의심에 답한 것이고, 둘째, 여법수지분(如法受持分第十三)에서는 부처님은 말씀이 없다는 것을 입증하기 위해서 하신 말씀이고, 셋째, 이 대목은 몸이 있어야 설법하지 않겠는가 하는 의문에 답하기 위한 것이다. 그러므로 중복된 것이 아니다.


## 非說所說分 第二十一 五. 無上語具足

須菩提야 汝 勿謂如來 作是念하대 我當有所說法이라 하라 莫作是念이니 何以故오 若人이 言 如來有所說法이라 하면 卽爲謗佛이니 不能解我所說故니라 須菩提야 說法者는 無法可說일새 是名說法이니라 爾時에 慧命須菩提 白佛言하사대 世尊하 頗有衆生이 於未來世에 聞說是法하고 生信心不잇가 佛言하사대 須菩提야 彼非衆生이며 非不衆生이니 何以故오 須菩提야 衆生衆生者는 如來 說非衆生일새 是名衆生이니라.


"수보리야, 여래가 '내가 말한 법이 있다' 하리라고 너는 생각지 말라. 그런 생각을 말지니, 무슨 까닭이겠는가? 어떤 사람이 '여래께서 말씀하신 법이 있다' 한다면 부처님을 비방하는 것이니, 나의 말뜻을 모르기 때문이니라.

수보리야, 법을 말한다는 것은 말할 만한 법이 없으므로 법을 말한다 하느니라."

그때 혜명(慧命) 수보리가 부처님께 사뢰었다.

"세존이시여, 오는 세상에 이런 법문을 듣잡고 믿음을 낼 어떤 중생이 있겠나이까?"

부처님께서 대답하셨다.

"수보리야, 저들은 중생도 아니고, 중생 아님도 아니니 무슨 까닭이겠는가? 수보리야, 중생이라, 중생이라 한 것은 여래가 말하기를, 중생이 아니므로 중생이라 하였기 때문이니라."


【강화】 "부처님의 본체가 무위(無爲)라면 어떻게 설법한 소리가 있을 수 있는가?" 하여, 설법하신 음성의 실체는 분명 있어야 되겠다고 생각하는 수보리에게 "수보리야, 여래가 '내가 말한 법이 있다' 하리라고 너는 생각지 말라" 하셔서, 혹시 잘못 생각하고 있을 수보리의 생각을 막으신다.

부처님의 몸이 없으되 구족하다 한 것같이, 부처님의 음성도 마치 빈 골짜기의 메아리처럼 아무런 생각도 없어야 또렷또렷하게 들린다. 즉 말한 바 없으되 모두 말씀하시는 이것이 화신 부처님의 설법이다.

다음에 "무슨 까닭이겠는가…?"는 '어째서 여래 자신이 말씀하신 법이 있다고 생각하리라는 생각을 말라 하였는가?' 한 것이니, 부처님은 모든 법의 '공' 한 이치를 잘 알아서 아무런 집착 없이 말씀하셨기 때문이다. 그렇거늘 누군가가 그 설법의 실체가 있다고 한다면, 이는 부처님도 속절없이 상에 집착된 첨지에 불과하구나 하는 말이기 때문에 "부처님을 비방하는 것이라" 하셨다.

끝으로 그렇다면 어떤 것이 부처님의 참설법인가? "말할 만한 법이 없으므로 법을 말한다 하느니라" 하시어, 말씀하신 바 없이 설하신 말씀이 부처님의 참설법이라는 것이다. 그러므로 미륵게 제54송에서는 다음과 같이 읊었다.

| 如佛法亦然 | 부처님이 그렇듯이 법도 그러하여서 |
| 所說二差別 | 설한 바 두 가지가 차별되지만 |
| 不離於法界 | 법계를 떠나서 있는 것 아니기에 |
| 說法無自相 | 설법의 제 모습은 없는 것이다. |

여기서 두 가지라 함은 말씀과 말씀 속의 이치인데, 이 두 가지는 모두가 법계를 여의지 않았으므로 설법의 실체는 없다. 이 실체 없는 설법은 무위인 법계에서만 나온다.

그러나 이렇게 어려운 법문을 누가 알아들으랴? '부처님의 설법은 말씀하신 바가 없다' '법신을 여의지 않았다' 또 '법신은 형상이 없다' 했으니 말이다. 그러므로 "그때 혜명 수보리가……"로 시작하는 일단의 경문이 이어지는데, 이는 마치 정신희유분(正信希有分第六)의 내용과 비슷하다. 그러나 먼저 것은 모양다리에 머무르지 않는 보시를 믿을 자가 누가 있겠느냐는 뜻이고, 여기서는 부처님의 본질과 설법의 현상과의 차이를 누가 믿겠느냐는 점에서 다르다.

그런데 이 대목, 즉 "그때 혜명 수보리가…… 중생이라 하기 때문이니라"의 한 토막 경문은, 전하는 말에 유명(幽冥) 선사가 추가한 것이라 하여 규봉(圭峰)도 해석을 유보했다. 그러나 무착이 《반야론(般若論)》를 지을 때 대본(臺本)으로 삼았던 보리류지(菩提流支)가 번역한 금강경에는 이 대목이 있고, 미륵게 제55송에서는 이 부분을 포함하여 다음과 같이 읊었다.

| 所說說者深 | 말씀하신 법과 말씀하신 이 모두 깊으나 |
| 非無能信者 | 능히 믿을 이가 없지는 않나니 |
| 非衆生衆生 | 중생이 아니므로 중생이라 부르고 |
| 非聖非不聖 | 성자도 아니므로 성자 아님도 아니다. |

그러므로 고래로 이 대목을, 말씀하신 바가 깊으니 믿을 이가 없으리라〔所說旣深無信疑〕는 과목을 붙여 별단으로 삼아야 한다고 주장하기도 하였다. 혹은 다음의 열아홉번째 의문〔無法如何修證疑; 법이 없다면 어떻게 닦고 증득하는가〕이 시작되는 무법가득분(無法可得分第二十二)이 여기서부터 시작되어야 한다고 주장하면서, 화신의 이야기가 끝나고 보신의 설명이 시작되기 때문이라고 이유를 드는데 그럴듯한 말이다. 왜냐하면 경의 서술 구조상 "그때〔爾時〕…"로 시작하면 내용의 대단원이 바뀌기 때문이며, 무착도 별과(別科)로 취급했기 때문이다.

그 부분은 이만 줄이고 다시 본문 해석으로 들어간다. 겸하여 이 대목을 유명(幽冥) 선사가 보태었다는 전설에 대해 인악기(仁嶽記) 본항(本項)에 다음과 같은 이야기가 있어 소개한다.

당(唐) 목종(穆宗) 장경(長慶) 2년(822) 영유(靈幽)라는 스님이 죽어서 명부(冥府)에 가니, 명왕(冥王)이 "그대는 세상에 있을 때 무엇을 하였느냐"고 물었다. 스님이 "항상《금강경》을 독송하였소" 하자, 왕이 한번 외워 보라 하였다. 스님이 한 편 외우니 왕이 "한 대목 빠졌도다. 그대의 수명이 다했으나《금강경》을 읽은 공덕으로 다시 인간 세상에 돌려보내니 사람들께 널리 알려 바른 경이 퍼지게 하시오. 이 경의 정본(正本)은 호주(濠洲; 安徽省鳳陽縣) 종리사(鐘離寺) 석벽에 새겨졌으니 그대는 가보고 베껴다가 잘 퍼뜨리시오" 하고는 놓아 주었고, 영유 스님은 살아나서 명왕의 말대로《금강경》을 펴뜨렸다 한다.

"그때"는 이와 같이 문답이 끝난 때로서, 다음 이야기의 서두가 된다. "혜명(慧命)"이란 수보리에게 붙인 또 다른 칭호이니 지혜로써 생명을 삼는다는 뜻이다. "믿음을 낸다" 함은 그대로 믿어 의심치 않는 경지에 이르렀다는 뜻이니, 수보리는 '그러한 사람이 있겠는가'를 여쭌 것이다.

이에 대하여 부처님은 만일 이런 법을 의심 없이 바르게 믿는 이는 "중생도 아니라" 하셨으니, 법신의 자리에는 중생이랄 것이 없기 때문이다. "중생 아님도 아니라" 하신 것은 중생을 떠나서 법신이 따로 없기 때문이다.

"무슨 까닭이겠는가?"는 어째서 중생이 아니기도 하고 중생이기도 하느냐는 뜻이다. 이에 대해 부처님께서 해명하면서 우선 "중생이라, 중생이라" 거듭하여 주제어를 환기시키셨다. 이어서 "중생이 아니므로"라 함은 제일의제, 즉 법신에는 중생이랄 것이 없기 때문이며, "중생이라 한다" 함은 세속제, 즉 언어의 논리에 의하여 중생이라 부른다는 뜻이다.

# 19. 법이 없으면 어떻게 닦고 증득하는가?
## 無法如何修證疑 建立報身體相

【과목 해설】 이상으로써 화신의 세계를 여러모로 설명해 마치고 , 이 단원부터 스물한번째 의문〔第二十一疑〕 화무소화분(化無所化分第二十五)까지 세 단원은 보신의 세계를 설명한다. 화신과 보신의 차이는 누누이 말했거니와 화신은 중생을 교화하기 위하여 중생의 근기에 맞는 모습으로 분장한 몸이며, 보신은 지상(地上)보살을 위해 나투신 깨달음의 결정체이다. 다시 말해 수행과 깨달음에 맞는 대가를 받으신 몸을 이르는 말이다.

위의 세번째 의문〔第三疑〕 무득무설분(無得無說分第七)과 열두번째 의문〔第十二疑〕 구경무아분(究竟無我分第十七)과 열세번째 의문〔第十三疑(同上)〕에서 모두 "보리를 얻을 수 없다" 한 말씀에 대해 "보살이 발심하여 등각(等覺)·묘각(妙覺)에 이르기까지 차츰차츰 지위에 맞게 보리를 얻어 올라가는 것이 엄연한 현실인데, 어째서 한 법도 얻을 수 없다고 누누이 말씀하셨는가?" 한다. 이 의문은 가깝게는 얻은 법이 없으되 얻는, 보신의 바탕을 물은 것이나 멀리는 보신에 관한 모든 것을 물었다. 그래서 이 대목은 보신의 존재를 인정하고 풀이하는 총론〔報身體相〕이 된다. 따라서 무착은 법신의 구족한 마음〔無上心具足〕을 설명하였다고 보았다.

# 無法可得分 第二十二 六. 無上心具足

須菩提 白佛言<sub>하사대</sub> 世尊<sub>하</sub> 佛<sub>이</sub> 得阿耨多羅三藐三菩提<sub>는</sub> 爲無所得耶<sub>잇가</sub> 佛言<sub>하사대</sub> 如是如是<sub>하니라</sub> 須菩提<sub>야</sub> 我於阿耨多羅三藐三菩提<sub>에</sub> 乃至 無有少法可得<sub>일새</sub> 是名阿耨多羅三藐三菩提<sub>니라</sub>.

수보리가 부처님께 사뢰었다.

"세존이시여, 부처님이 아뇩다라삼먁삼보리를 얻으신 것은 얻으신 바가 없기 때문이옵니까?"

부처님께서 말씀하셨다.

"그러하니라. 그러하니라. 수보리야, 내가 아뇩다라삼먁삼보리의 법에서 조금만큼의 법도 얻은 것이 없으므로 아뇩다라삼먁삼보리라 하느니라."

【강화】 이 대목〔第十九疑〕을 세 토막으로 설명하신다. 첫째, "수보리가 사뢰었다……. 아뇩다라삼먁삼보리라 하느니라"는 얻은 법 없음이 곧 바른 깨달음〔以無法爲正覺〕이다. 이러한 답을 끌어내기 위하여 먼저 수보리가 여쭙기를 "부처님께서 보리를 깨달으셔서 부처님이 되신 것은 진정 얻은 바가 없기 때문입니까?" 한다. 이 물음에 부처님은 서슴지 않고 "그러하니라"를 거듭하신 뒤, 다시 "수보리야, 내가……"라고 부언하셨으니 이는 보신의 바탕〔報身相〕, 즉 깨달음의 실체, 다시 말하면 부처님이 부처님 되시게 한 근원을 말씀하실 계기를 얻으셨기 때문이다. 그러므로 미륵게 제56송에서는 다음과

같이 읊었다.


彼處無少法          그곳에는 적은 법도 없기에
知菩提無上          보리의 법이 무상(無上)인 줄 아노라.


　여기서 그곳이라 함은 바른 깨달음의 경지를 말하는데, 보리는 그 얻을 바가 없는 경지에 홀로 존재하기 때문에 무상(無上)이라는 것이니, 그 보리의 경지가 바로 보신의 본체라는 것이다.


## 淨心行善分 第二十三

　復次 須菩提야 是法이 平等하야 無有高下일새 是名 阿耨多羅三藐三菩提니 以無我無人無衆生無壽者로 修一切善法하면 卽得阿耨多羅三藐三菩提하나니라 須菩提야 所言 善法者는 如來說卽非善法일새 是名善法이니라.


　"또 수보리야, 이 법은 평등하여 높은 것도 없고 낮은 것도 없으므로 아뇩다라삼먁삼보리라 하나니, 아상도 없고 인상·중생상·수자상이 없이 온갖 착한 법을 닦으면 즉시에 아뇩다라삼먁삼보리를 얻느니라. 수보리야, 착한 법이란 것은 여래가 말하기를 착한 법이 아니므로 착한 법이라 하느니라."


　【강화】 이 대목을 풀이하는 둘째 토막은 평등함이 곧 바른 깨달음

〔以平等爲正覺〕이니, "또 수보리야, 이 법은 평등하여 높은 것도 없고 낮은 것도 없으므로 아뇩다라삼먁삼보리라 하나니" 하신 경문이 이에 해당하며, 보신의 생김새〔報身相〕를 설명한 것이다. 다시 말해 평등하여 높고 낮음이 없는 법계 그대로의 모습이 곧 보신의 생김새이다. 그러므로 미륵게 제56송 후반에서는 이렇게 읊었다.

| 法界不增減 | 법계는 늘거나 주는 일이 없나니 |
| 淨平等自相 | 청정함과 평등함이 제 모습이다. |

이 대목의 셋째 토막은 근본 수행과 보조 수행으로 바르게 깨달음〔以正助爲正覺〕이니, "아상도 없고…… 착한 법이라 하느니라" 하신 경문이 이에 해당한다. 여기서 "아상도 없고…… 수자상이 없이"는 근본 수행을 말하는데, 깨달음 즉 아뇩다라삼먁삼보리를 내는 직접적인 원인이기 때문이다. "온갖 착한 법을 닦으면"은 보조 수행을 말하는데, 4상을 여읜 뒤 온갖 착한 법을 닦아 보리의 싹이 자라도록 돕기 때문이다. "즉시에…… 보리를 얻느니라"는 바른 깨달음을 말하는데, 이 경지는 부처의 본질이며 보신의 모습이다. 그러므로 미륵게 제57송에서는 다음과 같이 읊었다.

| 有無上方便 | 위없는 방편이 있고, 그리고 |
| 及離於漏法 | 유루의 법을 여의었나니 |
| 是故非淨法 | 그러므로 청정한 법이 아니로되 |
| 卽是淸淨法 | 그대로가 청정한 법이라 한다. |

우리는 흔히 '본래 부처'라 해서 인과를 무시하는 듯한 사람들을

본다. 그러나 꼭 그렇지는 않다는 점을 이 기회에 말해 두고 싶다. 비록 이 법이 평등하므로 아뇩다라삼먁삼보리라 한다지만, 아무런 수행도 하지 않는 장삼이사(張三李四)가 모두 바른 깨달음을 얻는다는 것은 아니다. 단 4상이 없고〔正〕 온갖 착한 법을 닦아야〔助〕 된다. 그러나 이 착한 법 역시 실체가 있는 것이 아니다. 그러므로 마지막에 "착한 법이 아니므로 착한 법이라 하느니라" 하시어, 착한 법에 집착될 것을 경계하셨다.

그런데 이 경에는 보리를 얻을 수 없다는 말이 전부 네 차례 나온다. 첫째, 세번째 의문〔第三疑〕의 전반 무득무설분(無得無說分第七)은 석가여래께서 과위를 얻은 것이 있으리라는 의문에 답한 것이고, 둘째, 열두번째 의문〔第十二疑〕 구경무아분(究竟無我分第十七)의 중 후반에서는 선혜(善慧) 선인이 연등 부처님께 수기를 얻은 바가 있으리라는 의문에 답한 것이고, 셋째, 역시 구경무아분의 종반〔第十三疑〕에서는 법도 없고 부처도 없으리라는 의문에 답한 것이고, 마지막으로 이 대목인 열아홉번째 의문〔第十九疑〕의 전반 무법가득분(無法可得分第二十二)에서는 닦을 것도 있고 증득할 것도 있으리라는 의문에 답한 것임을 덧붙여 둔다.

# 20. 말씀하신 바가 무기이거늘 어떻게 성불의 원인이 되겠는가?

所說無記非因疑 <sub>建立報身之福</sub>

【과목 해설】 바로 위의 대목 열아홉번째 의문〔第十九疑〕의 후반인 정심행선분(淨心行善分第二十三)에서 "온갖 착한 법을 닦으면 즉시에 아뇩다라삼먁삼보리를 얻느니라" 한 말씀을 듣고 이런 의문을 낸다. "그렇다면 어째서 전부터 자주 말씀하시기를, 이 경을 지니면 보리를 얻는다고 하셨을까? 착한 법을 닦아 아뇩다라삼먁삼보리를 얻을 수 있다는 말씀은 가하겠지만 경을 지니면 보리를 얻는다는 말은 틀린 것 같다. 왜냐하면 경은 음절·낱말·구절·문장〔聲名句文〕 등 네 가지로 구성되어 착한 법을 표현하는 기호일 뿐이기 때문이다. 이 네 가지는 무기(無記)여서 선도 악도 아니거늘 어떻게 성불의 원인이 되겠는가"라고. 다시 말해 이런 무기의 성품인 경의 말씀을 원인으로 삼아서 착한 법의 극치인 보리를 얻는다는 말은 마치 허공을 묶어 집을 지으려는 것 같다는 것이다. 이 의문에도 까닭은 없지 않다. 착한 원인으로 착한 결과를 받고 악한 원인으로 악한 결과를 받는다는 것은 일반 상식이지만, 선도 악도 아니어서 무기인 문자로 원인을 삼아 선의 최상급인 보리를 얻는단 말은 이해할 수 없다는 말이니, 그리 무리한 소리는 아니다.

여기서 무기에 대해 좀더 풀이하고 지나가야겠다. 우리들의 일상 행동을 그 성격으로 구분하면 선(善)과 악(惡)의 두 측면뿐이다. 그런데 이 무기란 것은 선도 악도 아닌 행위이다. 예를 들자면 숲 속의 바람 소리 물 소리 새소리들과 나아가서는 부처님이나 우리들의 목을 통해 나오는 음성 자체 등, 이 모두가 선도 악도 아닌 형태로서 좋건 나쁘건 하등의 결과를 초래하지 않는 것이 그 특징이다.

이와 같이 부처님의 말씀인 이 경은 무기의 성품인 음성·낱말·구절·문장의 집합체이므로, 이 경을 지니고 읽는 것만으로는 보리를 얻을 원인이 되지 못한다는 것이다.


## 福智無比分 第二十四

須菩提야 若三千大千世界中에 所有諸須彌山王하야 如是等 七寶聚로 有人이 持用布施하야도 若人이 以此般若波羅蜜經에서 乃至 四句偈等을 受持讀誦하고 爲他人說하면 於前福德으론 百分에 不及一이며 百千萬億分과 乃至 算數譬喩로 所不能及이니라.


"수보리야, 어떤 사람이 삼천대천세계 안에 있는 여러 수미산들처럼 그렇게 큰 칠보로 보시하더라도, 다른 사람이 이 반야바라밀경에서 4구게만이라도 받아지니고 읽고 외우고 남에게 일러 준다면 앞의 공덕으로는 백분의 일에도 미치지 못하며, 천만억분의 일에도 미치지 못하며, 나아가서는 수효나 비유로도 미칠 수 없느니라."

【강화】이 의문에 대답하기 위하여 경을 지니는 공덕이 끝없음을 말씀하셔서, 경 자체는 무기의 성품이지만 이로 인해 바른 견해를 얻고, 이 견해에 의해 바른 수행을 하여 마침내는 보리를 얻게 된다 하셨다. 마치 거울 속에 나타난 자기 얼굴의 그림자는 무기이지만, 그를 보고 바른 판단을 하여 자기 본얼굴의 모습을 가꾸게 되는 것과 같다 하겠다. 그러므로 미륵게 제58송에서는 다음과 같이 읊었다.

| | |
|---|---|
| 雖言無記法 | 비록 말은 무기의 법이지만 |
| 而說是彼因 | 말씀 자체는 그〔성불〕의 원인이니 |
| 是故一法寶 | 그러므로 한마디 법보가 |
| 勝無量珍寶 | 무량한 진보(珍寶)보다 수승하다. |

말은 무기이지만, 받아들이기 여하에 따라 성불의 원인이 되고, 비방의 원인도 된다. 그러므로 그 말씀 속의 법보야말로 수미산덩이 같은 칠보로 보시한 공덕보다 수승하다는 것이다. 그런데 여기서 만나게 되는 부처님이란, 해제에서 예시한 과도에 준하면 보신을 설명하는 중에 둘째 보신의 복〔報身之福〕, 즉 복이 많으신 보신불에 해당한다. 보신이란 깨달으신 그대로의 모습으로서 이를 증도(證道)라 하고, 그 깨달음에 이르게 하는 과정을 교도(敎道)라 하니, 문자로 된 무기의 교법을 4상 없이 받아들이는 것을 말한다. 다시 말해 보신의 깨달음인 증도에 이르기 위해서는 말씀인 교도를 어떻게 받아들이느냐가 필수적인 과정이다. 그렇거늘 그 말씀인 교법은 성불의 원인이 되지 못하리라는 의문을 일으키면 완전히 잘못이라는 것이다.

따라서 이 대목의 의문은 9번째 의문〔第九疑〕 이상적멸분(離相寂滅分第十四)에서 "말은 허무한 것, 그것으로 어떻게 진여를 깨치랴?"

한 것과 비슷한데, 무엇이 어떻게 다른가? 위에서는 말은 실체가 있는 유위(有爲)이므로 얻을 수가 있을 것이라는 의문이고, 여기서는 말은 무기여서 성불의 원인이 되지 못하리란 의문이므로 분명히 다르다. 그러므로 양(梁)의 소명 태자는 전자를 상을 여의어 적멸함을 설명한 것〔離相寂滅分〕이라 했고, 후자를 말은 비록 무기이지만 성불의 원인이 되니 그 지혜와 복은 비교할 수도 없음을 설명한 것〔福智無比分〕이라 하였다.

# 21. 평등하다면 어떻게 중생을 제도하나?

平等云何度生疑　建立報身之化

【과목 해설】 이 대목은 위 열아홉번째 의문〔第十九疑〕 정심행선분(淨心行善分第二十三)에서 "이 법은 평등하여 높은 것도 없고 낮은 것도 없다" 한 말씀에 대해 "평등하여 높고 낮음이 없다면 어찌하여 부처님은 이미 설법도생(說法度生)을 하셨는가? 높고 낮음이 분명 있지 않은가?" 하는 의문을 낸 것이다. 이 물음에 대해 "나는 중생을 제도한 바가 없다"고 말씀하시니, 평등하기 때문에 제도한다거나 제도치 않는다는 차별이 없다는 것이다. 이는 정심행선분에서 말씀하신 "평등"의 의미와 무득무설분에서 말씀하신 "일체 성현이 모두 무위의 법에서 차별이 생긴다" 하신 말씀의 의미를 합쳐서 보신의 평등한 덕화〔報身之化〕를 풀이한 내용이다.


## 化無所化分　第二十五

須菩提야 於意云何오 汝等은 勿謂如來 作是念호대 我當度衆生이라 하라 須菩提야 莫作是念이니 何以故오 實無有衆生을 如來度者니 若有衆生을 如來度者인댄 如來 卽有我人衆生壽者니라

須菩提야 如來 說有我者는 卽非有我언마는 而凡夫之人이 以爲
有我라 하나니라 須菩提야 凡夫者는 如來 說卽非凡夫니라.

"수보리야, 네 생각에 어떠하냐? 너희들은 여래가 중생을
제도하리라고 생각한다고 여기지 말라. 수보리야, 그런 생
각을 하지 말지니, 무슨 까닭이겠는가? 진실로 어떤 중생도
여래가 제도할 것이 없느니라. 만일 어떤 중생을 여래가 제
도할 것이 있다 한다면, 이는 여래가 아상·인상·중생상·
수자상이 있다는 것이니라. 수보리야, 여래가 '아상이 있
다' 한 것은 곧 아상이 아니거늘 범부(凡夫)들은 아상이 있
다고 여기느니라. 수보리야, 범부라는 것을 여래는 범부가
아니라 하느니라."

【강화】이 의문에 답하기 위하여 네 토막으로 말씀하셨다. 먼저
"수보리야, 네 생각에 어떠하냐…? 생각을 말지니"는 잘못된 견해
를 막으심〔遮錯解〕이며, 둘째, "무슨 까닭이겠는가? 진실로 어떤 중
생도 여래가 제도한 것이 없느니라"는 바른 견해를 보이심〔示正見〕
인데, 먼저 "그런 생각을 말지니"는 으레 그런 생각을 하기 때문에
막으려는 뜻으로 하신 말씀이요, 의문에 대한 대답으로서 "진실로
여래가 어떤 중생도 제도할 것이 없기 때문이다" 하셨는데, 중생이
란 5온(五蘊)의 일시적인 집합체에다 붙인 거짓 이름이어서 이름도
공하고 실체도 공하다. 이 공의 본질은 바로 법계와 부처의 근원이며
중생의 바탕이다. 그렇다면 부처와 중생은 본질면에서 모두가 '공'
이며 평등이다. 누가 누구를 제도한단 말인가? 기어이 부처와 중생의
차이가 있어야 되겠다는 생각부터가 대단히 잘못되었다. 그러므로 소

명 태자는 이 대목을 교화하되 교화한 바가 없음을 설명하는 대문
〔化無所化分〕이라 하였고, 무착은 무법가득분(無法可得分第二十二)부
터를 위로 부처의 경지를 구하는 공부〔上求佛地住〕 중의 제6 위없는
마음의 구족함을 설명하는 대목〔無上心具足〕이라고 과판하였다. 따
라서 미륵게 제60송에서는 이렇게 읊었다.


平等眞法界          평등한 참법계에는
佛不度衆生          부처가 중생을 제도치 않나니
以名共彼陰          그들의 이름과 그리고 5온이
不離於法界          법계를 여의지 않았기 때문이다.


천친론(天親論)에서는 이 게송을 '중생이라는 이름과 중생들의 5
온이 모두가 법계를 여의지 않았다는 뜻이라'고 풀이했다.

셋째, "만일 어떤 중생을 여래가 제도할 것이 있다 한다면, 이는 여
래가 아상·인상·중생상·수자상이 있다는 것이니라"는 그 까닭을
풀이함〔釋其所以〕이니, 다시 말해 '여래는 4상이 없으므로 내가 중
생을 제도한다는 생각이 추호도 없다. 그러므로 여래는 중생을 제도
한다'는 뜻이 된다.

넷째, "수보리야, 여래가 아상이……"에서 끝까지는 겹겹이 자취
를 털어 버림〔展轉拂跡〕이니, "아상"이란 것 또한 괴상한 존재이어서
세속제로는 있으나 승의제로는 없거늘 범부들이 그렇게 생각하고,
"범부"라는 것 역시 그러하여 세속제로는 있는 듯하나 승의제에는
없는 것이거늘 범부들은 있다고 생각하니, 그런 생각들을 철저히 털
어내어 어디에도 머물러 있지 않게 하셨다.

중생을 제도하되 제도한 바가 없다는 말씀이 대승정종분(大乘正宗

分第三)과 구경무아분(究竟無我分第十七) 두 곳과 이 대목에 나오는데, 첫째는 '내가 중생을 제도한다는 생각을 여의라'는 뜻이며, 둘째는 '중생을 제도하는 이가 바로 '나'가 아니던가?' 하는 의문에 대답한 것이며, 셋째는 ''나'가 없다면 누가 중생을 제도하리요?' 하는 의문에 대답한 것이며, 마지막 이 대목은 '참법계는 평등하여 중생을 제도할 주체가 없겠구나' 하는 의문에 답한 것이니, "멀리 들으면 한 곡의 교향곡이어서 들을 만하더니, 가까이서 자세히 들으니 솔바람 냇물 소리 어지럽구나!" 한 옛사람의 시구와도 같은 경지라고나 할까?

그러나 알아듣기 어려우면서도 무엇인가 없지 않을 듯 여겨지는 이 말씀 속의 뜻, 그것이 모두가 우리들로 하여금 지혜의 눈을 뜨게 하는 금비(金錍)이다. 이를 보신의 덕화〔報身之化〕라 하여, 보신을 인정하는 대목〔報身建立〕의 세 단원이 모두 끝난다.

# 22. 모양다리만으로도 참부처님을 짐작해 알 수 있지 않을까?
以相比知眞佛疑 　建立正顯法身

【과목 해설】 위 열일곱번째 의문〔第十七疑〕 이색이상분(離色離相分第二十)에서 "모두 갖춘 살결〔具足色身〕로써 여래를 볼 수 없다" 하시고, 또 "모두 갖춘 거룩한 몸매〔諸相具足〕로도 여래를 볼 수 없다" 하셨는데, 이는 "법신은 끝내 모양다리가 아니다. 그러나 모양다리가 부처 아닌 것도 아니다. 왜냐? 모양다리가 없는 데서 모양다리가 나타났으므로 모양다리와 법신(法身)은 서로 여의지 않았다"는 말이 된다. 그러므로 다시 이런 의심을 낸다. "모양다리만 잘 살펴보면 모양다리 없는 참부처님을 짐작해 알 수 있지 않겠는가? 왜냐하면 모양다리 없는 참부처님은 이면이요, 모양다리는 표현이기 때문이다. 마치 먼 산 너머에서 솟은 연기를 보고 그 밑에 불이 있는 줄 아는 것같이, 단청(丹靑)을 볼 때 접착제인 아교까지도 본다는 것과 같이 부처님의 참모습은 추측으로 볼 수 있지 않을까?" 한다. 그러나 참부처님, 즉 법신은 이렇듯 추측의 대상이 아니라 추측과 사량(思量) 등 분별이 끊긴 자리에 오롯이 존재하는 것임을 알아야 한다. 그러므로 소명 태자는 이 대목을 법신은 상이 아님을 설명한 것〔法身非相分〕이라 했고, 함허(涵虛) 스님은 법신의 적멸한 본체를 설명한 것이라 했

고, 불신관으로는 이 대목부터 스무번째 의문〔第二十四疑〕까지는 법
신의 존재를 인정하는 내용〔法身建立〕인데 그 중 이 대목은 법신의
정의를 드러낸 것〔正顯法身〕이라 했다.


## 法身非相分 第二十六

須菩提야 於意云何오 可以三十二相으로 觀如來不아 須菩提
言하사대 如是如是니이다 以三十二相으로 觀如來니이다 佛言하사대
須菩提야 若以三十二相으로 觀如來者인댄 轉輪聖王이 卽是如來
니라 須菩提 白佛言하사대 世尊하 如我解 佛所說義컨대 不應以三
十二相으로 觀如來니이다 爾時에 世尊이 而說偈言하사대 若以色見
我하며 以音聲求我하면 是人行邪道라 不能見如來니라.


"수보리야, 네 생각에 어떠하냐? 32상(相)으로 여래를 볼
수 있겠느냐?"
수보리가 사뢰었다.
"그러하옵니다. 32상으로 여래를 볼 수 있습니다."
부처님께서 말씀하셨다.
"수보리야, 만일 32상으로 여래를 볼 수 있다면 전륜성왕
(轉輪聖王)도 여래라고 하리라."
수보리가 부처님께 사뢰었다.
"세존이시여, 제가 부처님의 말씀하시는 뜻을 알기로는,
32상으로는 여래를 보지 못하겠나이다."
그때 세존께서 게송으로 말씀하셨다.

"겉모양에서 부처를 찾거나

목소리로써 부처를 구한다면

이 사람은 삿된 도를 행하는지라

끝끝내 여래를 보지 못하리."


【강화】 이 대목을 다섯 토막으로 나누어 풀이하였다. 첫째, "수보리야, 네 생각에…… 볼 수 있겠느냐?"는 형상으로 부처를 표현할 수 있겠는가를 물음〔問以相表佛〕이니, 겉모양인 32상만으로 법신여래(法身如來)를 추측해 알 수 있다고 여기느냐는 뜻이다. 둘째, "수보리가 사뢰었다…… 볼 수 있습니다"는 형상으로써 법신을 볼 수 있음이 마치 싹을 보고 뿌리를 아는 것 같다고 대답함〔答因苗識根〕이니, 부처님이 물으신 대로 짐짓 함정에 빠져 들어간 것이다. 셋째, "부처님께서 말씀하셨다…… 여래라고 하리라"는 그렇다면 전륜성왕과 부처는 무엇이 다르겠느냐고 따짐〔難王佛不分〕이니, 전륜성왕과 부처님은 똑같이 32상을 갖추고 있으나, 한쪽은 범부이고 한쪽은 대성인이기 때문에 겉모양이 같다 하여 속모양도 같으리란 생각은 말라는 뜻이다. 그러므로 이 대목에 관하여 미륵게 제62송에서는 다음과 같이 읊었다.


| 非是色身相 | 색신의 모습으로 |
| --- | --- |
| 可比知如來 | 부처님을 견주어 알 수 없나니 |
| 諸佛唯法身 | 부처님은 오직 법신뿐인데 |
| 轉輪王非佛 | 전륜왕은 부처가 아니니라. |


그 이유를 다음과 같이 읊고 있다.

| 非相好果報 | 상호와 과보를 |
| 依福德成就 | 복덕에 의해 성취하는 것처럼 |
| 而得眞法身 | 참법신도 그렇게 얻는 것 아니니 |
| 方便異相故 | 방편의 모습이 다르기 때문이다. |

'전륜성왕'은 위 의법출생분(依法出生分第八)【강화】에서 거론했듯이, 4천하를 통솔한다고 믿어지던 인도 고대 신화 속의 이상적인 왕이다. 그때 인도에는 많은 나라가 육속(陸續)해 있어 조득모실(朝得暮失)이 빈번하였다. 그러므로 전쟁에 시달린 백성들은 천하를 통일하여 평화를 갖다 줄 영주를 갈구하게 되었는데, 그 희구하는 이상적인 군주가 바로 이 전륜성왕이다. 그의 생김새는 부처님의 32상과 꼭 같고, 인간의 수명이 8만 4천 세일 때에 나타나서 가장 긴 수명과 풍요한 부귀를 누린다. 그 중에 네 종류가 있는데 철륜왕(鐵輪王)은 한 천하를, 동륜왕(銅輪王)은 두 천하를, 은륜왕(銀輪王)은 세 천하를, 금륜왕(金輪王)은 네 천하를 다스린다고 한다. 그러므로 부처님의 갓난 시절에 정반왕은 싯달다 아기의 관상을 뵈었더니 관상사가 "이 아기는 32상이 구족하시니 전륜성왕이 아니면 부처님이 되시겠다" 하였고, 왕은 "부처님이 되시는 것도 좋지만 전륜왕이 되시기를 바랍니다"고 했다는 것이다. 이와 같이 전륜왕과 부처님은 겉모양으로는 같으나 실제는 다르니, 하나는 유루의 복으로 얻어진 것이며, 하나는 무루의 복에 의해 이루어지는 지위이기 때문이다. 그러므로 앞에 예시한 미륵게의 끝구절에서 "방편의 모습이 다르다"고 하였다.

넷째, "수보리가 부처님께 사뢰었다…… 여래를 보지 못하겠나이다"는 부처님을 겉모습으로는 볼 수 없음을 깨달음(悟佛非相見)이다. 부처님의 말씀에 "32상만을 부처라 한다면 전륜성왕도 부처여야 되겠다" 하신 말씀에, 수보리는 이내 부처님의 뜻을 알아차리고 "제가 부처님의 말씀하시는 뜻을 알기로는 32상으로는 여래를 볼 수 없습니다" 하였다. 다시 말해 실체, 즉 법신에 의하여 겉모양이 나타났으므로 겉모양이 실체와 다르지 않은 줄은 알았으나 진실한 공덕은 겉모양에 있지 않으므로 겉모양에 의해 실체인 법신을 더듬어 찾는 것은 부질없는 짓임을 알았다는 것이다.

다섯째, "그때 세존께서 게송으로…… 보지 못하리"는 보거나 들을 수 없는 경지임을 재확인함[印見聞不及]이니, 법신의 존재를 눈으로 보려거나 귀로 들으려면, 이는 사도(邪道)를 행하는 자라고 단언하셨다. 다시 말해 눈으로 보거나 귀로 듣는 것은 법신이 아니라는 것이다. 그러므로 미륵게 제66송에서는 다음과 같이 읊어 그 이유를 설명하고 있다.

| | |
|---|---|
| 唯見色聞聲 | 빛을 보거나 소리를 듣는 것만으로는 |
| 是人不知佛 | 이 사람은 부처를 알지 못하나니 |
| 以眞如法身 | 진여의 법신은 |
| 非是識境界 | 의식[識]의 경계가 아니기 때문이다. |

이렇듯 눈과 귀로 보거나 듣거나 의식으로 추측하다가 그 견문각지(見聞覺知)가 뚝 끊어진 자리에 법신이 적연(寂然)히 계시다는 것이다.

# 23. 부처의 과위는 복덕과 아무런 관계도 없지 않을까?

佛果非關福相疑 建立法身福量

【과목 해설】 바로 위의 대목 스물두번째 의문〔第二十二疑〕 법신비상분(法身非相分第二十六)에서 "모양다리로써 법신을 추측해 알려는 것은 잘못이다" 하신 말씀과 "모양다리나 음성으로 부처를 구하려 하면 삿된 짓이다" 하신 말씀을 듣고 이런 의심을 낸다. "그렇다면 부처님의 과위(果位)는 오로지 형상도 없고 조작도 없는 무위(無爲)의 경지이다. 그러나 복덕의 업은 아무리 닦아도 결국은 모양다리가 있는 과위(果位)만을 받는다. 모양다리는 참부처가 아니므로 참부처의 과위를 얻으려면 모두 갖춘 몸매로도 얻을 수 없고 복덕의 업으로도 얻을 수 없을 것이다. 그러므로 참부처의 과위는 복덕과는 아무런 관계가 없으리라." 이런 의심을 내어 복덕의 씨앗을 잃게 된다. 이에 대하여 부처님은 복덕을 떠나서 보리를 얻으려 하거나, 복덕을 탐내어서 보리를 얻으려고 생각하면 복덕도 과위도 모두 잃는 실수가 있으리란 내용으로 말씀하신다.

그러므로 이 대목을 불신관(佛身觀)으로는 법신의 복덕을 설명한 것〔法身福量〕이라 보았고, 함허 스님은 이 대목을 법신이 나투시는 인연의 모습을 설명한 것〔法身緣起之相〕이라 했으니, 형상 있음에도 집착되지 말고 형상 없음에도 집착되지 말아야 된다는 것을 알면 무량한 복덕을 받는다고 하신다. 따라서 소명 태자가 이 대목을 무단무멸분(無斷無滅分)이라 한 것도, 단멸에 치우치지 않는 것이 진리에 들어가는 길목이라는 뜻이다. 그렇다면 단멸에 빠지지 않는 것이 법신을 뵙는 인연이며, 그것이 법신이 지닌 복덕이라는 말이 된다.


## 無斷無滅分 第二十七


須菩提야 汝 若作是念하대 如來 不以具足相故로 得阿耨多羅三藐三菩提아 須菩提야 莫作是念호대 如來 不以具足相故로 得阿耨多羅三藐三菩提라 하라 須菩提야 汝 若作是念호대 發阿耨多羅三藐三菩提心者는 說諸法斷滅가 莫作是念이니 何以故오 發阿耨多羅三藐三菩提心者는 於法에 不說斷滅相하나니라.


"수보리야, '여래는 거룩한 몸매를 갖춘 탓으로 아뇩다라삼먁삼보리를 얻는 것이 아니라'고 너는 생각하느냐? 수보리야, 여래가 거룩한 몸매를 갖춘 탓으로 아뇩다라삼먁삼보리를 얻는 것이 아니라고 생각지 말라.

수보리야, 너는 혹시 '아뇩다라삼먁삼보리의 마음을 낸 이는 모든 법이 아주 없다고 말하리라'고 생각하느냐? 그런 생각을 말지니, 무슨 까닭이겠는가? 아뇩다라삼먁삼보리의 마음을 낸 이는 법에 대하여 아주 없는 것이라고 말하지 않기 때문이니라."

【강화】이 의문에 대해 네 토막으로 나누어 답하신다. 첫째, "수보리야…… 생각지 말라"는 상을 무시하는 생각을 막음〔遮毀相之念〕이다. 처음에 여래께서 "거룩한 몸매를 갖추지 않아도 보리를 얻으리라고 생각하느냐? 그런 생각은 아예 하지 말라" 하신 까닭은, 거룩한 몸매가 없어져야 보리도 복덕도 얻을 수 있다고 생각하여 거룩한 몸매를 얻을 원인을 무시해 버린다면 그것은 없음〔斷滅〕에 치우친 생각이어서 복덕을 잃게 되기 때문에 막으신 것이다.

둘째, "수보리야, 너는 혹시…… 그런 생각을 말지니"는 상을 무시하는 허물을 밝힘〔出毀相之過〕이니, 모든 법이 결정적으로 있다고 하여 항상함에 치우쳐도 안 되지만 아주 없다고 보는 견해〔斷滅〕에 치우치면 더욱 안 된다. 그러므로 '아무것도 없는 것을 진리라 여기거나 부처의 과위는 복덕과 아무런 관계가 없으리라'고 하여서는 안 된다는 것이다.

셋째, "무슨 까닭이겠는가…? 말하지 않기 때문이니라"는 복을 잃지 않음을 밝힌 것〔明福相不失〕이다. 먼저 "무슨 까닭이겠는가"는 어째서 '여래는 거룩한 몸매를 갖추지 않고도 보리를 얻으리라는 생각을 말라'고 했겠느냐는 것이며, 다음 "아뇩다라삼먁삼보리에 마음을 낸 이는 법에 대하여 아주 없는 것〔斷滅相〕이라고 말하지 않기 때문이니라"는 이 토막의 결론이니, 특히 '법에 대하여 아주 없는 것이라고 말하지 않는다' 함은 보살이 확고한 위치에 머물러서 추호의 동요도 없어야 진정한 복을 잃지 않는다는 것이다.

보살도를 닦아 마침내 부처님을 뵙기 위해서는 일곱 가지 가장 수승함〔七種最勝〕에 의지해야 하는데, 안주(安住)·의지(依止)·의락(意樂)·사업(事業)·교편(巧便)·회향(回向)·청정(淸淨) 등이다. 그런데 이 토막은 둘째 의지최승에 해당되니, 무슨 까닭인가? 자비와 지혜와 서원, 세 가지에 의지했기 때문이다. 자비에 의지하므로 열반에 머무르지 않고, 지혜에 의지하므로 생사에 머무르지 않고, 서원에 의지하므로 이 두 가지 일을 멈추지 않을 수 있다. 이 대목의 경우 항상하다는 견해(常)에 치우치면 생사에 머무르기 쉽고, 아주 없다는 견해(斷滅)에 집착되면 소승열반에 빠지기 쉬운데, 서원이 깊어 이 두 곳에 머무르지 않아 형상에 집착되지도 않고 허무에 빠져 복덕의 종자를 잃게 되지도 않기 때문이다. 그러므로 미륵게 제67송에서는 다음과 같이 읊었다.

不失功德因          공덕의 씨앗과 그리고,
及彼勝果報          그 수승한 과보도 잃지 않는다.


그러므로 소명 태자가 이 대목을 무단무멸분(無斷無滅分)이라 했다 하였거니와, 단(斷)과 멸(滅)은 '아주 없다'고 보는 고집인데 그 고집이 없는 도리를 말씀하신 단원이란 뜻이다.

그러면 수행자에게 있어서 아주 없다고 보는 고집이란 어떤 것일까? 자기만 열반에 들겠다는 생각에 사로잡혀 중생 제도를 소홀히 하는 일이니, 아주 없다는 소견에 집착되어 복덕을 닦지 않으면 현실을 너무나 무시하여 복덕을 잃는 허물이 생긴다. 그런데 이 대목의 법신보살은 모든 상에 집착되지 않으면서도 아주 없다고 보는 고집에서도 벗어났기 때문에 법신의 복덕을 잃지 않는다.

# 不受不貪分 第二十八

須菩提야 若 菩薩이 以滿恒河沙等 世界七寶로 布施하야도 若 復有人이 知一切法無我하야 得成於忍하면 此 菩薩이 勝前菩薩의 所得功德이니라 須菩提야 以諸菩薩이 不受福德故니라 須菩提 白佛言하사대 世尊하 云何菩薩이 不受福德이닛고 須菩提야 菩薩은 所作福德에 不應貪着일새 是故로 說 不受福德이니라.

"수보리야, 만일 어떤 보살이 항하의 모래 수효같이 많은 세계에 칠보를 가득히 채워 보시하더라도, 다른 사람이 온갖 법이 '나' 없는 줄 알아서 확실한 지혜(忍)를 이룬다면 이 보살의 공덕이 저 보살의 공덕보다 썩 나으니라. 수보리야, 모든 보살들은 복덕을 받지 않기 때문이니라."

수보리가 부처님께 사뢰었다.

"세존이시여, 어찌하여 보살이 복덕을 받지 않나이까?"

"수보리야, 보살들은 지은 복덕을 탐내거나 고집하지 않아야 하므로 복덕을 받지 않는다 하느니라."

【강화】 넷째, 불수불탐분(不受不貪分) 전체는 복덕을 잃지 않는 까닭을 밝힘(明不失所以)이다. 여기서 다시 둘로 나뉜다. 첫째, 항하의 모래같이 많은 세계에 가득 찬 칠보로 보시한 공덕과 온갖 법이 '나' 없는 줄 알아서 확실한 지혜(忍)를 얻은 공덕과를 견주면 나중의 공덕이 썩 낫다고 한 것은, 지혜를 얻었기 때문에 잃지 않음을 밝힌 것(明得忍故不失)이다. 즉 보살이 '나' 라는 생각이 없는(無我) 도리를

깨달으면 법신을 장엄하는 것이어서 참된 복덕을 잃지 않기 때문이라는 것이다. 여기서 "'나' 없음"이란 인무아(人無我)와 법무아(法無我)를 말하는데, 인무아는 '나'라는 실체가 없다는 말이고, 법무아는 '나'를 구성하는 모든 요소들, 즉 5온(蘊)이나 18계(界) 등이 있지 않다는 뜻이다. 이러한 이치를 확실히 알아 내부에 축적하기를 마치 어떤 일을 속에 깊숙이 참고 있듯하므로 확실한 지혜〔忍〕라 한다. 이런 지혜를 얻음으로써 단멸과 항상함 어느쪽에도 치우치지 않아 바른 복덕을 잃지 않을 수 있다는 것이다.

다음 "수보리야, 보살들은…… 복덕을 받지 않는다 하느니라"는 복덕을 받지 않기 때문에 잃지 않음을 밝힘〔明不受故不失〕이다. 위에서 '나'가 없음을 아는 확실한 지혜를 얻었으므로 복덕을 잃지 않는다 하였는데, 그 이유는 무엇인가? '나'가 없음을 알면 '내가 복덕을 받노라'는 생각이 없다. 그러므로 '보살은 복덕을 받지 않기 때문이니라' 하셨다. 복덕을 받지 않는다 함은 복덕에 집착되지 않는다는 뜻이다. 복덕을 닦되 복덕에 집착되지 않는 일, 이것이 참복덕을 잃지 않음으로써 부처의 과위에 이르는 수단이기 때문에 복덕과 불과는 무관할 수 없다는 것이다.

이상으로써 보살은 복덕의 행을 무시해서도 안 되고 복덕의 행을 탐내서도 안 된다는 것을 알았거니와, "보살이 복덕을 받지 않는다" 함은 쉽사리 이해하기 어려운 말씀이므로 장로께서 다시 "세존이시여, 어찌하여 보살이 복덕을 받지 않나이까?" 하고 여쭈었다. 부처님은 "보살들은 지은 복덕을 탐내거나 고집하지 않아야 하므로……"라 하셨으니, 보살이 '나' 없음을 알지 못하여 복덕을 탐내거나 집착하면 유루의 복덕을 이루어 32상의 갚음을 받아 전륜성왕은 될지언정 부처가 될 수는 없다는 것이다. 그러나 여기서는 복을 짓되 탐내

거나 집착하지 않는다 하였으니, 원인은 분명 무루의 수행이며 그
결과로 얻어지는 32상도 무루여서 장엄스러운 법신의 경계일 것이
다. 그것이 바로 부처의 과위이며, 법신의 복덕이다. 이상으로써 보
살은 부처의 과위를 얻기 위해 복덕의 행을 닦되 무시하지도 않고 집
착하지도 않아야 되는 것임을 알 수 있다. 그러므로 미륵게 제67송
의 후반에서는 다음과 같이 읊었다.

得勝忍不失　　　수승한 지혜〔勝忍〕를 얻어 잃지 않는 까닭은
以得無垢果　　　그것으로써 무구과(無垢果)를 얻었기
　　　　　　　　때문이다.

따라서 무구과는 단(斷), 상(常) 어느쪽에도 빠지지 않는 수행의 과
위이다.

# 24. 화신이 나타나서 복을 받는 것 아닐까?
## 化身出現受福疑 正釋建立法身

【과목 해설】 바로 위의 대목 스물세번째 의문〔第二十三疑〕 불수불탐분(不受不貪分第二十八)에서 "보살은 복덕을 받지 않는다" 하셨는데, 이에 대해 이런 의문을 품게 된다. "보살이 복덕을 탐내거나 받지 않는다지만 이는 법신의 경계이기 때문이거니와, 법신의 싹인 화신은 오셔서 복을 닦아 부처의 과위를 이루시고, 다시 그 복을 남겨 말세 중생들이 누리도록 하고 떠나셨다. 다시 말해 보살에서 부처님이 되셨고, 부처님에서 다시 열반으로 가신 자취로 연결되는 복덕의 연속은 분명 있는 것이 아닌가? 그런데 어찌 보살이 복덕을 받지 않는다 했을까? 그러므로 화신으로 나타나서 복을 받은 것이 아닐까?" 한다.

부처님의 본래 수명은 백년이었다. 그런데 20년을 덜 사시고 미리 열반에 드시어 그 남기신 복을 오늘의 우리들이 누리게 하신 것이다. 그러므로 중생들 누구나가 부처님께 공양하고 섬기면 무량한 복을 받게 된다. 이는 곧 화신 부처님이 복을 받으셨기 때문에 중생들에게 남겨 줄 수도 있었다는 말이기도 하며, 따라서 부처님은 오시기도 하고 가시기도 한다는 뜻도 된다. 그러나 겉모양이 오고가실 뿐, 화신이건 법신이건 어찌 참으로 가고 옴이 있겠는가? 겉으로 복을 누리는 화신, 그 본체는 법신이라는 것을 몰랐기 때문이다. 그러 므로 32분(分)으로는, 가고 오는 행동이 아주 고요해짐을 설명하는 단원〔威儀寂靜分〕이라 했고, 불신관으로는 법신의 정의를 풀이한 대 목〔正釋建立法身〕이라 하였다. 이렇게 법신의 실체를 보임으로써 위 의문에 해답을 준 것이다.


## 威儀寂靜分 第二十九

須菩提야 若有人이 言하대 如來 若來若去若坐若臥라 하면 是人 은 不解我 所說義니 何以故오 如來者는 無所從來며 亦無所去일 새 故名如來니라.


"수보리야, 만일 어떤 사람이 '여래가 오기도 하고, 가기 도 하고, 앉기도 하고, 눕기도 한다' 하면, 이는 내가 말한 뜻을 알지 못하는 사람이니, 무슨 까닭이냐? 여래라는 이는 어디로부터 오는 일도 없고 가는 데도 없으므로 여래라고 이름하기 때문이니라."


【강화】 이 대목의 의문을 풀이하기 위해 두 토막으로 나누어 말씀 하셨다. 첫째, "수보리야 만일…… 알지 못하는 사람이니"는 잘못된 견해를 물리침〔斥錯解〕이다. 다시 말해 "부처님이 이 세상에 오셔서 복을 받으시다가 그 복의 일부를 우리들에게 남겨 주고 열반의 세계 로 가셨다거나, 또는 여래가 이 세상에 얼마 동안 머무셨다 하는 이 가 있으면, 그는 부처님의 말씀을 전혀 모르는 사람이라" 하셨다.

미륵게 제69송에서는 다음과 같이 읊고 있다.

是福德報應　　　이렇게 복덕을 누리는 모습은
爲化諸衆生　　　중생들을 교화하시기 위함이니
自然如是業　　　자연스런 이런 업으로
諸佛現十方　　　모든 부처님은 시방에 나타나신다.


다음 "무슨 까닭이냐…? 때문이니라"는 바른 견해를 보이심〔示正見〕이니, "여래라는 것은 어디로부터 오는 일도 없고 가는 데도 없으므로 여래라고 이름하기 때문이니라" 하시어 간단히 대화를 끝낸다. 그러므로 이 대목을 법신의 정의를 풀이한 것이라 하였다.

위의 대목에서 "보살이 복덕을 받지 않는다" 한 것이 이 대목의 의문을 일으킨 동기였는데, 이는 참부처님의 본체는 형체나 수량이나 거래나 복덕이 실체가 없는 것임을 모르기 때문이었다. 2천6백년 전 인도의 정반왕궁에서 고추를 달고 태어난 싣달다 아기가 나중에 출가하여 도를 이루시고, 다시 쿠시나가라에서 오른쪽 겨드랑이를 땅에 대고 누워서 '내 할 일을 다 했노라' 하고 79세를 일기로 세상을 뜨신 뒤 무량한 복덕을 남겨 주신 것이 모두 법신의 그림자일 뿐임을 모르기 때문이었는데, 이제 "여래는 오는 데도 없고 가는 데도 없다" 하심으로써 그 의문을 풀어 주신 것이다.

그렇다면 2천6백 년 전의 역사적인 부처님은 전혀 껍데기이며 쭉정이여서 일고의 가치도 없단 말인가? 아니다. 밝은 달이 하늘에 두둥실 뜬 밤, 온 누리의 크고 작은 물에는 모두 달이 비친다. 그런데 여러 물에 달이 비쳤다 해서 달이 가고 오는 것은 아니다. 그러나 물속의 달이 하늘의 달과 아무런 관계가 없는 것도 아니다. 같다면 같고, 다르다면 다를 뿐이다. 그러므로 마지막 부분에서 "여래는 가지도 않고 오지도 않는다" 하셨으니, 화신이 오셔서 복을 받으시고 화신이 떠나며 복을 물려 주시는 것 같으나, 그 본체인 법신의 경지에는 가고 옴이 없다. 자유로이 왕래하면서 복을 받되 받음이 없는 줄 알면 참으로 한량없는 복을 받는다. 그러므로 미륵게 제70송의 전반에서는 다음과 같이 읊었다.

去來化身佛　　　　가고 오는 것은 화신불이나
如來常不動　　　　여래는 영원히 움직이지 않는다.

이리하여 법신건립(法身建立)의 세 과목이 모두 끝난다.

# 25. 법신과 화신은 같은가, 다른가?
## 法身化身一異疑 正顯三身非一非異

【과목 해설】 위의 스물두번째 의문〔第二十二疑〕 법신비상분(法身非相分第二十六)에서는 부처님과 전륜왕은 혼동될 수 없다는 뜻에서 "겉모양으로는 법신을 추측해 알 수 없다" 했고, 바로 위 스물네번째 의문〔第二十四疑〕 위의적정분(威儀寂靜分第二十九)에서는 부처님의 정의를 잘못 알까봐 "법신은 가고 오고 앉고 눕는 것이 아니라" 했으니, 이것으로 봐서는 법신과 화신은 다른 것 같다. 그런데 스물세번째 의문〔第二十三疑〕 무단무멸분(無斷無滅分第二十七)과 역시 스물세번째 의문 불수불탐분(不受不貪分第二十八)에서는 모든 상이 아주 없다는 생각을 막아 복덕을 끝내 잃지 않게 하였으니, 화신과 법신은 별 차이가 없는 것도 같다. 그래서 이 단원의 의문이 생겼으니, 즉 법신과 화신은 같은 것 같기도 하고 별개의 것 같기도 하다는 것이다. 이 물음에 대하여는 티끌과 세계와의 관계를 들어 같다고도 다르다고도 할 수 없다는 뜻으로 풀이하였다. 그러므로 32분으로는 일합이상분(一合理相分; 第三十)이라 했고, 불신관으로 보면 이 대목부터 끝까지를 셋째 삼신비일비이(三身非一非異)에 배속시키고, 특히 이 대목을 3신은 같음도 다름도 아님을 밝힌 것〔正顯三身非一非異〕이라 했다.

## 一合理相分 第三十

須菩提야 若 善男子善女人이 以三千大千世界로 碎爲微塵하면 於意云何오 是微塵衆이 寧爲多不아 甚多니이다 世尊하 何以故오 若是 微塵衆이 實有者인댄 佛이 卽不說是微塵衆이시리이다 所以者何오 佛說微塵衆이 卽非微塵衆일새 是名微塵衆이니이다 世尊하 如來 所說三千大千世界 卽非世界일새 是名世界니이다 何以故오 若世界 實有者인댄 卽是一合相이어니와 如來 說一合相은 卽非一合相일새 是名一合相이니이다 須菩提야 一合相者는 卽是不可說이어늘 但凡夫之人이 貪着其事니라.


"수보리야, 만일 어떤 선남자·선녀인이 삼천대천세계를 부수어 티끌로 만든다면 어떻게 생각하느냐? 이 티끌들이 많지 않겠느냐?"

"매우 많겠나이다. 세존이시여,

무슨 까닭인가 하오면, 만일 이 티끌들이 참으로 있는 것이라면 부처님께서는 이것을 티끌들이라 말씀하지 않으셨을 것이기 때문입니다. 그 까닭이 무엇인가 하오면, 부처님께서 말씀하신 티끌들이란 티끌들이 아니므로 티끌들이라 이름하시기 때문이옵니다.

세존이시여, 여래께서 말씀하신 삼천대천세계도 세계가 아니므로 세계라 이름하나이다. 그 까닭이 무엇인가 하오면, 만일 세계가 참으로 있는 것이라면 그것은 곧 한덩어리〔一合相〕가 된 것이려니와, 여래께서 말씀하시는 한덩어리는 한덩어리가 아니므로 한덩어리라 이름하기 때문이옵니다.”

“수보리야, 한덩어리란 것은 곧 말할 수 없는 것이거늘 다만 범부들이 그것을 탐내고 집착하느니라.”


【강화】“법신과 화신은 같은가, 다른가?” 이 물음에 답하신 내용을 다음과 같이 크게 두 토막으로 나누고, 첫째 토막을 다시 다섯 가닥으로 나누어 풀이한다.


25. 법신과 화신은 같은가, 다른가 二——
— 一. 티끌과 세계를 터잡아 같음과 다름을 파함〔約塵界破一異〕 五
　　　— (一合理相分第三十) —
　　　— 一. 가루로 만드는 방편으로 거친 물질을 파함〔細末方便破塵色〕 수보리야 만일……
　　　— 二. 생각하지 않는 방편으로 가는 티끌을 파함〔不念方便破微塵〕 무슨 까닭인가 하오면
　　　— 三. 생각하지 않는 방편으로 세계를 파함〔不念方便破世界〕 세존이시여 여래께서 만일……
　　　— 四. 티끌과 세계 모두를 터잡아 화합을 파함〔俱約塵界破和合〕 그 까닭이 무엇인가
　　　— 五. 없는 데서 있다고 집착함을 확인하심〔佛印無中妄執有〕 수보리야 한덩어리……
— 二. 지관에 터잡아 아집과 법집을 파함〔約止觀破我法〕 (知見不生分第三十一)


먼저 “수보리야, 만일 어떤 선남자·선녀인이…… 매우 많겠나이

다. 세존이시여"는 첫째 티끌 세계를 터잡아 같음과 다름을 파함〔約
塵界破一異〕의 다섯 가닥 중 첫째, 가루로 만드는 방편으로 거친 물
질을 파함〔細末方便破塵色〕이니, "삼천대천세계를 부수면 그 티끌이
많지 않겠느냐?" 하시자 "매우 많겠나이다" 하여 문답이 끝난다. 이
짧은 문답 속에 무궁한 뜻이 담겼으니, 우선 세계와 미진은 같다고
할 수도 없고, 다르다고 할 수도 없다는 것이다. 따라서 같다고 할
수도 있고, 다르다고 할 수도 있다. 그러므로 미륵게 제70송 후반에
서는 이렇게 읊었다.


於是法界處　　　　이 법계의 처소 안에서
非一亦非異　　　　같음도 아니요, 다름도 아니다.


여기서 법계의 처소란 법신과 화신을 함께 이르는 말이니, 이 둘
은 같지도 다르지도 않다는 것이다. 이 도리를 설명하기 위하여 세
계를 부수어 가루로 만드는 방편을 들어 말씀하셨는데, 방편이란 여
기서는 비유라는 뜻과도 같다. 그러므로 미륵게 제71송에서는 다음
과 같이 읊었다.


世界作微塵　　　　세계를 부수어 미진으로 만드는 것
此喩示彼義　　　　이 비유로 저 이치를 보인다.


여기서 세계를 법신에, 미진을 화신에 비유한 것이 방편인데, 이
방편에는 큰 것을 잘게 부수는 세말방편〔細末方便〕과 잔 것을 보이
지 않을 때까지 부수는 불념방편〔不念方便〕이 있다. 저 이치〔彼義〕
란 이 두 가지 방편의 이론을 말하는데, 우선 세말방편(細末方便)의

논리로서 티끌들은 세계를 부수어 이루어진 것이므로 세계와 다르
지 않고, 티끌들은 분명 제 모습이 있으므로 세계와 같지도 않다. 수
보리께서 "매우 많겠나이다"라고 한 한마디 속에는 세말방편으로 세
계와 티끌이 같지도 다르지도 않은 관계인 줄 알 수 있듯이, 법신·
보신·화신도 같지도 다르지도 않은 도리가 분명하다는 뜻이다.

　둘째, "무슨 까닭인가 하오면…… 이름하기 때문이옵니다"는 생
각하지 않는 방편으로 가는 티끌을 파함〔不念方便破微塵〕이니, "생
각하지 않는다" 함은 보지 않는다는 뜻이며, "가는 티끌"은 물질을
쪼개어 허공이 되기 직전의 상태인데, 이들 먼지를 다시 쪼개어 허
공으로 돌리는 것이 불념방편이다. 이 방편을 통해 세계와 허공이
둘이 아님을 알게 되고, 이에 준하여 법신과 화신은 같은가 다른가
하는 분별이 쉬게 된다.

　셋째, "세존이시여, 여래께서…… 이름하나이다"는 생각지 않는
방편으로 세계를 파함〔不念方便破世界〕이니, 불념방편으로 가는 티
끌을 파하듯이 세계, 즉 땅덩어리까지도 없는 것으로 생각하여 무시
하는 관법이다. 그 까닭은 먼지가 모인 것이 세계인데, 먼지의 실체
가 공하면 세계도 공할 수밖에 없기 때문이다. 그러므로 "삼천대천
세계도 세계가 아니므로……"라 하셨다.

　넷째, "그 까닭이 무엇인가 하오면…… 한덩어리라 이름하기 때문
이옵니다"는 티끌과 세계 모두를 터잡아 화합을 파함〔俱約塵界破和
合〕이니, 위에서는 세계를 부수어 미세한 티끌로 만드는 논리였는데
이제는 티끌이 뭉쳐져서 세계가 되는 법까지도 없다는 것이다. 여기
서 한덩어리〔一合相〕라 함은 미세한 티끌을 뭉쳐서 하나의 세계를 합
해 낸 결과물의 모습이다. 이 중에 미세한 티끌은 원료이며, 세계는
결과물이며, 한덩어리는 원료와 결과물을 동시에 일컫는 말이다. 이

한덩어리라는 낱말을 위역(魏譯)에서는 움켜쥠〔搏取〕이라 했으니, '한움큼' 정도의 의미를 가지고 있다. 그러나 한덩어리에는 두 종류의 '형태'가 있다. 먼지가 뭉쳐 하나의 세계가 된 것이 한움큼이요, 하나의 미세한 티끌 속에 다시 끝없는 극미진(極微塵)을 내포한 것이 또 하나의 한움큼〔差別搏取〕이다. 이 토막에서 "한덩어리는 한덩어리가 아니므로 한덩어리라 이름하기 때문이옵니다" 한 것은, 표면상의 형식으로 봐서는 '무엇무엇은 제일의제로 봐서는 무엇무엇이 아니지만, 그저 세속적인 말로 하자니 무엇무엇이라 합니다' 하는 일상적인 불적(拂跡)이지만, 여기서는 화합상(和合相) 즉 세계와 티끌이 합쳐지는 법칙과 분리하는 법칙을 알게 하시고, 다시 그러한 법칙에도 머물지 않게 하심으로써 법신과 화신은 같은가 다른가 하는 분별을 여읠 수 있게 하려는 때문이다. 그러므로 미륵게 제71송 후반에서는 이렇게 읊었다.

微塵碎爲末　　　　　미진을 부수어 먼지로 만드는 까닭은
示現煩惱盡　　　　　번뇌가 다하는 이치를 보이려는 것이다.

다섯째, "수보리야, 한덩어리란 것은…… 집착하느니라"는 없는 데서 있다고 집착함을 확인하심〔佛印無中妄執有〕이니, 세친(世親)은 이 토막을 "저 뭉치로 모인 곳〔聚集〕에는 어떤 물건도 없거늘 허망한 분별 때문에 허망하게 취한다"고 풀이하였다. 여기서 뭉치로 모인 곳이란 이 경에서 한덩어리〔一合相〕라 한 것이다. 어떤 물건이라 함은 5온법(蘊法)인데, 세계와 미진 등은 색온(色蘊)이며 나머지 4온〔수·상·행·식〕은 심(心)이다. 즉 육체와 정신 모두를 뜻하는 말인데, 중생의 허망한 분별로 보면 있으나 바른 소견〔正見〕으로 보면 없다는

것이다. 이 원칙을 가지고 경문을 풀이하면, 한덩어리라 함은 제일
의제로 보면 말할 수(취할 수) 없거늘 세속제로 보니 있을 뿐이라는
것이다.

　이상으로 티끌과 세계를 터잡아 같음과 다름을 파함〔約塵界破一異〕
을 마친다.


## 知見不生分　第三十一


　須菩提야 若人이 言하대 佛說　我見人見衆生見壽者見이라 하면
須菩提야 於意云何오 是人이 解我所說義不아 不也니이다 世尊하
是人은 不解如來所說義니 何以故오 世尊이 說　我見人見衆生見
壽者見은 卽非　我見人見衆生見壽者見일새 是名　我見人見衆
生見壽者見이니이다.


　"수보리야, 어떤 사람이 '부처가 아견(我見)·인견(人見)·
중생견(衆生見)·수자견(壽者見)을 말씀하셨다' 한다면 수보
리야, 어떻게 생각하느냐? 이 사람이 내가 말한 뜻을 안다
하겠느냐?"

　"세존이시여, 이 사람은 여래께서 말씀하신 뜻을 알지 못
하옵니다.

　무슨 까닭인가 하오면, 세존께서 말씀하신 아견·인견·
중생견·수자견은 아견·인견·중생견·수자견이 아니므
로 아견·인견·중생견·수자견이라 이름하기 때문이옵니
다."

【강화】 "법신과 화신은 같은가, 다른가?" 하는 물음에 대답하신 둘째 토막〔知見不生分第三十一〕은 지관(수행)에 터잡아 아집과 법집을 파함〔約止觀破我法〕인데, 다시 다음과 같이 크게 두 가닥으로 나누어 풀이한다.

二. 지관에 터잡아 아집과 법집을 파함〔約止觀破我法〕 二
   ├ 一. 아집을 제함〔除我執〕
   │  ├ 잘못된 견해를 물리침〔斥錯解〕 수 보리야 어떤…….
   │  └ 말의 흔적을 털어냄〔遣言執〕 무슨 까닭인가 하오면……
   └ 二. 법집을 제함〔除法執〕

먼저 "수보리야, 어떤…… 뜻을 알지 못하옵니다"는 아집을 제함〔除我執〕 중에서 잘못된 견해를 물리침〔斥錯解〕이니 "아견·인견·중생견·수자견"은 아상·인상·중생상·수자상을 내는 주체, 즉 잘못된 견해이다. 이러한 4견이 실제로는 없는데, 부처님께서 4견이 있다고 말씀하셨다고 하면 잘못된 견해이다. 그러므로 수보리가 "이 사람은 여래께서 말씀하신 뜻을 알지 못하옵니다" 하여 막았다.

다음 "무슨 까닭인가 하오면…… 이름하기 때문이옵니다"는 말의 흔적을 털어 버림〔遣言執〕이니, 무슨 까닭에 "여래께서 아견·인견 등 4견을 말씀하신 것이 있다고 하는 이는 부처님의 뜻을 알지 못한다" 하였는가? 4견이라 말하는 것은 허망한 분별일 뿐, 제일의제인 부처님의 분상에는 그런 것이 없다. 단 세속제에 따라 4견이라 부를 뿐이라는 내용이다. 왜 이런 논리가 다시 필요한가? 아상 등 4상뿐 아니라 아견 등 4견 역시 실체가 없는 것임을 알라는 것이다. 이러한 4견에 집착되면 너와 나를 가르게 되고, 너와 나를 가르는 마음이 있으면 법신과 화신이 같은가 다른가를 따지게 되므로 그런 견해를 벗어나야 비로소 진여법신에 상응하는 삼매에 들게 되기 때문이다.

二. 법집을 제함〔除法執〕二 ─────────
　├─一. 분별을 제함〔除分別〕수보리야……
　└─二. 본래 고요함을 드러냄〔顯本寂〕수보리야 법상이라 함은…


須菩提야 發阿耨多羅三藐三菩提心者는 於一切法에 應如是
知하며 如是見하며 如是信解하야 不生法相이니라. 須菩提야 所言法
相者는 如來說 卽非法相일새 是名法相이니라.


“수보리야, 아뇩다라삼먁삼보리의 마음을 낸 이는 온갖
법에 대하여 마땅히 이렇게 알며, 이렇게 보며, 이렇게 믿고,
이렇게 해석하여 법상(法相)을 내지 않아야 하느니라. 수보
리야, 법상이라 하는 것은 여래가 법상이 아니므로 법상이라
한다고 하였느니라.”


【강화】둘째, “수보리야, 아뇩다라…… 내지 않아야 하느니라”는,
법집을 제함〔除法執〕중의 첫째 분별을 제함〔除分別〕이니, ‘나’를 중
심한 아집만이 아니라 법집도 없어야 한다는 것이다. 왜냐? 법집이
란 ‘나’를 중심해서 내가 가지고 있는 일, 내가 아는 일을 지나치게
분별하는 허물인데, 이 지나친 분별 때문에 도리어 장애를 이루어 진
여를 보지 못하게 되기 때문이다. 그러므로 다시 법집을 여의게 하
되 먼저 분별을 없애라 하시니, 분별이란 태어난 뒤에 생긴 번뇌로

서 곧 이것저것 따지는 외형적인 번뇌이다. 그렇다면 첫째, 누가 분별이 없어지는가? "아뇩다라삼먁삼보리의 마음을 낸 이"다. 둘째, 어떤 법에 대해서 분별치 않는가? "온갖 법에 대하여"이다. 셋째, 어떤 방편으로 분별치 않는가? "이렇게 알고, 이렇게 보고 이렇게 믿고, 해석하여 법상을 내지 않는" 방편이다.

여기서 "이렇게"라 함은 "있는 그대로, 바르게, 분별 없이"라는 뜻이며, "법상을 내지 않는다" 함은 분별심을 내지 않는다는 뜻이다. 이렇듯 보리심을 낸 이가 온갖 법에 대하여 이렇게 알고, 이렇게 보고, 이렇게 믿고 해석하면 가장 뛰어난 지혜〔勝解〕가 이루어진다. "이렇게 알고"에서 사마타(奢摩陀; 止)가 이루어지고, "이렇게 보고"에서 비발사나(毘鉢舍那; 觀)가 이루어지고, 이 두 가지를 고루 갖추면 삼마제(三摩提; 寂)가 이루어진다. 이 삼마제를 얻으면 분별 없는 지혜에서 분별 있는 현실 속으로 들어가 자유로이 분별하고, 그 분별하는 곳에서 다시 분별 없는 세계를 만나게 된다. 그래서 이 토막의 원과 목〔祖科〕 이름을 지관에 터잡아 아집과 법집을 파함〔約止觀破我法〕이라 하였다. 그러므로 미륵게 제73송에서는 다음과 같이 읊었다.

| | |
|---|---|
| 但隨於音聲 | 음성만 따르는 범부들은 |
| 凡夫取顚倒 | 전도된 집착을 취하거니와 |
| 非無二得道 | 두 가지의 도를 얻기만 하면 |
| 速離於我法 | 아집 법집 여읨이 없지 않나니. |

여기서 두 가지라 함은 지(止)와 관(觀)이니, 이 두 가지를 얻으면 아집을 끊고 얻는 아공(我空)과 법집을 끊고 얻는 법공(法空)을 얻게 된다는 것이다.

끝으로 "수보리야, 법상이라는 것은…… 하였느니라"는 본래 고요함을 드러냄[顯本寂]이니, 위에서 알고, 보고, 믿어 해석하는 세 가지 방편의 과정을 겪어 '법상을 내지 않는다' 하였다. 이 법상을 내지 않는 것이 곧 무분별(無分別)의 자리이며 고요한 경지인데, 이 경지가 어떤 일정한 절차에 의해 만들어지는 것이 아닌가 하는 느낌을 주게 되었다. 그러므로 본래 고요함이었음을 보이신다.

본래 고요한 이 진리는 순일무잡하여 다른 그 어느것과도 타협함이 없는 제일의제이므로 "법상이 아니라" 했고, 이 진리가 움직여 형상으로 나타날 때는 삼라만상이 찬연한 세속제이므로 "법상이라 한다" 하셨다. 그렇다면 법상과 법상 아닌 경지는 거울의 맑음과 비춤이 공존할 뿐 각각 독립된 개체가 없다. 이와 같이 법신과 화신도 진여의 본체와 현상일 뿐인데, 이것이 같은가 다른가를 따지는 것은 한낱 분별에 불과하므로 허망한 분별의 근원인 아집·법집을 버리라는 것이다. 그러므로 《유식론(唯識論)》 송에서는 이렇게 읊고 있다.

| | |
|---|---|
| 若時於所緣 | 만일 언제나 반연하는 경계에서 |
| 智都無所得 | 지혜에 전혀 얻은 바 없게 되면 |
| 爾時住唯識 | 그때가 바로 유식(唯識)의 경지에 머묾이니 |
| 離二取相故 | 이취상(二取相; 我執·法執)을 여의었기 |
| | 때문이다. |

# 26. 화신의 설법은 복이 없지 않을까?
## 化身說法無福疑　三身非一非異之福

【과목 해설】 위의 여러 대목에서 "이 경의 4구게만 받아지녀도 한량없는 복을 받는다" 하셨는데, 이는 모두가 화신 부처님의 말씀을 지니라는 것이었다. 그런데 바로 위의 대목 스물다섯번째 의문〔第二十五疑〕 일합이상분(一合理相分第三十)과 지견불생분(知見不生分第三十一)에서는 법신과 화신은 같은 것도 아니고 다른 것도 아니라 하여, '그런 분별을 일으키지 말라'고 했다. 이에 대해 다시 "그렇다면 화신은 끝내 거짓일 것이요, 따라서 그의 설법을 지닌다는 것은 하등의 복도 될 것이 없지 않겠느냐?" 하는 의문이 생기게 된다.

왜냐하면 만일 법신과 화신이 같은 것이 아니라면 곧 다르단 말인데, 다르다면 화신은 법신의 그림자일 뿐 실체가 없는 거짓이기 때문이다. 반면 다른 것이 아니라면 같다는 말인데, 같다면 화신은 법신과 혼연일체여서 화신의 복과 법신의 복은 구별이 없어야 하기 때문이다. 그렇다면 거짓되거나 실체 없는 화신의 설법이란 공연한 이름일 뿐 실체가 없을 것이니, 실없는 말씀을 지녀 봤자 무슨 복이 생기겠느냐는 의심이다.

## 應化非眞分 第三十二

須菩提야 若有人이 以滿無量阿僧祇世界 七寶로 持用布施하야도 若有善男子善女人이 發菩薩心者 持於此經하되 乃至 四句偈等하야 受持讀誦하고 爲人演說하면 其福이 勝彼하리라 云何爲人演說고 不取於相하야 如如不動이니라.

"수보리야. 어떤 사람이 한량없는 아승지 세계에 칠보를 가득히 쌓아두고 보시하더라도, 보살 마음을 낸 다른 선남자·선녀인이 이 경에서 4구게만이라도 받아지니고, 읽고, 외우고, 남을 위하여 일러 주면, 그 복이 앞서 보시한 저 사람의 복보다 더 나으리라.

어떻게 남을 위하여 일러 주는가? 모양다리에 국집하지 않고 항상 여여(如如)하여 움직이지 않아야 하느니라."

【강화】 이 물음에 대한 답은 '경을 수지하고 남에게 전하되 법신과 화신이 같은가 다른가를 따지지 않으면 그 복이 무량하다' 는 내용이다. 그러므로 이 대목을 3신이 같지도 다르지도 않다고 보는 데서 받는 복〔三身非一非異之福〕이라 했다. 이를 다시 두 토막으로 나누니, 먼저 "수보리야 어떤 사람이…… 복보다 더 나으리라"는 설법의 공덕을 설명한 대목〔說法功德〕이다.

'아승지 세계에 가득한 칠보로 보시한 공덕보다 이 경의 한 4구게만이라도 자신이 받아지니거나, 읽거나, 외우거나, 또는 남에게 일러 주면, 그 복이 보시한 복보다 낫다' 하시니, 어찌하여 이렇게 말

씀하셨을까? 화신은 비록 법신의 그림자에 불과하나, 법신에 뿌리
를 두고 우리 수준에 맞게 말씀하셨으므로 텅 빈 마음으로 받아지니
면, 법신의 무량한 공덕이 없지 않다는 것이다. 그러므로 미륵게 제
75송에서는 이렇게 읊었다.

化身示現福　　　화신이 시현하시는 복
非無無量福　　　무량한 복이 없지 않나니.


그러니 비록 아이들이 장난으로 흙을 빚어 놓고 부처님이라 칭하
면서 예배하여도 그 공덕이 헛되지 않은 이유는, 화신의 법력이 법
신과 똑같기 때문이다. 그러므로 옛 어른은 이 대목을 진리에 칭합
하는 수행을 결론적으로 보여 준 것[結顯稱眞之修]이라 하여, 묘행
무주분(妙行無住分)에서 말씀하신 수행의 완성이라 했다. 다시 말해
걸식에서 돌아오셔서서 가부좌를 틀고 앉으신 부처님을 표본으로 하
여, 여러 단계의 이론을 거쳐 진정한 무주상보시를 통해 화신이 곧
법신임을 알게 하는 내용이기 때문이리라.

다음 "어떻게 남을 위하여 일러 주는가…? 않아야 하느니라"는 설
법하되 물들지 않음[說法不染]이라야 된다는 것이다. 보살의 마음을
낸 이가 이 경을 지니거나 남에게 일러 주려면 어떻게 해야 하는가.
'겉모양에 집착하지 말고 여여(如如)하게 요동치 말아야 한다'는 것
이다.

이 경을 말씀하신 화신 부처님도 겉모양은 언어 동작이 있으나 내
면은 여여하여 움직이지 않았으니, 그의 음성과 모습이 바로 법신의
음성이며, 법신의 모습이다. 이와 같이 여여하게 설할 줄만 알면 그
가 바로 무량한 복을 받을 자이다. 여여(如如)라 함은 '진여의 모습

그대로'라는 뜻이며 변함이 없는 모습이니 물든 마음이 일지 않는 상태이다. 거울의 영상은 실체가 없지만 있는 그대로를 관찰하면 거울의 밝음을 알 수 있듯이, 화신의 설법도 실체가 없어 거짓인 듯하나 무심한 상태로 받아들이고 무심한 상태로 연설하면 자연히 무심의 법신과 계합하여 무량한 복을 받게 된다. 그러므로 화신의 설법은 복이 없으리라는 의문을 내기보다는, 화신의 설법을 모양다리에 집착하지 않고 무심의 상태에서 받아지녀야 한다. 그러므로 미륵게 제76송에서는 이렇게 읊었다.

諸佛說法時　　부처님들이 설법하실 때
不言是化身　　화신이라 말하지 말라
以不如是說　　이렇게 말하지 않기 때문에
是故彼說正　　그의 말씀은 바른 말씀이다.

# 27. 적멸에 들면 어떻게 설법하나?

入寂如何說法疑 釋成三身非一非異

【과목 해설】 위 스물네번째 의문〔第二十四疑〕 위의적정분(威儀寂靜分第二十九)에서 "여래가 가기도 하고, 오기도 하고, 앉기도 하고, 눕기도 한다 하면, 이 사람은 여래의 말을 잘 모른다" 하셨으니, 이는 부처님이 항상 적멸〔涅槃〕에 들어 계시다는 말이다. 그런데 바로 위의 대목인 스물여섯번째 의문〔第二十六疑〕 응화비진분(應化非眞分第三十二)에서는 "모양다리에 국집하지 않고 항상 여여하여 움직이지 않아야 한다" 하셨으니, 이는 항상 설법한다는 말씀이다. 이에 대해 "그렇다면 적멸은 고요함이고, 항상 설법함은 움직이는 것인데, 이 두 가지 상반된 현상이 어떻게 공존할 수 있겠느냐?"는 의심을 낸다. 그러므로 "적멸에 들면 어떻게 설법하나?" 하였다. 이 물음에 대해 부처님은 "모든 것이 허깨비 같아서 실체가 없는 줄 알면 움직임과 고요함에 구애되지 않고 실로 여여(如如)하리라"고 답하신다. 그러므로 불신관으로는 3신이 같음도 다름도 아닌 도리를 풀이함〔釋成三身非一非異〕이라 했고, 옛사람은 가부좌를 맺으신 모습으로 되돌아감을 맺어 보여 주심〔結顯趺坐義〕이라 했다. 경초(經初)에서 부처님이 가부좌를 맺으심은 법신 · 화신이 같음도 다름도 아닌 경지를 몸소 보이신 것이며, 이 대목의 경우는 토론 과정을 거쳐 그 경지

를 체험하는 지위를 보이신 것이다.


何以故오 一切有爲法이 如夢幻泡影하며 如露亦如電이니 應作
如是觀이니라


무슨 까닭인가?
온갖 유위(有爲)의 법은
꿈 같고 그림자 같고
꼭두각시 같고 거품 같으며 이슬 같고 번개 같으니
이러한 것이라고 관찰하여라.


【강화】 이 물음에 답하기 위하여 부처님은 여섯 가지 허망한 사물
을 비유로 들었다. 즉 모든 것이 겉모양은 있는 듯하나 실체가 없고,
실체는 없으나 겉모양은 없지 않듯이, 적멸하되 움직임에 구애되지
않고 움직이되 적멸을 여의지 않는 것, 그것이 3신의 같음도 아니요
다름도 아닌 참법신이라는 것을 보여 주신다. 그러므로 미륵게 제78
송에서는 다음과 같이 읊었다.


非有爲非離        유위도 아니요 여원 것도 아님이
諸如來涅槃        부처님들의 열반이니
九種有爲法        아홉 가지 유위의 법을
妙智正觀故        묘한 지혜로 바르게 관찰하기 때문이다.


이 게송은, 부처님들이 열반에 드심은 유위의 법도 아니고 유위의

법을 여읜 것도 아니지만, 아홉 가지 유위의 법을 들어 풀이하는 까닭은 묘한 지혜로 바르게 관찰하게 하기 위해서라는 뜻이다. 여기서 묘한 지혜란 진리에 순응하여 있는 그대로를 파악하는 지혜이며, 아홉 가지 유위의 법이란 아홉 가지 비유를 말한다. 단 위역(魏譯)을 준했기 때문에 아홉 가지라 하였으나, 우리가 준용하는 대본인 진역(秦譯)에는 여섯 가지뿐이다. 이를 대비하면 다음과 같다.

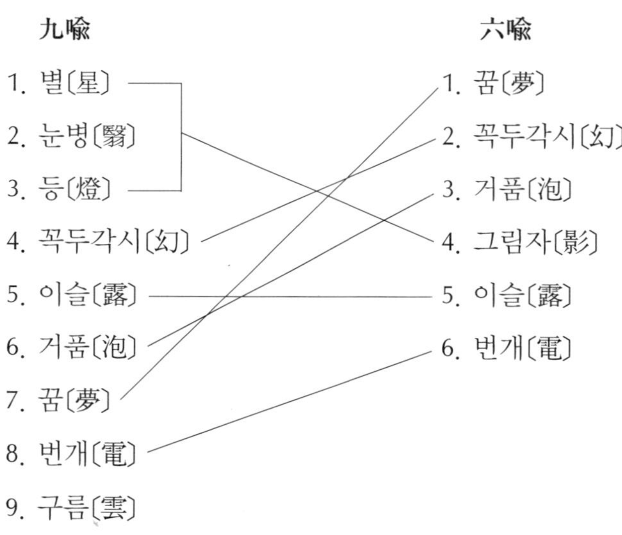



여섯 가지 비유〔六喩〕에서 별과 등과 구름을 뺀 이유는, 이 세 가지는 실체가 있어 공한 법〔空法〕을 설명하기에는 적합치 않다고 생각했기 때문이며, 아홉 가지 비유〔九喩〕에서는 이들도 허망함을 뜻하기 때문에 모두 거론하였다.

첫째, 별은 견분(見分; 能見相)에 견주니, 견분이란 '나'라고 주장하는 주체로서 위에서 말한 아집(我執)의 뿌리〔種子〕다. 마치 별이 어두울 때에는 반짝이지만 볕이 나면 사라지듯이, 이 견상〔能見相〕도 무명이 덮였을 때는 반짝이나 지혜가 밝아지면 사라지기 때문이다.

둘째, 눈병은 상분(相分)에 견주니, 상분이란 '나'가 대할 대상이라는 관념적 물체이다. 이 견분과 상분은 동일한 아뢰야식(阿賴耶識) 위에서 나누어지는 정신 기능이다. 예를 들어 꿈을 꿀 때 꿈을 꾸는 나는 견분이며, 꿈속에 대하는 경계는 상분이다. 이럴 때 꿈을 꾸는 주인이나 경계가 동일한 내 마음 위의 변화인 것과 같다. 이 견분과 상분이 발전하여 우리가 모든 사물을 분별하게 되는데, 이런 논리에 근거하여 우리 눈앞의 모든 사물이 내 마음에서 나왔다고 말한다. 그런데 이 눈병을 대본인 진역(秦譯)에서는 그림자〔影〕라 했으니 무슨 까닭일까?《능엄경(楞嚴經)》에서 "눈에 눈병이 있으면 밤에 등불을 볼 적에 특별히 5색이 중첩한 둥근 그림자를 보나니……〔제2권 別業妄見條〕"라 한 것을 보면 눈병은 원인에다 붙인 이름이며, 그림자는 결과에다 붙인 이름임을 알 수 있다. 이 상분에 의해서 '내 것'이 있다고 여기고, 이 내 것에 의하여 다시 '나'가 있다고 여기나 그 뿌리는 꿈〔아뢰야식〕에서 온 것이어서 실체가 없다. 그렇기 때문에 그림자〔影〕라고 한 것이다.

셋째, 등은 식(識; 阿賴耶識)에 견주니, 이 아뢰야식이라는 무대 위에 견분이라는 광대와 상분이라는 배경이 등장한다. 마치 꿈이라는 마당 위에 주인공과 경계가 펼쳐지듯이 말이다. 등은 남을 밝혀 주는 기능과 기름을 계속 필요로 하는 두 측면이 있는데, 이 식이 뿌리가 되어 견분과 상분에게 힘〔에너지〕을 주어 끊이지 않게 하고, 이 두 가지에 의해 생긴 관념의 잔재를 받아들여 그것을 양분으로 자체가 존속할 수 있는 힘을 얻어내기 때문이다.

이상의 세 가지는 미혹의 실체인 아뢰야식 · 견분 · 상분이 실체가 없음을 일깨운 것이다.

넷째, 꼭두각시는 우리가 살고 있는 국토가 허무하다는 비유이다. 그런데 본문의 '환(幻)' 자를 꼭두각시라 번역했거니와, 어떤 분은 허깨비·신기루 등으로도 번역하고 있어 알맞은 말이 없다. 인도에는 환술(幻術)하는 이가 많아서 아무 데서나 환술을 부리면 강도 산도 물도 정자나무도 마음대로 나투었다가 환술을 거두면 사라진다. 여기서 말한 꼭두각시란 이 환술에 의해 나타난 사물들을 일컫는 말인데, 우리에게는 도리어 생소하게 되었다. 어쨌든 이 꼭두각시 같은 국토는 원래 실체가 없는 것인데, 여기에 집착되어 실제로 있는 것으로 오인하는 허물을 막으려는 것이 이 비유의 특징이다.

따라서 이 한 가지는 머무는 곳〔국토〕에 맛들이는 허물을 막으려는 것이다.

다섯째, 이슬은 몸을 비유하니, '풀 끝의 이슬이란' 말도 있듯이 우리의 몸이 허무하다는 뜻이다.

여섯째, 거품은 우리가 누리는 사물, 즉 먹고 입고 사는 모든 환경이 거품같이 허무하다는 뜻이니, 이들 사물 자체가 영원치 않다는 뜻과 그것들을 누리는 우리의 마음씨〔受〕가 수시로 변한다는 뜻이다.

이상의 두 가지는 누리는 주체인 몸과 대상인 사물이 허무하다는 비유이니, 이 두 가지가 영원하리라는 생각을 막는 비유이다.

일곱째, 꿈은 과거사에 비유하니, 과거의 인습이 꿈으로 나타나 허망하기 때문이다.

여덟째, 번개는 현재사에 비유하니, 현재의 삶이 잠깐 동안이기 때문이다.

아홉째, 구름은 미래사에 비유한다. 한 점의 구름이 온 하늘을 덮기도 하고 온 하늘의 구름이 순간에 걷히기도 하듯이, 오늘 지은 사소한 선악의 씨앗이 미래의 결과를 부르기 때문이다.

이상의 세 가지(꿈·번개·구름)는 해탈을 돕는 비유니, 과거·현재·미래가 모두 허무함을 알면 해탈의 길을 찾을 수 있기 때문이다.

좀 장황해진 감이 있으나 아홉 가지 비유를 다 풀이한 까닭은 경전에서 자주 만나기 때문에 참고로 알아두자는 뜻이다. 마치 먼 길을 떠나는 나그네가 이것저것 챙기듯이 말이다.

다음은 본경의 여섯 가지 비유를 설명하겠다. 첫째, '세상의 모든 것이 허무하다지만 그래도 탐내는 이는 얻는 바가 있지 않는가?' 하므로 '꿈 같다' 하고, 둘째, '세상사가 모두 꿈 같다지만 실제로 누리고 있지 않는가?' 하므로 '꼭두각시 같다' 하고, 셋째, '세상사가 비록 꼭두각시 같다지만 순간이나마 쾌감이 있지 않는가?' 하므로 '거품 같다' 하고, 넷째, '세상사가 비록 거품과 같다지만 그렇게라도 누리고 싶다' 하므로 '그림자 같다' 하여 원인 결과의 법칙이 엄함을 일깨웠다. 다섯째, '비록 그림자 같다지만 일정한 수명은 있지 않는가?' 하므로 '이슬 같다' 하고, 여섯째, '이슬과 같다지만 누리는 순간이 있지 않는가?' 하므로 '번개 같다' 하여, 모두가 허무함을 철저히 일러 주었다.

특히 이 여섯 가지 비유 중 첫째~넷째는 우주만법이 공하다는 점을 강조했고, 다섯째와 여섯째는 인간사가 무상하다는 점을 강조하여 발심케 한 것이 특색이다. 그러므로 야보(冶父) 스님은 이 대목에 착어(着語)하기를, 배가 다니는 것은 완전히 삿대 잡은 사람에게 달렸다〔行船盡在把梢人〕고 했다. 일엽편주에 몸을 싣고 파도치는 대로 올라갔다 내려갔다 하되, 동으로 갈지 서로 갈지를 선택하는 것은 사공에 달렸다는 것이다. 모든 법이 허무하다 하여 무시하는 것도 나의 선택이고, 허무한 속에 실체가 없지 않다고 믿는 것도 나의 선택이다. 사공이 정신 차릴 때 배는 어떻게든지 목적지에 이를 수 있고,

사공이 정신을 놓으면 단(斷)과 상(常)의 수렁에 빠지는 것이다. 이
것이 법신을 만나는 진정한 방법이다.

# 六. 이 경의 끝맺음
## 流通分


佛說是經已하시니 長老須菩提와 及諸比丘比丘尼와 優婆塞優
婆夷와 一切世間　天人阿修羅가 聞佛所說하고 皆大歡喜하야 信
受奉行하니라.


부처님께서 이 경을 다 말씀하시고 나니 장로인 수보리와
여러 비구·비구니와 우바새·우바이와 여러 세계의 하늘
사람과 세상 사람과 아수라들이 부처님의 법문을 듣고 모두
들 매우 즐거워하면서 믿고 받들어 행하였다.


【강화】 이상으로써 이 한 경의 말씀을 끝맺는데, 부처님의 설법을
들은 여러 무리들이 모두가 기뻐하면서 물러갔다는 것이다.

　그런데 경의 첫머리에는 큰 비구들 1250명이 모였단 말만 있었는
데, 이제 끝맺음에는 수보리 한 분만을 들고는 전에 없던 비구니·
우바새·우바이 등이 들어 있다. 그렇다면 법회초에 1250명과 함께
모였다가 다 빠져나가고 끝날 때 이 대중들이 교대로 들어섰다는 것

인가? 아니다. 이런 형식을 전후영략(前後影畧)이라 하여, 처음도 나중도 같은 대중이 모였는데 문장을 간결하게 하기 위해 앞과 뒤의 일부분씩만 들었다.

여기서 수보리는 성자이며, 비구·비구니·우바새·우바이는 불도에 든 네 무리〔入道四衆〕며, 여러 세계의 하늘 사람과 세상 사람은 범부(凡夫)이며, 아수라 등은 잡류(雜類)이다. 그런데 이들은 근기의 차이가 많거늘 어떤 불법을 어떻게 들었기에 모두가 "매우 즐거워하면서……"라 했을까? 열번째 의문〔第十疑〕 이상적멸분(離相寂滅分第十四) 말(末)에서 "어떤 보살이 마음을 법에 머물지 않고 보시하면 눈 밝은 사람이 햇빛 아래서 여러 가지 물건을 보는 것 같으니라" 하셨고, 19번째 의문〔第十九疑〕 정심행선분(淨心行善分第二十三)에서는 "이 법은 평등하여 높은 것도 없고……"라 하셨기 때문이다. 그러므로 "모두들 즐거워하면서……"라 하였다.

자성소(資聖疏)에서는 이에 대해 "반야경은 3세(世)의 불모(佛母)여서 4구게 하나만 슬쩍 들어도 악취(惡趣)를 뛰어넘고, 한 생각 깨끗이 지니면 끝내 보리를 얻게 되므로 인간과 하늘 무리, 모두가 받들어 행한다" 하였다. 어떻게 이해했기에 기뻐하는가?《문수보살소문경(文殊菩薩所問經)》에는 "첫째, 설법하는 이가 청정하여 이익이나 명예에 물들지 않고 설했기 때문이며, 둘째, 설법의 내용이 청정하여 진리에 부합되기 때문이며, 셋째, 얻어지는 과위가 청정하기 때문이니, 그 말씀에 따르면 반드시 묘한 경계를 얻게 되기 때문이다. 이 세 가지 이유로 기쁘다" 하였다.

무착의《반야론(般若論)》에는 "이런 법문을 듣고 대승의 법에 대하여 아무런 감각이 없으면 나는 그 사람을 돌덩이보다 더 둔한 자라 하노니, 씨앗이 없기 때문이다" 하였고, 세친론(世親論)의 이 대목에는 "모든 부처님의 희유하시고 다 지니신〔總持〕 법의 헤아릴 수 없는 깊고 묘한 이치를 존자님께서 들으신 대로 널리 연설하셨으니, 이 공덕을 회향하여 뭇 중생에게 널리 베풀어지이다" 하여 회향하는 기쁨을 노래하였다.

나도 이상으로써 서투른 대로 이 강화를 끝맺으면서 독자 여러분과 함께한 이 인연을 기뻐한다. 바라건대 여러분의 불연이 더욱 두터워지고 혜안이 더욱 밝아져서 세세생생 불회상에서 다시 만나, 마침내 함께 정각의 언덕에 오르게 되기를 기원한다.

문예신서
276

金剛經講話

초판발행 : 2004년 5월 26일

지은이 : 金月雲
총편집 : 韓仁淑
펴낸곳 : 東文選
제10-64호, 78. 12. 16 등록
110-300 서울 종로구 관훈동 74번지
전화 : 737-2795

편집설계 : 李姃昊

ISBN 89-8038-501-3 94220
ISBN 89-8038-000-3 (세트 : 문예신서)

【東文選 現代新書】

| | | |
|---|---|---|
| 1 21세기를 위한 새로운 엘리트 | FORESEEN 연구소 / 김경현 | 7,000원 |
| 2 의지, 의무, 자유 — 주제별 논술 | L. 밀러 / 이대희 | 6,000원 |
| 3 사유의 패배 | A. 핑켈크로트 / 주태환 | 7,000원 |
| 4 문학이론 | J. 컬러 / 이은경 · 임옥희 | 7,000원 |
| 5 불교란 무엇인가 | D. 키언 / 고길환 | 6,000원 |
| 6 유대교란 무엇인가 | N. 솔로몬 / 최창모 | 6,000원 |
| 7 20세기 프랑스철학 | E. 매슈스 / 김종갑 | 8,000원 |
| 8 강의에 대한 강의 | P. 부르디외 / 현택수 | 6,000원 |
| 9 텔레비전에 대하여 | P. 부르디외 / 현택수 | 7,000원 |
| 10 고고학이란 무엇인가 | P. 반 / 박범수 | 8,000원 |
| 11 우리는 무엇을 아는가 | T. 나겔 / 오영미 | 5,000원 |
| 12 에쁘롱 — 니체의 문체들 | J. 데리다 / 김다은 | 7,000원 |
| 13 히스테리 사례분석 | S. 프로이트 / 태혜숙 | 7,000원 |
| 14 사랑의 지혜 | A. 핑켈크로트 / 권유현 | 6,000원 |
| 15 일반미학 | R. 카이유와 / 이경자 | 6,000원 |
| 16 본다는 것의 의미 | J. 버거 / 박범수 | 10,000원 |
| 17 일본영화사 | M. 테시에 / 최은미 | 7,000원 |
| 18 청소년을 위한 철학교실 | A. 자카르 / 장혜영 | 7,000원 |
| 19 미술사학 입문 | M. 포인턴 / 박범수 | 8,000원 |
| 20 클래식 | M. 비어드 · J. 헨더슨 / 박범수 | 6,000원 |
| 21 정치란 무엇인가 | K. 미노그 / 이정철 | 6,000원 |
| 22 이미지의 폭력 | O. 몽젱 / 이은민 | 8,000원 |
| 23 청소년을 위한 경제학교실 | J. C. 드루엥 / 조은미 | 6,000원 |
| 24 순진함의 유혹〔메디시스賞 수상작〕 | P. 브뤼크네르 / 김웅권 | 9,000원 |
| 25 청소년을 위한 이야기 경제학 | A. 푸르상 / 이은민 | 8,000원 |
| 26 부르디외 사회학 입문 | P. 보네위츠 / 문경자 | 7,000원 |
| 27 돈은 하늘에서 떨어지지 않는다 | K. 아른트 / 유영미 | 6,000원 |
| 28 상상력의 세계사 | R. 보이아 / 김웅권 | 9,000원 |
| 29 지식을 교환하는 새로운 기술 | A. 벵토릴라 外 / 김혜경 | 6,000원 |
| 30 니체 읽기 | R. 비어즈워스 / 김웅권 | 6,000원 |
| 31 노동, 교환, 기술 — 주제별 논술 | B. 데코사 / 신은영 | 6,000원 |
| 32 미국만들기 | R. 로티 / 임옥희 | 10,000원 |
| 33 연극의 이해 | A. 쿠프리 / 장혜영 | 8,000원 |
| 34 라틴문학의 이해 | J. 가야르 / 김교신 | 8,000원 |
| 35 여성적 가치의 선택 | FORESEEN연구소 / 문신원 | 7,000원 |
| 36 동양과 서양 사이 | L. 이리가라이 / 이은민 | 7,000원 |
| 37 영화와 문학 | R. 리처드슨 / 이형식 | 8,000원 |
| 38 분류하기의 유혹 — 생각하기와 조직하기 | G. 비뇨 / 임기대 | 7,000원 |
| 39 사실주의 문학의 이해 | G. 라루 / 조성애 | 8,000원 |
| 40 윤리학 — 악에 대한 의식에 관하여 | A. 바디우 / 이종영 | 7,000원 |
| 41 흙과 재〔소설〕 | A. 라히미 / 김주경 | 6,000원 |

| 42 진보의 미래 | D. 르쿠르 / 김영선 | 6,000원 |
| 43 중세에 살기 | J. 르 고프 外 / 최애리 | 8,000원 |
| 44 쾌락의 횡포·상 | J. C. 기유보 / 김웅권 | 10,000원 |
| 45 쾌락의 횡포·하 | J. C. 기유보 / 김웅권 | 10,000원 |
| 46 운디네와 지식의 불 | B. 데스파냐 / 김웅권 | 8,000원 |
| 47 이성의 한가운데에서 — 이성과 신앙 | A. 퀴노 / 최은영 | 6,000원 |
| 48 도덕적 명령 | FORESEEN 연구소 / 우강택 | 6,000원 |
| 49 망각의 형태 | M. 오제 / 김수경 | 6,000원 |
| 50 느리게 산다는 것의 의미·1 | P. 쌍소 / 김주경 | 7,000원 |
| 51 나만의 자유를 찾아서 | C. 토마스 / 문신원 | 6,000원 |
| 52 음악적 삶의 의미 | M. 존스 / 송인영 | 근간 |
| 53 나의 철학 유언 | J. 기통 / 권유현 | 8,000원 |
| 54 타르튀프 / 서민귀족 〔희곡〕 | 몰리에르 / 덕성여대극예술비교연구회 | 8,000원 |
| 55 판타지 공장 | A. 플라워즈 / 박범수 | 10,000원 |
| 56 홍수·상 〔완역판〕 | J. M. G. 르 클레지오 / 신미경 | 8,000원 |
| 57 홍수·하 〔완역판〕 | J. M. G. 르 클레지오 / 신미경 | 8,000원 |
| 58 일신교 — 성경과 철학자들 | E. 오르티그 / 전광호 | 6,000원 |
| 59 프랑스 시의 이해 | A. 바이양 / 김다은·이혜지 | 8,000원 |
| 60 종교철학 | J. P. 힉 / 김희수 | 10,000원 |
| 61 고요함의 폭력 | V. 포레스테 / 박은영 | 8,000원 |
| 62 고대 그리스의 시민 | C. 모세 / 김덕희 | 7,000원 |
| 63 미학개론 — 예술철학입문 | A. 셰퍼드 / 유호전 | 10,000원 |
| 64 논증 — 담화에서 사고까지 | G. 비뇨 / 임기대 | 6,000원 |
| 65 역사 — 성찰된 시간 | F. 도스 / 김미겸 | 7,000원 |
| 66 비교문학개요 | F. 클로동·K. 아다-보트링 / 김정란 | 8,000원 |
| 67 남성지배 | P. 부르디외 / 김용숙 | 개정판 10,000원 |
| 68 호모사피언스에서 인터렉티브인간으로 | FORESEEN 연구소 / 공나리 | 8,000원 |
| 69 상투어 — 언어·담론·사회 | R. 아모시·A. H. 피에로 / 조성애 | 9,000원 |
| 70 우주론이란 무엇인가 | P. 코올즈 / 송형석 | 8,000원 |
| 71 푸코 읽기 | P. 빌루에 / 나길래 | 8,000원 |
| 72 문학논술 | J. 파프·D. 로쉬 / 권종분 | 8,000원 |
| 73 한국전통예술개론 | 沈雨晟 | 10,000원 |
| 74 시학 — 문학 형식 일반론 입문 | D. 퐁텐 / 이용주 | 8,000원 |
| 75 진리의 길 | A. 보다르 / 김승철·최정아 | 9,000원 |
| 76 동물성 — 인간의 위상에 관하여 | D. 르스텔 / 김승철 | 6,000원 |
| 77 랑가쥬 이론 서설 | L. 옐름슬레우 / 김용숙·김혜련 | 10,000원 |
| 78 잔혹성의 미학 | F. 토넬리 / 박형섭 | 9,000원 |
| 79 문학 텍스트의 정신분석 | M. J. 벨멩-노엘 / 심재중·최애영 | 9,000원 |
| 80 무관심의 절정 | J. 보드리야르 / 이은민 | 8,000원 |
| 81 영원한 황홀 | P. 브뤼크네르 / 김웅권 | 9,000원 |
| 82 노동의 종말에 반하여 | D. 슈나페르 / 김교신 | 6,000원 |
| 83 프랑스영화사 | J. -P. 장콜라 / 김혜련 | 8,000원 |

126 세 가지 생태학　　　　　　　　F. 가타리 / 윤수종　　　　　　　　8,000원
127 모리스 블랑쇼에 대하여　　　　E. 레비나스 / 박규현　　　　　　 9,000원
128 위뷔 왕 〔희곡〕　　　　　　　　A. 자리 / 박형섭　　　　　　　　8,000원
129 번영의 비참　　　　　　　　　 P. 브뤼크네르 / 이창실　　　　　 8,000원
130 무사도란 무엇인가　　　　　　新渡戶稻造 / 沈雨晟　　　　　　 7,000원
131 천 개의 집 〔소설〕　　　　　　A. 라히미 / 김주경　　　　　　　 근간
132 문학은 무슨 소용이 있는가?　D. 살나브 / 김교신　　　　　　　 7,000원
133 종교에 대하여 ― 행동하는 지성　　존 D. 카푸토 / 최생열　　　　 9,000원
134 노동사회학　　　　　　　　　　M. 스트루방 / 박주원　　　　　　8,000원
135 맞불 · 2　　　　　　　　　　　 P. 부르디외 / 김교신　　　　　　 10,000원
136 믿음에 대하여 ― 행동하는 지성　　S. 지제크 / 최생열　　　　　　 9,000원
137 법, 정의, 국가　　　　　　　　　A. 기그 / 민혜숙　　　　　　　　8,000원
138 인식, 상상력, 예술　　　　　　 E. 아카마츄 / 최돈호　　　　　　 근간
139 위기의 대학　　　　　　　　　 ARESER / 김교신　　　　　　　　10,000원
140 카오스모제　　　　　　　　　　F. 가타리 / 윤수종　　　　　　　 10,000원
141 코란이란 무엇인가　　　　　　M. 쿡 / 이강훈　　　　　　　　　9,000원
142 신학이란 무엇인가　　　　　　D. 포드 / 강혜원 · 노치준　　　　 9,000원
143 누보 로망, 누보 시네마　　　　C. 뮈르시아 / 이창실　　　　　　 8,000원
144 지능이란 무엇인가　　　　　　I. J. 디어리 / 송형석　　　　　　 근간
145 죽음 ― 유한성에 관하여　　　 F. 다스튀르 / 나길래　　　　　　 8,000원
146 철학에 입문하기　　　　　　　Y. 카탱 / 박선주　　　　　　　　8,000원
147 지옥의 힘　　　　　　　　　　　J. 보드리야르 / 배영달　　　　　 8,000원
148 철학 기초 강의　　　　　　　　F. 로피 / 공나리　　　　　　　　8,000원
149 시네마토그래프에 대한 단상　R. 브레송 / 오일환 · 김경온　　　 9,000원
150 성서란 무엇인가　　　　　　　J. 리치스 / 최생열　　　　　　　 근간
151 프랑스 문학사회학　　　　　　신미경　　　　　　　　　　　　　8,000원
152 잡사와 문학　　　　　　　　　 F. 에브라르 / 최정아　　　　　　 근간
153 세계의 폭력　　　　　　　　　　J. 보드리야르 · E. 모랭 / 배영달　　9,000원
154 잠수복과 나비　　　　　　　　 J. -D. 보비 / 양영란　　　　　　 6,000원
155 고전 할리우드 영화　　　　　　J. 나카시 / 최은영　　　　　　　 10,000원
156 마지막 말, 마지막 미소　　　　B. 드 카스텔바자크 / 김승철 · 장정아　　근간
157 몸의 시학　　　　　　　　　　　J. 피죠 / 김선미　　　　　　　　근간
158 철학의 기원에 대하여　　　　　C. 콜로베르 / 김정란　　　　　　 근간
159 지혜에 대한 숙고　　　　　　　J. -M. 베스니에르 / 곽노경　　　 근간
160 자연주의 미학과 시학　　　　　조성애　　　　　　　　　　　　　10,000원
161 소설 분석 ― 현대적 방법론과 기법　　B. 발레트 / 조성애　　　　 근간
162 사회학이란 무엇인가　　　　　S. 브루스 / 김경안　　　　　　　 근간
163 인도철학입문　　　　　　　　　S. 헤밀턴 / 고길환　　　　　　　 근간
164 심리학이란 무엇인가　　　　　G. 버틀러 · F. 맥마누스 / 이재현　　근간
165 발자크 비평　　　　　　　　　　J. 줄레르 / 이정민　　　　　　　 근간
166 결별을 위하여　　　　　　　　 G. 마츠네프 / 권은희 · 최은희　　 근간
167 인류학이란 무엇인가　　　　　J. 모나건 外 / 김경안　　　　　　 근간

| 31 동양회화미학 | 崔炳植 | 18,000원 |
| 32 性과 결혼의 민족학 | 和田正平 / 沈雨晟 | 9,000원 |
| 33 農漁俗談辭典 | 宋在璇 | 12,000원 |
| 34 朝鮮의 鬼神 | 村山智順 / 金禧慶 | 12,000원 |
| 35 道教와 中國文化 | 葛兆光 / 沈揆昊 | 15,000원 |
| 36 禪宗과 中國文化 | 葛兆光 / 鄭相泓·任炳權 | 8,000원 |
| 37 오페라의 역사 | L. 오레이 / 류연희 | 절판 |
| 38 인도종교미술 | A. 무케르지 / 崔炳植 | 14,000원 |
| 39 힌두교의 그림언어 | 안넬리제 外 / 全在星 | 9,000원 |
| 40 중국고대사회 | 許進雄 / 洪 熹 | 30,000원 |
| 41 중국문화개론 | 李宗桂 / 李宰碩 | 23,000원 |
| 42 龍鳳文化源流 | 王大有 / 林東錫 | 25,000원 |
| 43 甲骨學通論 | 王宇信 / 李宰碩 | 40,000원 |
| 44 朝鮮巫俗考 | 李能和 / 李在崑 | 20,000원 |
| 45 미술과 페미니즘 | N. 부루드 外 / 扈承喜 | 9,000원 |
| 46 아프리카미술 | P. 윌레뜨 / 崔炳植 | 절판 |
| 47 美의 歷程 | 李澤厚 / 尹壽榮 | 28,000원 |
| 48 曼茶羅의 神들 | 立川武藏 / 金龜山 | 19,000원 |
| 49 朝鮮歲時記 | 洪錫謨 外/李錫浩 | 30,000원 |
| 50 하 상 | 蘇曉康 外 / 洪 熹 | 절판 |
| 51 武藝圖譜通志 實技解題 | 正 祖 / 沈雨晟·金光錫 | 15,000원 |
| 52 古文字學첫걸음 | 李學勤 / 河永三 | 14,000원 |
| 53 體育美學 | 胡小明 / 閔永淑 | 10,000원 |
| 54 아시아 美術의 再發見 | 崔炳植 | 9,000원 |
| 55 曆과 占의 科學 | 永田久 / 沈雨晟 | 8,000원 |
| 56 中國小學史 | 胡奇光 / 李宰碩 | 20,000원 |
| 57 中國甲骨學史 | 吳浩坤 外 / 梁東淑 | 35,000원 |
| 58 꿈의 철학 | 劉文英 / 河永三 | 22,000원 |
| 59 女神들의 인도 | 立川武藏 / 金龜山 | 19,000원 |
| 60 性의 역사 | J. L. 플랑드렝 / 편집부 | 18,000원 |
| 61 쉬르섹슈얼리티 | W. 챠드윅 / 편집부 | 10,000원 |
| 62 여성속담사전 | 宋在璇 | 18,000원 |
| 63 박재서희곡선 | 朴栽緒 | 10,000원 |
| 64 東北民族源流 | 孫進己 / 林東錫 | 13,000원 |
| 65 朝鮮巫俗의 硏究(상·하) | 赤松智城·秋葉隆 / 沈雨晟 | 28,000원 |
| 66 中國文學 속의 孤獨感 | 斯波六郎 / 尹壽榮 | 8,000원 |
| 67 한국사회주의 연극운동사 | 李康列 | 8,000원 |
| 68 스포츠인류학 | K. 블랑챠드 外 / 박기동 外 | 12,000원 |
| 69 리조복식도감 | 리팔찬 | 20,000원 |
| 70 娼 婦 | A. 꼬르벵 / 李宗旼 | 22,000원 |
| 71 조선민요연구 | 高晶玉 | 30,000원 |
| 72 楚文化史 | 張正明 / 南宗鎭 | 26,000원 |

| 73 시간, 욕망, 그리고 공포 | A. 코르뱅 / 변기찬 | 18,000원 |
| 74 本國劍 | 金光錫 | 40,000원 |
| 75 노트와 반노트 | E. 이오네스코 / 박형섭 | 20,000원 |
| 76 朝鮮美術史硏究 | 尹喜淳 | 7,000원 |
| 77 拳法要訣 | 金光錫 | 30,000원 |
| 78 艸衣選集 | 艸衣意恂 / 林鍾旭 | 20,000원 |
| 79 漢語音韻學講義 | 董少文 / 林東錫 | 10,000원 |
| 80 이오네스코 연극미학 | C. 위베르 / 박형섭 | 9,000원 |
| 81 중국문자훈고학사전 | 全廣鎭 편역 | 23,000원 |
| 82 상말속담사전 | 宋在璇 | 10,000원 |
| 83 書法論叢 | 沈尹默 / 郭魯鳳 | 16,000원 |
| 84 침실의 문화사 | P. 디비 / 편집부 | 9,000원 |
| 85 禮의 精神 | 柳 肅 / 洪 熹 | 20,000원 |
| 86 조선공예개관 | 沈雨晟 편역 | 30,000원 |
| 87 性愛의 社會史 | J. 솔레 / 李宗旼 | 18,000원 |
| 88 러시아미술사 | A. I. 조토프 / 이건수 | 22,000원 |
| 89 中國書藝論文選 | 郭魯鳳 選譯 | 25,000원 |
| 90 朝鮮美術史 | 關野貞 / 沈雨晟 | 30,000원 |
| 91 美術版 탄트라 | P. 로슨 / 편집부 | 8,000원 |
| 92 군달리니 | A. 무케르지 / 편집부 | 9,000원 |
| 93 카마수트라 | 바짜야나 / 鄭泰爀 | 18,000원 |
| 94 중국언어학총론 | J. 노먼 / 全廣鎭 | 28,000원 |
| 95 運氣學說 | 任應秋 / 李宰碩 | 15,000원 |
| 96 동물속담사전 | 宋在璇 | 20,000원 |
| 97 자본주의의 아비투스 | P. 부르디외 / 최종철 | 10,000원 |
| 98 宗敎學入門 | F. 막스 뮐러 / 金龜山 | 10,000원 |
| 99 변 화 | P. 바츨라빅크 外 / 박인철 | 10,000원 |
| 100 우리나라 민속놀이 | 沈雨晟 | 15,000원 |
| 101 歌訣(중국역대명언경구집) | 李宰碩 편역 | 20,000원 |
| 102 아니마와 아니무스 | A. 융 / 박해순 | 8,000원 |
| 103 나, 너, 우리 | L. 이리가라이 / 박정오 | 12,000원 |
| 104 베케트연극론 | M. 푸크레 / 박형섭 | 8,000원 |
| 105 포르노그래피 | A. 드워킨 / 유혜련 | 12,000원 |
| 106 셸 링 | M. 하이데거 / 최상욱 | 12,000원 |
| 107 프랑수아 비용 | 宋 勉 | 18,000원 |
| 108 중국서예 80제 | 郭魯鳳 편역 | 16,000원 |
| 109 性과 미디어 | W. B. 키 / 박해순 | 12,000원 |
| 110 中國正史朝鮮列國傳(전2권) | 金聲九 편역 | 120,000원 |
| 111 질병의 기원 | T. 매큐언 / 서 일 · 박종연 | 12,000원 |
| 112 과학과 젠더 | E. F. 켈러 / 민경숙 · 이현주 | 10,000원 |
| 113 물질문명 · 경제 · 자본주의 | F. 브로델 / 이문숙 外 | 절판 |
| 114 이탈리아인 태고의 지혜 | G. 비코 / 李源斗 | 8,000원 |

| 115 | 中國武俠史 | 陳 山 / 姜鳳求 | 18,000원 |
| 116 | 공포의 권력 | J. 크리스테바 / 서민원 | 23,000원 |
| 117 | 주색잡기속담사전 | 宋在璇 | 15,000원 |
| 118 | 죽음 앞에 선 인간(상·하) | P. 아리에스 / 劉仙子 | 각권 8,000원 |
| 119 | 철학에 대하여 | L. 알튀세르 / 서관모·백승욱 | 12,000원 |
| 120 | 다른 곳 | J. 데리다 / 김다은·이혜지 | 10,000원 |
| 121 | 문학비평방법론 | D. 베르제 外 / 민혜숙 | 12,000원 |
| 122 | 자기의 테크놀로지 | M. 푸코 / 이희원 | 16,000원 |
| 123 | 새로운 학문 | G. 비코 / 李源斗 | 22,000원 |
| 124 | 천재와 광기 | P. 브르노 / 김웅권 | 13,000원 |
| 125 | 중국은사문화 | 馬 華·陳正宏 / 강경범·천현경 | 12,000원 |
| 126 | 푸코와 페미니즘 | C. 라마자노글루 外 / 최 영 外 | 16,000원 |
| 127 | 역사주의 | P. 해밀턴 / 임옥희 | 12,000원 |
| 128 | 中國書藝美學 | 宋 民 / 郭魯鳳 | 16,000원 |
| 129 | 죽음의 역사 | P. 아리에스 / 이종민 | 18,000원 |
| 130 | 돈속담사전 | 宋在璇 편 | 15,000원 |
| 131 | 동양극장과 연극인들 | 김영무 | 15,000원 |
| 132 | 生育神과 性巫術 | 宋兆麟 / 洪 熹 | 20,000원 |
| 133 | 미학의 핵심 | M. M. 이턴 / 유호전 | 20,000원 |
| 134 | 전사와 농민 | J. 뒤비 / 최생열 | 18,000원 |
| 135 | 여성의 상태 | N. 에니크 / 서민원 | 22,000원 |
| 136 | 중세의 지식인들 | J. 르 고프 / 최애리 | 18,000원 |
| 137 | 구조주의의 역사(전4권) | F. 도스 / 김웅권 外 | Ⅰ·Ⅱ·Ⅳ 15,000원 / Ⅲ 18,000원 |
| 138 | 글쓰기의 문제해결전략 | L. 플라워 / 원진숙·황정현 | 20,000원 |
| 139 | 음식속담사전 | 宋在璇 편 | 16,000원 |
| 140 | 고전수필개론 | 權 瑚 | 16,000원 |
| 141 | 예술의 규칙 | P. 부르디외 / 하태환 | 23,000원 |
| 142 | "사회를 보호해야 한다" | M. 푸코 / 박정자 | 20,000원 |
| 143 | 페미니즘사전 | L. 터틀 / 호승희·유혜련 | 26,000원 |
| 144 | 여성심벌사전 | B. G. 워커 / 정소영 | 근간 |
| 145 | 모데르니테 모데르니테 | H. 메쇼닉 / 김다은 | 20,000원 |
| 146 | 눈물의 역사 | A. 벵상뷔포 / 이자경 | 18,000원 |
| 147 | 모더니티입문 | H. 르페브르 / 이종민 | 24,000원 |
| 148 | 재생산 | P. 부르디외 / 이상호 | 23,000원 |
| 149 | 종교철학의 핵심 | W. J. 웨인라이트 / 김희수 | 18,000원 |
| 150 | 기호와 몽상 | A. 시몽 / 박형섭 | 22,000원 |
| 151 | 융분석비평사전 | A. 새뮤얼 外 / 민혜숙 | 16,000원 |
| 152 | 운보 김기창 예술론연구 | 최병식 | 14,000원 |
| 153 | 시적 언어의 혁명 | J. 크리스테바 / 김인환 | 20,000원 |
| 154 | 예술의 위기 | Y. 미쇼 / 하태환 | 15,000원 |
| 155 | 프랑스사회사 | G. 뒤프 / 박 단 | 16,000원 |
| 156 | 중국문예심리학사 | 劉偉林 / 沈揆昊 | 30,000원 |

| 157 | 무지카 프라티카 | M. 캐넌 / 김혜중 | 25,000원 |
| 158 | 불교산책 | 鄭泰爀 | 20,000원 |
| 159 | 인간과 죽음 | E. 모랭 / 김명숙 | 23,000원 |
| 160 | 地中海(전5권) | F. 브로델 / 李宗旼 | 근간 |
| 161 | 漢語文字學史 | 黃德實·陳秉新 / 河永三 | 24,000원 |
| 162 | 글쓰기와 차이 | J. 데리다 / 남수인 | 28,000원 |
| 163 | 朝鮮神事誌 | 李能和 / 李在崑 | 근간 |
| 164 | 영국제국주의 | S. C. 스미스 / 이태숙·김종원 | 16,000원 |
| 165 | 영화서술학 | A. 고드로·F. 조스트 / 송지연 | 17,000원 |
| 166 | 美學辭典 | 사사키 겐이치 / 민주식 | 22,000원 |
| 167 | 하나이지 않은 성 | L. 이리가라이 / 이은민 | 18,000원 |
| 168 | 中國歷代書論 | 郭魯鳳 譯註 | 25,000원 |
| 169 | 요가수트라 | 鄭泰爀 | 15,000원 |
| 170 | 비정상인들 | M. 푸코 / 박정자 | 25,000원 |
| 171 | 미친 진실 | J. 크리스테바 外 / 서민원 | 25,000원 |
| 172 | 디스탱숑(상·하) | P. 부르디외 / 이종민 | 근간 |
| 173 | 세계의 비참(전3권) | P. 부르디외 外 / 김주경 | 각권 26,000원 |
| 174 | 수묵의 사상과 역사 | 崔炳植 | 근간 |
| 175 | 파스칼적 명상 | P. 부르디외 / 김웅권 | 22,000원 |
| 176 | 지방의 계몽주의 | D. 로슈 / 주명철 | 30,000원 |
| 177 | 이혼의 역사 | R. 필립스 / 박범수 | 25,000원 |
| 178 | 사랑의 단상 | R. 바르트 / 김희영 | 근간 |
| 179 | 中國書藝理論體系 | 熊秉明 / 郭魯鳳 | 23,000원 |
| 180 | 미술시장과 경영 | 崔炳植 | 16,000원 |
| 181 | 카프카 — 소수적인 문학을 위하여 | G. 들뢰즈·F. 가타리 / 이진경 | 18,000원 |
| 182 | 이미지의 힘 — 영상과 섹슈얼리티 | A. 쿤 / 이형식 | 13,000원 |
| 183 | 공간의 시학 | G. 바슐라르 / 곽광수 | 23,000원 |
| 184 | 랑데부 — 이미지와의 만남 | J. 버거 / 임옥희·이은경 | 18,000원 |
| 185 | 푸코와 문학 — 글쓰기의 계보학을 향하여 | S. 듀링 / 오경심·홍유미 | 26,000원 |
| 186 | 각색, 연극에서 영화로 | A. 엘보 / 이선형 | 16,000원 |
| 187 | 폭력과 여성들 | C. 도펭 外 / 이은민 | 18,000원 |
| 188 | 하드 바디 — 할리우드 영화에 나타난 남성성 | S. 제퍼드 / 이형식 | 18,000원 |
| 189 | 영화의 환상성 | J. -L. 뢰트라 / 김경온·오일환 | 18,000원 |
| 190 | 번역과 제국 | D. 로빈슨 / 정혜욱 | 16,000원 |
| 191 | 그라마톨로지에 대하여 | J. 데리다 / 김웅권 | 35,000원 |
| 192 | 보건 유토피아 | R. 브로만 外 / 서민원 | 20,000원 |
| 193 | 현대의 신화 | R. 바르트 / 이화여대기호학연구소 | 20,000원 |
| 194 | 중국회화백문백답 | 郭魯鳳 | 근간 |
| 195 | 고서화감정개론 | 徐邦達 / 郭魯鳳 | 30,000원 |
| 196 | 상상의 박물관 | A. 말로 / 김웅권 | 26,000원 |
| 197 | 부빈의 일요일 | J. 뒤비 / 최생열 | 22,000원 |
| 198 | 아인슈타인의 최대 실수 | D. 골드스미스 / 박범수 | 16,000원 |

| 2002 상처받은 아이들 | N. 파브르 / 김주경 | 16,000원 |
| 2003 엄마 아빠, 꿈꿀 시간을 주세요! | E. 부젱 / 박주원 | 16,000원 |
| 2004 부모가 알아야 할 유치원의 모든 것들 | N. 뒤 소수와 / 전재민 | 근간 |
| 2005 부모들이여, '안 돼'라고 말하라! | P. 들라로슈 / 김주경 | 19,000원 |
| 2006 엄마 아빠, 전 못하겠어요! | E. 리공 / 이창실 | 18,000원 |
| 3001 《새》 | C. 파글리아 / 이형식 | 13,000원 |
| 3002 《시민 케인》 | L. 멀비 / 이형식 | 근간 |
| 3101 《제7의 봉인》 비평연구 | E. 그랑조르주 / 이은민 | 근간 |
| 3102 《쥘과 짐》 비평연구 | C. 르 베르 / 이은민 | 근간 |

## 【기 타】

| 모드의 체계 | R. 바르트 / 이화여대기호학연구소 | 18,000원 |
| 라신에 관하여 | R. 바르트 / 남수인 | 10,000원 |
| 說 苑 (上·下) | 林東錫 譯註 | 각권 30,000원 |
| 晏子春秋 | 林東錫 譯註 | 30,000원 |
| 西京雜記 | 林東錫 譯註 | 20,000원 |
| 搜神記 (上·下) | 林東錫 譯註 | 각권 30,000원 |
| 경제적 공포〔메디치賞 수상작〕 | V. 포레스테 / 김주경 | 7,000원 |
| 古陶文字徵 | 高 明·葛英會 | 20,000원 |
| 고독하지 않은 홀로되기 | P. 들레름·M. 들레름 / 박정오 | 8,000원 |
| 그리하여 어느날 사랑이여 | 이외수 편 | 4,000원 |
| 딸에게 들려 주는 작은 지혜 | N. 레흐레이트너 / 양영란 | 6,500원 |
| 노력을 대신하는 것은 없다 | R. 쉬이 / 유혜련 | 5,000원 |
| 노블레스 오블리주 | 현택수 사회비평집 | 7,500원 |
| 미래를 원한다 | J. D. 로스네 / 문 선·김덕희 | 8,500원 |
| 사랑의 존재 | 한용운 | 3,000원 |
| 산이 높으면 마땅히 우러러볼 일이다 | 유 향 / 임동석 | 5,000원 |
| 서기 1000년과 서기 2000년 그 두려움의 흔적들 | J. 뒤비 / 양영란 | 8,000원 |
| 서비스는 유행을 타지 않는다 | B. 바게트 / 정소영 | 5,000원 |
| 선종이야기 | 홍 희 편저 | 8,000원 |
| 섬으로 흐르는 역사 | 김영회 | 10,000원 |
| 세계사상 | 창간호~3호: 각권 10,000원 / 4호: 14,000원 | |
| 십이속상도안집 | 편집부 | 8,000원 |
| 얀 이야기 ① 얀과 카와카마스 | 마치다 준 / 김은진·한인숙 | 8,000원 |
| 어린이 수묵화의 첫걸음(전6권) | 趙 陽 / 편집부 | 각권 5,000원 |
| 오늘 다 못다한 말은 | 이외수 편 | 7,000원 |
| 오블라디 오블라다, 인생은 브래지어 위를 흐른다 | 무라카미 하루키 / 김난주 | 7,000원 |
| 이젠 다시 유혹하지 않으련다 | P. 쌍소 / 서민원 | 9,000원 |
| 인생은 앞유리를 통해서 보라 | B. 바게트 / 박해순 | 5,000원 |
| 자기를 다스리는 지혜 | 한인숙 편저 | 10,000원 |
| 천연기념물이 된 바보 | 최병식 | 7,800원 |
| 原本 武藝圖譜通志 | 正祖 命撰 | 60,000원 |

| ■ 테오의 여행 (전5권) | C. 클레망 / 양영란 | 각권 6,000원 |
| ■ 한글 설원 (상·중·하) | 임동석 옮김 | 각권 7,000원 |
| ■ 한글 안자춘추 | 임동석 옮김 | 8,000원 |
| ■ 한글 수신기 (상·하) | 임동석 옮김 | 각권 8,000원 |

## 【이외수 작품집】

| ■ 겨울나기 | 창작소설 | 7,000원 |
| ■ 그대에게 던지는 사랑의 그물 | 에세이 | 8,000원 |
| ■ 그리움도 화석이 된다 | 시화집 | 6,000원 |
| ■ 꿈꾸는 식물 | 장편소설 | 7,000원 |
| ■ 내 잠 속에 비 내리는데 | 에세이 | 7,000원 |
| ■ 들 개 | 장편소설 | 7,000원 |
| ■ 말더듬이의 겨울수첩 | 에스프리모음집 | 7,000원 |
| ■ 벽오금학도 | 장편소설 | 7,000원 |
| ■ 장수하늘소 | 창작소설 | 7,000원 |
| ■ 칼 | 장편소설 | 7,000원 |
| ■ 풀꽃 술잔 나비 | 서정시집 | 6,000원 |
| ■ 황금비늘 (1·2) | 장편소설 | 각권 7,000원 |

## 【조병화 작품집】

| ■ 공존의 이유 | 제11시점 | 5,000원 |
| ■ 그리운 사람이 있다는 것은 | 제45시집 | 5,000원 |
| ■ 길 | 애송시모음집 | 10,000원 |
| ■ 개구리의 명상 | 제40시집 | 3,000원 |
| ■ 그리움 | 애송시화집 | 8,000원 |
| ■ 꿈 | 고희기념자선시집 | 10,000원 |
| ■ 따뜻한 슬픔 | 제49시집 | 5,000원 |
| ■ 버리고 싶은 유산 | 제1시집 | 3,000원 |
| ■ 사랑의 노숙 | 애송시집 | 4,000원 |
| ■ 사랑의 여백 | 애송시화집 | 5,000원 |
| ■ 사랑이 가기 전에 | 제5시집 | 4,000원 |
| ■ 남은 세월의 이삭 | 제52시집 | 6,000원 |
| ■ 시와 그림 | 애장본시화집 | 30,000원 |
| ■ 아내의 방 | 제44시집 | 4,000원 |
| ■ 잠 잃은 밤에 | 제39시집 | 3,400원 |
| ■ 패각의 침실 | 제 3시집 | 3,000원 |
| ■ 하루만의 위안 | 제 2시집 | 3,000원 |

## 【세르 작품집】

| ■ 동물학 | C. 세르 | 14,000원 |
| ■ 블랙 유머와 흰 가운의 의료인들 | C. 세르 | 14,000원 |
| ■ 비스 콩프리 | C. 세르 | 14,000원 |

■ 세르(평전)　　Y. 프레미옹 / 서민원　　16,000원
■ 자가 수리공　　C. 세르　　14,000원